高等院校公共基础课教材

大学语文
（第二版）

DAXUE YUWEN

主　编　张晓阳
副主编　宗　元
参　编　董　俊　郭英华　李玉红　赵　青

中国教育出版传媒集团
高等教育出版社·北京

内容提要

本书共分为诗歌、散文、小说、戏剧四个部分,篇目参照山东省普通高等教育专科升本科招生考试要求选定。本书从文学史的角度梳理文学体裁发展流变,注重文学史与作品欣赏的结合,对每篇文章进行了详细的注释,设置了难易适中、题型丰富的思考练习题,在延伸阅读中引用了名家赏析文章,注重学生人文素质和综合素质的培养和提升。

本书适合作为高等院校公共基础课教材,也可作为专升本考试"大学语文"科目的参考书。

图书在版编目(CIP)数据

大学语文 / 张晓阳主编. -- 2版. -- 北京 : 高等教育出版社, 2025.1. -- ISBN 978-7-04-063587-4

Ⅰ. H193.9

中国国家版本馆 CIP 数据核字第 20244RW701 号

| 策划编辑 | 余 红 | 责任编辑 | 余 红 | 封面设计 | 张文豪 | 责任印制 | 高忠富 |

出版发行	高等教育出版社
社　　址	北京市西城区德外大街 4 号
邮政编码	100120
印　　刷	上海新艺印刷有限公司
开　　本	787 mm×1092 mm 1/16
印　　张	16.25
字　　数	355 千字
购书热线	010-58581118
咨询电话	400-810-0598
网　　址	http://www.hep.edu.cn
	http://www.hep.com.cn
网上订购	http://www.hepmall.com.cn
	http://www.hepmall.com
	http://www.hepmall.cn
版　　次	2025 年 1 月第 2 版
	2020 年 8 月第 1 版
印　　次	2025 年 1 月第 1 次印刷
定　　价	35.00 元

本书如有缺页、倒页、脱页等质量问题,请到所购图书销售部门联系调换
版权所有　侵权必究
物　料　号　63587-00

前　言

落实教材建设国家事权,加强教材建设和管理,是推进实施科教兴国战略、人才强国战略、创新驱动发展战略的基础性、战略性工程。进入新时代,面对中华民族伟大复兴战略全局和世界百年未有之大变局,服务国家重大战略实施,教材研究必须围绕课程教材重大理论和实践问题,增强研究的战略性、前瞻性和针对性,用心打造"培根铸魂、启智增慧"的中国特色高质量教材体系。

本教材的编写和修订始终坚持马克思主义指导地位,体现马克思主义中国化时代化要求,体现中国和中华民族风格,体现党和国家对教育的基本要求,体现国家和民族基本价值观,体现人类文化知识积累和创新成果。坚定不移地把立德树人根本任务落到实处,既传播知识、传播思想、传播真理,更塑造灵魂、塑造生命、塑造新人。

自2020年首版付梓以来,我们编撰的《大学语文》教材,陆续被多所高等职业院校选用。其中,若干院校将该教材作为专升本考试的通用教材或是参考资料。根据国家教育改革和专升本考试内容的调整,为更好地满足教师教学和学生学习的实际需求,经过深入调研和广泛收集各方的建议,我们对第一版教材内容进行了调整、优化和勘误,修订成第二版教材。第二版教材基本保留前版的编写思路,篇目仍然分为引入、课文、思考与练习、延伸阅读,尽量使教材具有一定的沿承性。第二版教材的修订主要体现在以下几个方面:

(一) 调整篇目,更符合党和国家对人才的需求

根据国家《"十四五"文化发展规划》中关于"深入推进社会主义核心价值观建设""传承弘扬中华传统美德,加强社会公德、职业道德、家庭美德、个人品德建设,加强家庭、家教、家风建设""把立德树人贯穿学校教育全过程"等内容,以及"坚守中华文化立场,赓续中华文脉,传承红色基因,建设中华民族共有精神家园"等要求,本教材从文章选取到延伸阅读,都进行了整体设计。诗歌部分涉及增减篇目3篇,古代散文部分涉及增删文章共26篇,小说部分调整篇目3篇;各部分概述增加"文学史"的内容,以名家名篇为基点,介绍文体的传承流变以及时代背景造成的作家普遍的创作特点,帮助学生建立"文学史观"。去除初高中语文教材中已包含的课文,适当提高与延伸。添加体现爱国主义精神、民族气节的文章。

(二)明确大学语文课程定位和课程目标

目前,大多数院校的大学语文课程是通识教育必修课程,具有工具性和人文性的双重功能,人文教育是其本质属性,以培养汉语言文学能力、提高学生的人文素养为目的。本教材课程目标如下:

(1)强化锻炼学生的古代汉语、现代汉语的读写能力,增加古汉语知识在课后思考练习题中的比例,鼓励学生自主探索、自主学习。

(2)重视培养文学审美能力,在"延伸阅读"版块引用名家赏析文章或相关阅读材料,提高学生文学鉴赏水平。

(3)侧重人文素养教育,在选取篇目时,力求精选能够在思想道德、职业素养、崇高理想等方面给予学生精神激励的名家名篇。

(三)弘扬中华优秀文化,增强文化自信

文化是一个国家、一个民族的灵魂。在推进中国式现代化的进程中,唯有文化自信自强,才能为强国建设、民族复兴注入强大精神力量。文化自信的根基在于对中华民族史的深入认识和对传统文化的深刻领会。

本教材注重引导学生对经典作品进行诵读,体味中华文化的博大精深,体会传统思维的内在智慧,如《诗经》的自然清新、《论语》的朴实智慧、《红楼梦》的纷繁世态,在对中华文化博大精深的感受中树立文化自信的基础感知,在文化熏陶中增强语言表达能力,在智慧感悟中建立起不断完善的认知自信和处世哲学;通过对当代作家优秀作品的学习,在传承中认识文化创新的重要性,从而为文化传承和创新注入新的生命力;通过中外文学作品比较分析,发现文化间的共通性和差异性,从民族的视角更深刻地认识中华文化的独特性和优越性培养国际视野,加强民族文化自豪感。

(四)兼顾文理科、本专科需求

大学语文作为通识教育课程,面对的学生人文类知识的积累程度不一、学历层次不一、学习需求不一,因而教材的选篇兼顾专升本大学语文考试篇目,练习题兼顾基础知识和能力拓展知识的学习,以适合不同专业、不同层次学生的学习需求。

本书是由山东农业工程学院从事大学语文课程的一线教师共同编写而成的,张晓阳为主编,宗元为副主编。具体编写分工如下:诗歌部分由张晓阳编写;散文部分由李玉红、董俊编写;小说部分由宗元编写;戏剧部分由赵青编写;郭英华主要参与了本书的资料收集和整理工作。

由于编者的水平有限,时间仓促,书中难免存在不足之处,欢迎广大师生指正。

编　者

目 录

第一部分 诗 歌

诗歌概述		2
豳风·七月	《诗经》	6
山鬼	屈原	9
登楼赋	王粲	13
拟挽歌辞（其三）	陶渊明	16
登幽州台歌	陈子昂	20
从军行七首（其四）	王昌龄	23
终南别业	王维	26
宣州谢朓楼饯别校书叔云	李白	29
秋兴八首（其一）	杜甫	32
长恨歌	白居易	35
安定城楼	李商隐	39
八声甘州·寄参寥子	苏轼	41
水龙吟·登建康赏心亭	辛弃疾	44
女神	郭沫若	48
一句话	闻一多	59
西风颂	雪莱	61
飞鸟集（节选）	泰戈尔	66

第二部分 散 文

散文概述		70
郑伯克段于鄢	《左传》	74
崤之战（节选）	《左传》	77
勾践灭吴	《国语》	80
冯谖客孟尝君	《战国策》	84
赵威后问齐使	《战国策》	88

子路、曾皙、冉有、公西华侍坐	《论语》	90
季氏将伐颛臾	《论语》	93
逍遥游	《庄子》	96
秋水（节选）	《庄子》	100
齐桓晋文之事	《孟子》	103
许行	《孟子》	108
劝学（节选）	《荀子》	112
谏逐客书	李　斯	115
过秦论	贾　谊	119
鸿门宴	司马迁	123
孙子吴起列传	司马迁	127
苏武传	班　固	133
巫山巫峡	郦道元	138
神思	刘　勰	142
张中丞传后叙	韩　愈	145
钴鉧潭西小丘记	柳宗元	149
岳阳楼记	范仲淹	151
朋党论	欧阳修	153
赵武灵王胡服骑射	《资治通鉴》	157
戊午上高宗封事	胡　铨	159
先妣事略	归有光	163
报刘一丈书	宗　臣	166
西湖七月半	张　岱	168
传是楼记	汪　琬	171
散文两篇	梁实秋	174
寂寞（节选）	梭　罗	181
作家和战争	海明威	185

第三部分　小　说

小说概述		190
世说新语三则	刘义庆	194
红线传	袁　郊	197
小翠	蒲松龄	202
红楼梦（节选）	曹雪芹	208
伤逝	鲁　迅	217

第四部分　戏　剧

戏剧概述 …………………………………………………………………… 232
惊梦（节选） …………………………………………………… 汤显祖　235
茶馆（节选） …………………………………………………… 老　舍　239
罗密欧与朱丽叶（节选） …………………………………… 莎士比亚　245

参考文献 …………………………………………………………………… 250

第一部分　诗　　歌

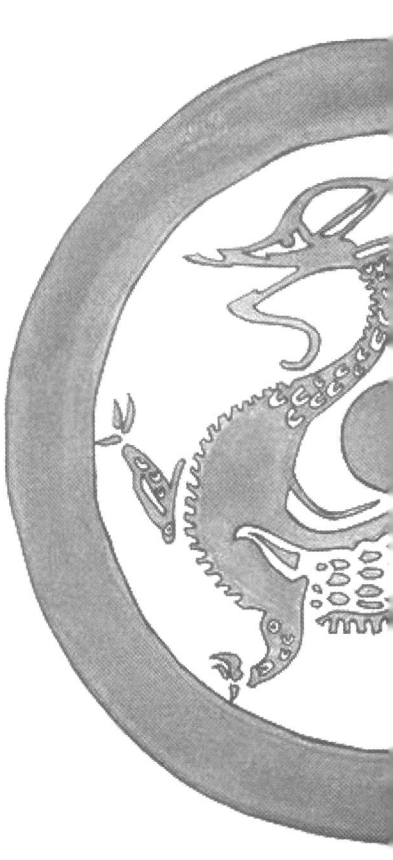

诗 歌 概 述

诗歌是重要文学形式之一,是最早出现的文学体裁。它语言精练,富有节奏和韵律,能够高度集中地概括、反映社会生活,并且饱含着作者丰富的思想感情和想象。诗歌在形式上一般分行排列。中国自古便有诗乐同源之说,说明诗歌与音乐有着密切的关系。诗是一种语言艺术,有着独特的审美特质。

一、诗歌分类

诗歌可以按照多种方法分类,主要有两种分类方法:一种是按照内容分类,一种是按照表现形式分类。

(一) 按照内容分类

1. 叙事诗

这类诗歌有比较完整的故事情节和人物形象,如史诗、故事诗、诗剧。史诗是古代叙事诗中的长篇作品,具体类型有:一类以具有重大意义的历史事件,或以古代传说为内容,塑造著名英雄的形象,结构宏大,充满幻想和神话色彩,如《荷马史诗》;一类是比较全面地反映一个历史时期社会面貌和人民群众多方面生活的优秀叙事作品,如杜甫的"三吏三别"。故事诗是用诗体写成的故事,如《孔雀东南飞》。诗剧是用诗体写成的剧本,如王实甫的《西厢记》、雪莱的《钦契一家》和莎士比亚的剧作。

2. 抒情诗

这类诗歌通过直接抒发诗人的思想感情反映社会生活,主要分为颂歌、哀歌、挽歌等。颂歌是赞美、祝颂,或为重大仪式创作的诗歌,部分颂歌会运用华美的合唱形式,伴有舞蹈和乐器演奏。哀歌指悲伤的诗歌,举世闻名的作品如托马斯·格雷的《墓畔哀歌》、里尔克的《杜伊诺哀歌》。挽歌是古人送葬时所唱的歌,是写给死者的诗歌,由乐曲和歌词两部分组成,如先秦的《虞殡》和汉代的《薤露》《蒿里》。

(二) 按照表现形式分类

1. 古体诗

古体诗简单而言就是"非格律诗"。古体诗除需要用韵之外,不受格律限制。有四言、五言(称五古)、七言(称七古)、字数不整齐的杂言古诗(杂言古诗因有七字句,所以也称七古),也有少数三言、六言。古体诗从两句到百句都有。就韵律而言,全首诗可用一个平声韵或仄声韵,还可随意转为其他韵。一首诗中每句都可以用韵,用韵的字可以重复；诗中用韵不限定在偶数句上，奇数句也可以用韵。诗中可以用邻韵和上去声通押，允许散文化的句子，如《楚辞》、刘邦的《大风歌》、曹操的《观沧海》。随着时代发展，一种新的文学式样——汉代辞赋出现了，作为"汉代鸿文"的一部分，以其承先启后的地位和独特的风格，对后世的文学发展产生了重要的影响。

2. 近体诗

近体诗也称格律诗，是唐以后成形的诗体。近体诗除需要用韵之外，还受到格律的限制，只有五言、七言两种形式。就韵律而言，一首诗限用一个韵，除第一句可以用韵或不用韵之外，其余句子都是双数句用韵，用于韵脚的字不能重复，且都用平声韵。

3. 自由体诗

自由体诗是现代中国新诗的一种主要形式。作为"五四"文学革命的一项成果，与当时诗歌内容的革命性变化密切联系在一起，诗歌的形式也从中国旧体诗的僵硬格律中获得解放。自由体诗运用现代白话文进行写作，不拘泥于外在的韵律和音节，诗体不受任何框式的束缚，段、行和字数都不固定，代表作有郭沫若的《女神》、艾青的《大堰河——我的保姆》等。

二、中国诗歌概述

上古的歌谣是中国诗歌的萌芽。在共同劳作中，先民们原始的劳动号子形成了中国第一首"诗歌"，从而产生了中国第一个诗歌流派。鲁迅先生在《且介亭杂文·门外文谈》中将其称为"杭育杭育派"。

商周交替与周代礼乐文化的兴起是我国第一部诗歌总集《诗经》创作的重要历史背景。周代之后，社会精神开始由敬天事神转向人为政治，《诗经》中人的主题凸显，显示出中华民族务实的精神风貌。《诗经》是我国现实主义文学的光辉起点。

"楚辞"是汉代人对以屈原为代表作家的、承袭屈赋形式、运用楚地方言声韵、具有浓厚地方色彩的一种诗体的统称。西汉后期，刘向把屈原、宋玉等人的作品及汉代人的一些仿作编成了一部诗集，题名《楚辞》，所以"楚辞"也是一部书籍的名称。楚辞具有独特的地域色彩、诗歌形式、渊源承继，风格偏于浪漫主义，"楚辞"被喻为我国浪漫主义文学的源头。

汉代诗歌是承前启后的，汉代是在秦代文学沉寂之后一个诗歌繁荣的时代。汉代的诗歌，从总体发展来说，形成了这样的格局：一方面，承袭了古老的礼乐文化传统，沿袭了先秦时期诗乐不分的形式和《诗经》确立的"饥者歌其食，劳者歌其事"的现实主义精神传统，主要体现为乐府诗的创作；另一方面，文人开始创作独立于音乐之外的诗歌，用以抒发个人的情感、志向和感怀。五言诗开始逐渐占据主流地位，著名的诗作有《古诗十九首》、张衡的《同声歌》、辛延年的《羽林郎》等。此时，一种新的文学式样——汉代辞赋出现。作为"汉代鸿文"的一部分，汉代辞赋以其承先启后的地位和独特的风格，对后世的文学发展有重要的影响。

三国时期，出现了文人创作诗歌的第一个高潮，奠定了五言诗的发展繁荣基础。此时期的建安诗歌慷慨悲壮、刚健爽朗，重辞彩而又古朴自然，被后世称赞为"建安风骨"，代表作家有曹操三父子和"建安七子""正始名士""竹林七贤"等。

两晋诗坛,诗人辈出。西晋的太康诗人以潘岳、陆机为代表,多写人情世俗,追求辞藻华美。东晋偏安江南,玄谈盛行,以许询、孙绰为代表的玄言诗流行。东晋末年陶渊明创作的田园诗,开创了诗歌史上的新局面。两晋诗歌体裁以五言为主,巩固和发展了五言诗。

南北朝时期,南朝淡化了"诗言志"的传统,更注重诗歌外在风物的刻画和艺术形式的建构。其具体表现是山水诗蔚成大观,代表作家有谢灵运、鲍照、沈约等。此时的北方诗坛与南方相比,显得较为冷清,诗风却颇为古直。之后,庾信、王褒等文人北上,南方清绮的文风对北方文学产生较大的影响。以风情小调为主的南北朝民歌在中国诗歌史上占有一席之地。

唐朝是中国诗歌发展的最高峰。诗歌的发展可分为四个阶段:初唐诗歌,代表诗人有"初唐四杰"、宋之问、陈子昂等;盛唐诗歌,代表诗人有王维、孟浩然、李白、杜甫、高适、岑参等;中唐诗歌,代表诗人有韩愈、白居易、李贺等;晚唐诗歌,成就较高的诗人有杜牧、李商隐、温庭筠等。

宋朝时期,唐代兴起的音乐性诗体——词开始流行。第一阶段是由唐入宋的过渡阶段,宋初的文人把填词视作"小道",诗风有白体、西昆体、晚唐体。第二阶段自柳永起真正全面变革词风,提高了词的地位。其后涌现了欧阳修、苏轼、秦观、周邦彦、李清照、辛弃疾等宋朝成就斐然的词人,词成为一代之文学。以"元祐"诗坛为代表的北宋后期是宋诗的鼎盛时期,王安石、苏轼、黄庭坚、陈师道等人的创作将宋诗推向了高峰。宋代杰出的诗人还有陆游等中兴四大诗人。第三阶段,宋词深化成熟,名作纷呈,以辛弃疾、张孝祥、姜夔为代表的"中兴"词人把词的创作推向高峰。

元明清时期,其他文学体裁开始"抢占"诗词的创作地盘,诗词创作逐渐衰落,但仍有作家坚持创作,并取得了一定成绩。

近代以后,古典诗歌的创作逐渐僵化。打破传统诗歌形式,解放诗体成为必然。晚清谭嗣同、黄遵宪等人提倡的"诗界革命",是新诗诞生的源头。"五四"的新诗运动首先是从解放诗体开始的。中国的第一本白话新诗集是出版于1920年的胡适的《尝试集》,这本诗集在很多方面都未脱出旧诗的藩篱,它的开创之功要高于实际成就。郭沫若从西方浪漫主义诗歌中汲取灵感,他的《女神》鲜明地反映了"五四"狂飙突进的精神,而郭沫若的自由诗也突破了传统诗歌的格律和形式。而后的新诗创作者分别从诗的格律、诗歌意象、题材方面进行诗歌艺术探索,诞生了新月社、象征主义、现代派诗人等。关注现实的诗歌作品也越来越多,左联发起的中国诗歌会以注重诗歌的现实性、提倡诗歌的大众化为主旨,他们创作了大量叙事诗,并且试验了多种新诗体。艾青用现代派的写作技巧表现现实主义的内容,他的《雪落在中国的土地上》等作品兼具散文化的形式和内在的情绪韵律,为探索成熟的现代自由诗体作出了可贵的贡献。七月诗派和九叶诗派沿着现实主义的道路,把中国新诗的发展推向了新的高度。

中华人民共和国成立初期,政治抒情诗、颂歌成为诗歌的主要形式,标语式的抒情语言、概念化的叙事方式、阶级式的集体情感成为这个时代诗歌的主要特色,代表作品有胡风的《时间开始了》、贺敬之的《放声歌唱》、郭小川的《致青年公民》。到了20世纪80年代,西方诗歌作品、诗歌理论和诗歌流派进入诗人视野,促进了中国诗歌的发展,"朦胧诗派"是其中重要的一个诗歌流派,代表作家有北岛、舒婷等。

三、诗歌鉴赏基本方法

诗歌是独特的语言艺术,具有鲜明的音韵特点和韵律节奏,或体现社会现实,或抒发作者情感,充满想象力,如何更好地欣赏诗歌是学生要注意学习和掌握的。

首先,阅读整篇诗歌,领略作品语言上的美感。诗歌语言的特点是凝练含蓄,富有音韵美和节奏感,尤其是中国古典诗词可以配乐演唱,对韵律的要求极高,所以学生在学习时可以跟着作者的换行和格律规律的停顿,感受其中美妙的抑扬顿挫,这是阅读诗歌的第一步。

其次,感受作者创作的意象,领略作品的艺术形象美。每首诗歌都有要表达的主题,有的是故事,有的是描绘了一幅画卷,学生要尽量根据作者的文字,在个人经验阅历的基础之上,在脑海中形成画面,进行"二次创作"。

再次,进入诗歌的意境,领会作者的情感。诗歌是作者感情的集中表达,是主客观的有机融合,无论诗歌内容描写的是山水还是花鸟,都寄托了作者当时的感情。真正读懂一首诗歌,是以能够真正体会作者情感为标准的。

最后,学习文学史,了解诗歌的创作背景。人是社会的一分子,受物质世界的客观影响,历史的发展对一代诗风的形成具有重要影响。个人的性格和经历也会深刻地影响着作者的创作。因此,从诗歌开始了解作者,再从作者的生平、年代理解诗歌内容,才完成了欣赏一首诗歌的全过程。

豳风·七月①

《诗经》

　　《诗经》是我国第一部诗歌总集,是中国现实主义诗歌创作的源头。《诗经》编成共三百零五篇,收集了从周初至春秋中叶的作品,内容上分为"风""雅""颂"三大类。"风"意为"风土"。宋代朱熹认为其收录的为"民俗歌谣之诗"。"雅"为"正"义,因其所收诗歌多为"王畿"地区的作品,所以被奉为"正声"。"颂"即为祭祀时所用的"颂歌",就是《毛诗序》中说的那样,"美盛德之形容,以其成功告于神明者也",后世学者认为,演奏"颂"时会有相应的舞蹈进行配合。《诗经》对中国几千年来的文学发展有着深广的影响,而且是很珍贵的古代史料。

　　《诗经》中的作品主要的创作手法是"赋""比""兴"。"赋"即铺陈其事,直接描述要叙述的对象;"比"是比方、比喻,将要描写的对象借比其他事物;"兴"是感发兴起,因某事物引起所要描写的对象。东汉末年郑玄注《周礼》解释道:"赋之言铺,直铺陈今之政教善恶。比,见今之失,不敢斥言,取比类以言之。兴,见今之美,嫌于媚谀,取善事以喻劝之。"

七月流火②,九月授衣③。一之日觱发④,二之日栗烈⑤。
无衣无褐⑥,何以卒岁⑦? 三之日于耜⑧,四之日举趾⑨。
同⑩我妇子,馌⑪彼南亩;田畯⑫至喜。

七月流火,九月授衣。春日载阳⑬,有鸣仓庚⑭。
女执懿筐⑮,遵彼微行⑯,爰求柔桑⑰。
春日迟迟,采蘩祁祁⑱。女心伤悲,殆⑲及公子同归。

---

① 选自《十三经注疏》整理委员会整理、李学勤主编《十三经注疏·毛诗正义(中)》,北京大学出版社1999年版。豳(bīn):也作"邠",国名,在今陕西旬邑县西至彬州市一带。　② 七月:指夏历七月,以下月份都是指夏历。流:向下运行。火:星名,即心宿二,又称"大火"。　③ 授衣:开始缝制冬衣。《毛传》曰:"九月霜始降,妇功成,可以授冬衣矣。"　④ 一之日:指周历一月的日子,是夏历十一月,后面依次类推;夏历三月不叫"五之日",只称为"春"。觱发(bì bō):寒风撼物的声音。　⑤ 栗烈:凛冽,寒冷的样子。　⑥ 褐:粗麻或兽毛做的短衣。　⑦ 卒:终了。　⑧ 于:动词词头,指修理(农具)。耜(sì):中国古代曲柄起土的农器,即手犁。　⑨ 举趾:举足下田,开始春耕。　⑩ 同:协同。　⑪ 馌(yè):送饭。　⑫ 田畯(jùn):农官。　⑬ 载:开始。阳:暖和。　⑭ 仓庚:黄莺。　⑮ 懿筐:深筐。　⑯ 微行(háng):小路。　⑰ 爰(yuán):于是,在这里。　⑱ 蘩(fán):白蒿。祁祁:众多的样子。　⑲ 殆:副词,也许、只怕。

七月流火,八月萑苇①。
蚕月条桑②,取彼斧斨③,以伐远扬④,猗彼女桑⑤。
七月鸣鵙⑥,八月载绩⑦。载玄载黄⑧,我朱孔阳⑨,为公子裳。

四月秀葽⑩,五月鸣蜩⑪。八月其获⑫,十月陨萚⑬。
一之日于貉⑭,取彼狐狸,为公子裘。
二之日其同⑮,载缵武功⑯。言私其豵⑰,献豜于公⑱。

五月斯螽动股⑲,六月莎鸡振羽⑳。
七月在野,八月在宇,九月在户,十月蟋蟀入我床下。㉑
穹窒熏鼠㉒,塞向墐户㉓。嗟我妇子,曰为改岁,入此室处㉔。

六月食郁及薁㉕,七月亨葵及菽㉖,八月剥㉗枣。
十月获稻,为此春酒,以介眉寿㉘。七月食瓜,八月断壶㉙,九月叔苴㉚。
采荼薪樗㉛,食我农夫㉜。

九月筑场圃㉝,十月纳禾稼㉞,黍稷重穋㉟,禾麻菽麦。
嗟我农夫!我稼既同㊱,上入执宫功㊲;
昼尔于茅㊳,宵尔索绹㊴,亟其乘屋㊵,其始㊶播百谷。

二之日凿冰冲冲㊷,三之日纳于凌阴㊸。四之日其蚤㊹,献羔祭韭。

---

① 萑(huán)苇:名词作动词用,收割荻草和芦苇。 ② 蚕月:夏历三月。条桑:修剪桑树。 ③ 斨(qiāng):方孔斧子。 ④ 远扬:长且高扬的枝条。 ⑤ 猗(yī):通"掎",牵引、拉住。女桑:柔桑。 ⑥ 鵙(jú):伯劳鸟。 ⑦ 载:开始。绩:将劈开的麻拧成麻线,准备织布用。 ⑧ 载:副词,又。玄、黄:名词作动词用。 ⑨ 孔:副词,很。阳:鲜艳。 ⑩ 秀:植物抽穗开花。葽(yāo):草名,也叫师姑草、赤雹子、远志。 ⑪ 蜩(tiáo):蝉。 ⑫ 其获:(各种农作物)将要收获。 ⑬ 陨萚(yǔn tuò):叶子落下来。 ⑭ 于貉(hé):猎貉。貉,今通称貉(háo)子。 ⑮ 其同:(狩猎前)会同众人。 ⑯ 载:则。缵(zuǎn):继续,继承。武功:打猎的事情。 ⑰ 言:动词头。私:动词,指私人占有。豵(zōng):一岁的猪,亦泛指小兽。 ⑱ 豜(jiān):三岁的猪,亦泛指大兽。公:公家,指统治者。 ⑲ 斯螽(zhōng):即螽斯,振翅善鸣。动股:鸣叫,古人认为螽斯两股摩擦发声。 ⑳ 莎(suō)鸡:虫名,俗称纺织娘、络丝娘。 ㉑ 此四句主语都是"蟋蟀"。宇:屋檐。 ㉒ 穹:穷究,彻底追究,在此为找尽室内的鼠穴。室,塞:指堵住鼠穴。 ㉓ 向:朝北的窗户。墐(jìn):用泥涂塞。 ㉔ 处:居住。 ㉕ 郁(yù):果实像李子的一种果树,果实可食用。薁(yù):野葡萄,可食用。 ㉖ 亨(pēng):同"烹"。葵:冬葵,蔬菜名。菽(shū):豆类的总称。 ㉗ 剥(pū):扑打、击。 ㉘ 介(gài):求。眉寿:长寿。 ㉙ 断:摘下。壶:葫芦。 ㉚ 叔:拾取。苴(jū):麻的种子,可食用。 ㉛ 荼:苦菜。薪:名词作动词用,烧。樗(chū):臭椿。 ㉜ 食(sì):使动用法,养活。 ㉝ 筑场圃:修打谷场。古代场圃同地,春夏为圃,秋冬为场。 ㉞ 禾稼:泛指一切谷物。 ㉟ 重(tóng):同"穜",早种晚熟的谷类。穋(lù):同"稑",晚种早熟的谷类。 ㊱ 同:收集、集中。 ㊲ 上入:进入公家之宅。执:服役。宫功:修缮建筑宫室。 ㊳ 尔:语助词。于:动词头。茅,动词,割茅草。 ㊴ 索:动词,搓。绹(táo):绳索。 ㊵ 亟:急。乘屋:登上屋顶(修理屋子)。 ㊶ 其始:岁始。 ㊷ 冲冲:拟声词。 ㊸ 凌阴:冰窖。 ㊹ 其蚤:早朝,一种祭祀活动。蚤,同"早"。

九月肃霜①,十月涤场。朋酒斯飨②,曰杀羔羊。
跻彼公堂③,称彼兕觥④,万寿无疆!

思考与练习

一、请给以下加点字注音。
1. 一之日觱发/三之日于耜/女执懿筐/采蘩祁祁
2. 取彼斧斨/五月鸣蜩/莎鸡振羽/食郁及薁/称彼兕觥
二、解释加点词义。
1. 四之日举趾/春日载阳/遵彼微行/八月萑苇/八月载绩
2. 载缵武功/言私其豵/穹窒熏鼠/采荼薪樗/九月肃霜
三、思考题。
1. 请总结本文的主旨。
2. 按照时间顺序,总结上古先民的农作规律及农作物种类。

延伸阅读

子曰:"《诗》三百,一言以蔽之,曰'思无邪'。"
（《论语·为政》）

子曰:"小子何莫学夫《诗》?《诗》可以兴,可以观,可以群,可以怨。迩之事父,远之事君,多识于鸟兽草木之名。"
（《论语·阳货》）

"故说《诗》者,不以文害辞,不以辞害志。以意逆志,是为得之。"
（《孟子·万章上》）

"夫《春秋》,上明三王之道,下辨人事之纪,别嫌疑,明是非,定犹豫,善善恶恶,贤贤贱不肖,存亡国,继绝世,补敝起废,王道之大者也。《易》著天地、阴阳、四时、五行,故长于变;《礼》经纪人伦,故长于行;《书》记先王之事,故长于政;《诗》记山川、溪谷、禽兽、草木、牝牡、雌雄,故长于风;《乐》乐所以立,故长于和;《春秋》辩是非,故长于治人。是故《礼》以节人,《乐》以发和,《书》以道事,《诗》以达意,《易》以道化,《春秋》以道义。"
（司马迁《史记·太史公自序》）

"所闻《诗》无达诂,《易》无达占,《春秋》无达辞,从变从义,而一以奉人。"
（董仲舒《春秋繁露·精华第五》）

现存先秦古籍,真赝杂糅,几乎无一书无问题,其真金美玉,字字可信者,《诗经》其首也。
（梁启超《要籍解题及其读法·诗经》）

---
① 肃霜:肃爽,天高气爽。　② 飨(xiǎng):用酒食招待客人。　③ 跻(jī):登,升。公堂:公共场所。
④ 称:举起。兕觥(sì gōng):用兕角做的饮酒器。

山 鬼①

屈 原

屈原(约前340—约前278),名平,战国时期楚国人。他学识渊博,举贤授能,受到了楚怀王的重用,被任命为左徒等官职,参与起草宪令和从事外交活动。后来由于楚怀王的昏庸,以及贵族子兰、靳尚等人的谗害,屈原被长期流放到沅湘流域。这时的楚国,政治腐败,外交失策,最终国都郢被秦国攻破。面对国家的危亡,屈原深感自己的无力与痛心,于是在国都被攻破的同一年五月,自沉汨罗江而死。屈原是我国第一位浪漫主义诗人,其传世作品均收录于刘向辑集的《楚辞》中。

《九歌》是屈原根据楚国国家祭典的需要而创作的一组祭歌,共十一篇(《东皇太一》《云中君》《湘君》《湘夫人》《大司命》《少司命》《东君》《河伯》《山鬼》《国殇》《礼魂》),与汉司马相如等作郊祀歌之事相似。屈原是以诗人身份受命赋诗,与官职无关,其事或即在任左徒时。"九歌"之名由来甚古,夏启曾用之为郊天祭祖的乐歌。夏时九歌,春秋时早已失传,屈原的九歌在祭神娱人方面与其有渊源,故仍袭其名。

若有人兮山之阿②,被薜荔兮带女萝③。
既含睇兮又宜笑④,子慕予兮善窈窕⑤。
乘赤豹兮从文狸⑥,辛夷车兮结桂旗。
被石兰兮带杜衡,折芳馨兮遗所思⑦。
余处幽篁兮终不见天⑧,路险难兮独后来⑨。
表⑩独立兮山之上,云容容⑪兮而在下。
杳冥冥兮羌昼晦⑫,东风飘兮神灵雨。
留灵修兮憺忘归⑬,岁既晏兮孰华予⑭?

---

① 选自(宋)朱熹《楚辞今注》,蒋立甫校点,上海古籍出版社2001年版。山鬼:祭名山大川是古之常礼,"山鬼"即山神,南楚山神又有其独特的神话色彩。 ② 若:若有所见,疑似之词。人:指山鬼。兮:于。阿:山角。 ③ 被:通"披"。薜荔、女萝:都是香草。兮:而。 ④ 睇(dì):斜视。含睇,即微开其目,目光含而不露。宜笑:善笑,爱笑。 ⑤ 子:指山鬼。慕:爱慕。予:迎神男巫自称。窈窕:姿态优美。 ⑥ 从文狸:以文狸为侍从。文狸,皮毛花色有条纹的狐一类的兽。 ⑦ 芳馨:香花芳草。遗:赠。所思:山鬼谓己所思之人。 ⑧ 余:山鬼自称。处:居住。幽篁:幽深的竹林。 ⑨ 独后来:山鬼谓己降临祭坛独迟。 ⑩ 表:祭神时所立的木表。 ⑪ 容容:云气浮动貌。 ⑫ 杳冥冥:阴暗貌。羌:乃,语助词。昼晦:白日昏暗无光。 ⑬ 灵修:指楚王任命的主祭者。憺忘归:安乐而忘归。 ⑭ 岁既晏:岁既暮,比喻年龄衰老。晏,晚。孰华予:谁能使我永葆青春。

采三秀①兮于山间,石磊磊兮葛蔓蔓②。
怨公子兮怅忘归,君思我兮不得闲。
山中人兮芳杜若,饮石泉兮荫松柏,君思我兮然疑作③。
雷填填④兮雨冥冥,猨啾啾兮又夜鸣⑤。
风飒飒兮木萧萧,思公子兮徒离忧⑥。

思考与练习

一、试用现代汉语翻译课文。
二、总结本课文中所有"兮"字的用法和意思。
三、请查阅历史资料,探讨屈原自沉汨罗江的原因。

延伸阅读

离　　骚（节选）

屈　原

帝高阳之苗裔兮,朕皇考曰伯庸。摄提贞于孟陬兮,惟庚寅吾以降。
皇览揆余于初度兮,肇锡余以嘉名。名余曰正则兮,字余曰灵均。
纷吾既有此内美兮,又重之以修能。扈江离与辟芷兮,纫秋兰以为佩。
汩余若将不及兮,恐年岁之不吾与。朝搴阰之木兰兮,夕揽洲之宿莽。
日月忽其不淹兮,春与秋其代序。惟草木之零落兮,恐美人之迟暮。
不抚壮而弃秽兮,何不改乎此度？乘骐骥以驰骋兮,来吾道夫先路。
昔三后之纯粹兮,固众芳之所在。杂申椒与菌桂兮,岂维纫夫蕙茝！
彼尧舜之耿介兮,既遵道而得路。何桀纣之昌被兮,夫唯捷径以窘步。
惟党人之偷乐兮,路幽昧以险隘。岂余身之惮殃兮,恐皇舆之败绩。
忽奔走以先后兮,及前王之踵武。荃不揆余之中情兮,反信谗而齌怒。
余固知謇謇之为患兮,忍而不能舍也。指九天以为正兮,夫唯灵修之故也。
曰黄昏以为期兮,羌中道而改路。初既与余成言兮,后悔遁而有他。
余既不难夫离别兮,伤灵修之数化。

余既滋兰之九畹兮,又树蕙之百亩。畦留夷与揭车兮,杂杜衡与芳芷。
冀枝叶之峻茂兮,愿竢时乎吾将刈。虽萎绝其亦何伤兮,哀众芳之芜秽。

①三秀:芝草。　②磊磊:乱石堆积状。蔓蔓:葛藤蔓延状。　③然疑作:将信将疑。然,信。疑,不信。　④填填:雷声。　⑤猨:即"猿"。啾啾:猿鸣声。又:一作"狖",一种猿类。　⑥离:同"罹",遭受。

众皆竞进以贪婪兮，凭不厌乎求索。羌内恕己以量人兮，各兴心而嫉妒。
忽驰骛以追逐兮，非余心之所急。老冉冉其将至兮，恐修名之不立。
朝饮木兰之坠露兮，夕餐秋菊之落英。苟余情其信姱以练要兮，长顑颔亦何伤。
擥木根以结茝兮，贯薜荔之落蕊。矫菌桂以纫蕙兮，索胡绳之纚纚。
謇吾法夫前修兮，非世俗之所服。虽不周于今之人兮，愿依彭咸之遗则。

长太息以掩涕兮，哀民生之多艰。余虽好修姱以鞿羁兮，謇朝谇而夕替。
既替余以蕙纕兮，又申之以揽茝。亦余心之所善兮，虽九死其犹未悔。

怨灵修之浩荡兮，终不察夫民心。众女嫉余之蛾眉兮，谣诼谓余以善淫。
固时俗之工巧兮，偭规矩而改错。背绳墨以追曲兮，竞周容以为度。
忳郁邑余侘傺兮，吾独穷困乎此时也。宁溘死以流亡兮，余不忍为此态也。

鸷鸟之不群兮，自前世而固然。何方圜之能周兮，夫孰异道而相安？
屈心而抑志兮，忍尤而攘诟。伏清白以死直兮，固前圣之所厚。

悔相道之不察兮，延伫乎吾将反。回朕车以复路兮，及行迷之未远。
步余马于兰皋兮，驰椒丘且焉止息。进不入以离尤兮，退将复修吾初服。
制芰荷以为衣兮，集芙蓉以为裳。不吾知其亦已兮，苟余情其信芳。
高余冠之岌岌兮，长余佩之陆离。芳与泽其杂糅兮，唯昭质其犹未亏。
忽反顾以游目兮，将往观乎四荒。佩缤纷其繁饰兮，芳菲菲其弥章。
民生各有所乐兮，余独好修以为常。虽体解吾犹未变兮，岂余心之可惩。

楚 辞

"楚辞"最基本的含义，是指战国时代我国南方楚地出现的一种新的诗体，也指诗人屈原和后来其他作家用这种诗体写的一些诗，以及把这些诗选辑而成的一部诗集。因此，"楚辞"具有三重含义。楚辞作为文体，具有以下几个特点：

（1）具有浓厚的地方色彩。楚辞中有大量的楚地方言，如语气词"兮""謇""羌"的运用。特别是"兮"字的运用，其在句中的不同位置，对诗的节奏变换和表情达意都具有一定的作用。楚辞运用了很多双声叠韵字和联绵词，也增加了诗句音节的和谐美。在形式上，它打破了四言格律，采用了民歌的自然韵律，以五言为基础，每句有动词，句式参差错落，富于变化。它的篇幅都较长，感情奔放，想象力丰富，文采华美，风格绚丽，它是中国文学的重要源头。

（2）楚辞具有显著的时代特色。"楚辞"所提出并意图解决的问题是带有时代性和历史性的。特别是屈原的诗歌，不仅与他那个时代的重大历史课题有关，而且他所追求的政治理想与历史的客观进程相一致。春秋战国时期，是大变革的时期。各国的经济基础都发生了根本性变化，摆在所有诸侯国面前的首要任务，就是如何完成上层建筑的变革以适应经济基础的发展。楚辞具有显著的时代特色,就在于它充分地反映了这种变革的斗争。它表现了需要变革的进步倾向,尖锐地揭露了阻碍变革的反动势力的腐朽性质,具有深远的历史意义。

(3)楚辞是我国春秋战国时代楚文化的结晶。它不仅代表着那个时代的文学艺术的最高成就,而且代表着一种根底深厚的文化体系。这个文化体系中充满了浪漫的激情,保留着绚烂鲜丽的南方远古传统,充满着奇异想象的神话传说。因此,楚辞本身就是一个既鲜艳又深沉,既炽热又丰富的五彩缤纷的想象世界。

登 楼 赋①

王 粲

  王粲(177—217),字仲宣,山阳高平(今山东微山)人,汉末文学家,"建安七子"之一。他出身名门望族,曾祖父王龚、祖父王畅都曾位列三公,父亲王谦曾任大将军何进的长史。王粲少年时即名声在外,初随汉献帝在长安时,文坛大家蔡邕对他青眼有加,两人留下了倒履相迎的故事。东汉初平三年(192),年仅16岁的王粲离开长安赴荆州避乱时,写下了著名的《七哀诗》。诗歌描写了战乱惨况与诗人面对惨况生发的悲愁,在文学史上具有重要的意义。《登楼赋》也是王粲流亡荆州时所作。本文是一篇抒情短赋,主要抒写生逢乱世、长期客居他乡、才能不得施展而产生的乡关之思、乱离之感和怀才不遇之忧,表现了作者对时局的忧虑,也倾吐了渴望施展抱负、建功立业的心情。

  登兹楼②以四望兮,聊暇日以销忧③。
  览斯宇④之所处兮,实显敞而寡仇⑤。
  挟清漳之通浦兮⑥,倚曲沮之长洲⑦。
  背坟衍之广陆兮⑧,临皋隰之沃流⑨。
  北弥陶牧⑩,西接昭丘⑪。
  华实⑫蔽野,黍稷盈畴⑬。
  虽信美而非吾土兮⑭,曾何足以少留⑮!
  遭纷浊而迁逝兮⑯,漫逾纪⑰以迄今。
  情眷眷而怀归兮,孰忧思之可任⑱?

---

① 选自俞绍初辑校《建安七子集》,中华书局1989年版。 ② 兹楼:此楼。具体位置未有定论,一般认为是当阳(今湖北省当阳市)城楼。 ③ 聊:姑且,暂且。暇日:借此一天。暇,通"假",借。销忧:消除忧虑。 ④ 斯宇:这座楼。 ⑤ 显敞:明亮宽广。寡仇(qiú):很少可以相比的。仇,匹敌。 ⑥ 挟:带。漳:漳水,发源于湖北省襄阳市南漳县,流经当阳与沮水合,注入长江。浦:水边或河流入海的地方(多用于地名)。 ⑦ 沮:沮水。洲:水中高地。 ⑧ 背:背靠,指北面。坟衍:土地高起为坟,广平为衍。广陆:广阔的原野。 ⑨ 皋:水边的高地。隰(xí):低湿地。沃流:可以灌溉的河流。 ⑩ 弥:尽。陶牧:陶朱公的墓地,春秋时范蠡隐居后,号陶朱公,死后葬于此。牧,本指郊外,这里指墓地。 ⑪ 昭丘:春秋时楚昭王墓。丘,坟墓。 ⑫ 华实:花和果实。 ⑬ 黍稷:玉米和高粱,这里泛指农作物。畴:田地。 ⑭ 信:确实。吾土:家乡。 ⑮ 曾:哪里。少留:稍微停留。 ⑯ 纷浊:纷乱浊世,指汉末军阀混战。迁逝:迁徙流亡,指流亡荆州。 ⑰ 漫:漫长。逾:超过。纪:古人以十二年为一纪。 ⑱ 孰:谁。任:堪,受得了。

凭轩槛以遥望兮,向北风而开襟。
平原远而极目兮,蔽荆山之高岑①。
路逶迤而修迥兮②,川既漾而济深③。
悲旧乡之壅隔兮④,涕横坠而弗禁。
昔尼父之在陈兮,有"归欤"之叹音。⑤
钟仪幽而楚奏兮⑥,庄舄显而越吟⑦。
人情同于怀土兮⑧,岂穷达而异心！
惟日月之逾迈兮⑨,俟河清其未极⑩。
冀⑪王道之一平兮,假高衢而骋力⑫。
惧匏瓜之徒悬兮⑬,畏井渫之莫食⑭。
步栖迟以徙倚兮⑮,白日忽其将匿⑯。
风萧瑟而并兴兮,天惨惨而无色。
兽狂顾以求群兮⑰,鸟相鸣而举翼。
原野阒⑱其无人兮,征夫⑲行而未息。
心凄怆以感发兮,意忉怛而憯恻⑳。
循阶除㉑而下降兮,气交愤于胸臆。
夜参半而不寐兮,怅盘桓以反侧。

思考与练习

一、解释以下加点字。
聊暇日以销忧　实显敞而寡仇　华实蔽野　路逶迤而修迥兮
假高衢而骋力　惧匏瓜之徒悬兮　畏井渫之莫食　步栖迟以徙倚兮
兽狂顾以求群兮　原野阒其无人兮　意忉怛而憯恻
二、查找"归欤""钟仪""庄舄""匏瓜""井渫"这五个典故的出处和故事。

---

① 荆山:山名,在今湖北。岑:小而高的山。　② 逶迤(wēi yí):曲折的样子。迥(jiǒng):远。　③ 漾:长。济:渡过。这里指河水。　④ 壅隔:阻隔。　⑤ 尼父:孔子。陈:春秋小国。归欤:回去吧。这两句化用孔子的典故。据《论语·公冶长》,孔子与弟子周游列国,受困于陈,叹息说:"归欤！归欤！"　⑥ 钟仪:春秋楚国乐官,为晋所俘。　⑦ 庄舄(xì):原为春秋越国平民,后在楚国做官。　⑧ 怀土:怀念故乡。　⑨ 惟:语助词。逾迈:流逝。　⑩ 俟(sì):等待。河清:古人常用黄河清比喻太平盛世,如海晏河清。极:到。　⑪ 冀:希望。一平:统一太平。　⑫ 高衢(qú):大道,这里比喻清明的政治。骋力:施展才力。　⑬ 匏(páo)瓜:葫芦。《论语·阳货》中孔子曾叹息:"吾岂匏瓜也哉,焉能系而不食？"　⑭ 渫(xiè):淘洗干净。语出《周易》:"井渫不食,为我心恻。"　⑮ 栖迟:游玩休憩。徙倚:徘徊。　⑯ 匿:藏,指落日。　⑰ 顾:张望。求群:寻找同类。　⑱ 阒(qù):寂静。　⑲ 征夫:行人。　⑳ 忉怛(dāo dá):忧愁。憯(cǎn)恻:悲痛。　㉑ 阶除:台阶。

 延伸阅读

一、古人有关评论

"如(王)粲之,《初征》《登楼》《槐赋》《征思》……虽张(衡)、蔡(邕)不过也。"

——魏·曹丕《典论·论文》

"仲宣溢才,捷而能密,文多兼善,辞少瑕累,摘其诗赋,则七子之冠冕乎?"

——南朝·刘勰《文心雕龙·才略篇》

"因登楼而四望,因四望而触动其忧时、感事、去国、怀乡之思。凡三易韵,段落自明,文意悠然不尽。"

——清·李元度《赋学正鹄》

"王粲《登楼赋》:'白日忽其西匿,鸟相鸣而举翼。原野阒其无人,征夫行而未息。'摹写长途景况,令人肌骨凛冽。少陵(杜甫)全用其意,曰:'空村惟见鸟,落日不逢人。'"

——清·宋长白《柳亭诗话》卷七

二、王粲《七哀诗》(其一)

七哀诗(其一)

西京乱无象,豺虎方遘患。
复弃中国去,委身适荆蛮。
亲戚对我悲,朋友相追攀。
出门无所见,白骨蔽平原。
路有饥妇人,抱子弃草间。
顾闻号泣声,挥涕独不还。
"未知身死处,何能两相完?"
驱马弃之去,不忍听此言。
南登霸陵岸,回首望长安,
悟彼下泉人,喟然伤心肝。

拟挽歌辞（其三）①

陶渊明

陶渊明（约365—427），又名潜，字元亮，号五柳先生，浔阳柴桑（今江西九江西南）人，东晋诗人、辞赋家。据说其曾祖为东晋名臣陶侃，祖父、父亲均做过太守之职。其父早逝，因此少贫，却有高尚之志，博学善属文。晋孝武帝太元末年，曾任江州祭酒，因不堪吏职，自免而归。东晋晋安帝隆安二年（398）入荆州刺史兼江州刺史桓玄幕，隆安五年（401）因母丧归。及桓玄篡位，入刘裕（即宋武帝）幕府，任镇军参军，转江州刺史刘敬宣参军。又任彭泽令，在官八十余日，弃官回乡，退居田园，无复进仕之意。宋文帝时卒，友人私谥曰靖节先生。陶渊明的作品，生前流传不广，萧统加以搜集整理，编有《陶渊明集》，并为之写序、作传。

辞彭泽令把陶渊明的一生划分为两个阶段。前一阶段，陶渊明尚在出仕与隐居之间徘徊，辞令后坚定了隐居的决心。他的一生践行了安贫乐道和崇尚自然这两种思想。幼时寒门出身使他对贫穷有清醒的认识，面对安贫和求富也会踌躇，这时他就会用"道"来寻求平衡，这个"道"就是儒家思想。陶渊明尤为推崇颜回、黔娄、袁安、荣启期等安贫乐道的文士，并在诗文中说"匪道曷依，匪善奚敦"（《荣木》）、"好爵吾不萦，厚馈吾不酬……朝与仁义生，夕死复何求"（《咏贫士》其四）、"贫富常交战，道胜无戚颜"（《咏贫士》其五）、"何以慰吾怀，赖古多此贤"（《咏贫士》其二）。崇尚自然是陶渊明对人生更深刻的哲学思考，他希望自己能够保持或者返归自己天然的、未经世俗异化的性情，同时也认为世间万物都应该依照其自身固有的规律进行变化，不应受外在的力量和条件的干扰，即"质性自然，非矫厉所得"（《归去来兮辞序》）、"久在樊笼里，复得返自然"（《归园田居》其一）。

荒草何茫茫，白杨亦萧萧。
严霜九月中，送我出远郊。
四面无人居，高坟正嶣峣②。
马为仰天鸣，风为自萧条③。
幽室一已闭，千年不复朝。
千年不复朝，贤达无奈何。

---

① 本文选自袁行霈《陶渊明集笺注》，中华书局2003年版。② 嶣峣（jiāo yáo）：高耸的样子。③ 萧条：风声。

向来①相送人，各自还其家。
亲戚或余悲，他人亦已歌。
死去何所道？托体同山阿②。

思考与练习

一、回忆以往学习过的陶渊明诗歌（或散文），总结他的诗歌主题。
二、结合其余两首《拟挽歌辞》，试分析陶渊明的生死观。

一、《拟挽歌辞》二首

其 一

有生必有死，早终非命促。
昨暮同为人，今旦在鬼录。
魂气散何之？枯形寄空木。
娇儿索父啼，良友抚我哭。
得失不复知，是非安能觉？
千秋万岁后，谁知荣与辱？
但恨在世时，饮酒不得足。

其 二

在昔无酒饮，今但湛空觞。
春醪生浮蚁，何时更能尝？
肴案盈我前，亲旧哭我傍。
欲语口无音，欲视眼无光。
昔在高堂寝，今宿荒草乡。
一朝出门去，归来良未央。

二、魏晋时代与陶渊明

艺术与经济、政治经常不平衡。如此潇洒不群、飘逸自得的魏晋风度却产生在充满动荡、混乱、灾难、血污的社会和时代。因此，有相当多的情况是，表面看来潇洒风流，骨子里却潜藏埋着巨大的苦恼、恐惧和烦忧。这一点鲁迅也早提示过。

如本章开头所说，这个历史时期的特征之一是频仍的改朝换代。魏晋南北朝时期，

---

① 向来：刚才。　② 阿：大陵曰阿。

皇帝、王朝不断更迭,社会上层争夺权力、相互砍杀,政治斗争异常残酷。门阀士族的头面人物总要被卷进上层政治漩涡,名士们一批又一批地被送上刑场。何晏、嵇康、二陆、张华、潘岳、郭璞、刘琨、谢灵运、范晔、裴頠……这些当时第一流的诗人、作家、哲学家,皆被杀戮。应该说,这是一份相当惊人的名单,而这些人不过是当时人的一些代表而已,远不完备。"广陵散于今绝矣""华亭鹤唳不可复闻",留下来的总是这种痛苦悲哀的传闻故事。这些门阀贵族们就经常生活在这种既富贵安乐而又满怀忧祸的境地中,处在身不由己的政治争夺之中。"常畏人网罗,忧祸一旦并"(何晏),"心之忧矣,永啸长吟"(嵇康),是他们作品中经常流露的情绪。正是由于残酷的政治清洗和身家毁灭,他们的人生慨叹夹杂无边的忧惧和深重的哀伤,从而大大加重了分量。他们的"忧生之嗟"由于这种现实政治内容而更为严肃。无论是顺应环境、保全性命,或者是寻求山水、安息精神,其中总藏存这种人生的忧恐、惊惧,情感实际是处在一种异常矛盾复杂的状态中。外表尽管装饰得如何轻视世事,洒脱不凡,内心却更强烈地执着人生,非常痛苦。这造成了魏晋风度内在的深刻的一面。

……

魏晋风度的时间跨度原本较短,本书则将之扩至晋宋。从而陶潜便可算作魏晋风度的另一人格化的理想代表。也正如鲁迅所一再点出:"在《陶集》里有《述酒》一篇,是说当时政治的","由此可知陶潜总不能超于尘世,而且,于朝政还是留心,也不能忘掉'死'"。陶潜的超脱尘世与阮籍的沉湎酒中一样,只是一种外在现象。超脱人世的陶潜是宋代苏轼塑造出来的形象。实际的陶潜,与阮籍一样,是政治斗争的回避者。他虽然没有阮籍那么高的阀阅地位,也没有那样身不由己地卷进最高层的斗争漩涡,但陶潜的家世和少年抱负都使他对政治有过兴趣和关系。他的特点是十分自觉地从这里退了出来。为什么这样? 在他的诗文中,响着与阮籍等人颇为相似的音调,可以作为答案:"密网裁而鱼骇,宏罗制而鸟惊;彼达人之善觉,乃逃禄而归耕";"古时功名士,慷慨争此场,一旦百岁后,相与还北邙,……荣华诚足贵,亦复可怜伤";"枝条始欲茂,忽值山河改,柯叶自摧折,根株浮沧海,……本不植高原,今日复何悔"等等,这些都是具有政治内容的。由于身份、地位、境况、遭遇的不同,陶潜的这种感叹不可能有阮籍那么尖锐沉重,但这仍是使陶潜逃避"诚足贵"的"荣华",宁肯回到田园去的根本原因。陶潜坚决从上层社会的政治中退了出来,把精神的慰安寄托在农村生活的饮酒、读书、作诗上,他没有那种后期封建社会士大夫对整个人生社会的空漠之感,相反,他对人生、生活、社会仍有很高的兴致。他也没有像后期封建士大夫信仰禅宗、希图某种透彻了悟。相反,他对生死问题和人生无常仍极为执着、关心,他仍然有着如《古诗十九首》那样的人生慨叹:"人生似幻化,终当归虚无。""今我不为乐,知有来岁否。"尽管他信天师道(参阅陈寅恪《陶渊明之思想与清谈之关系》),实际采取的仍是一种无神论和怀疑论的立场。他提出了许多疑问:"夷投老以长饥,回早夭而又贫……虽好学与行义,何死生之苦辛。疑报德之若兹,惧斯言之虚陈",总结则是"苍昊遐缅,人事无已,有感有昧,畴测其理"。这种怀疑派的世界观人生观也正是阮籍所共有的:"荣名非己宝,声色焉足娱。采药无旋返,神仙志不符。逼此良可惑,令我久踟蹰。"这些魏晋名士们尽管高谈老庄,实际仍是知道"一死生为虚诞,齐彭殇为妄作",老庄(无神论)并不能构成他们真正的信仰,人生之谜在他们精神上仍无法排遣或予以解答。所以前述人生无常、生命短促的慨叹,从《古诗十九首》到陶渊明,从东汉末到晋宋之后,仍然广泛流行,直到齐梁以后佛教鼎盛,大多数人去皈依佛宗,才似乎解决了这个疑问。

  与阮籍一样,陶潜采取的是一种政治性的退避。但只有他,才真正做到了这种退避,宁愿归耕田园,蔑视功名利禄。"宁固穷以济意,不委屈而累己。既轩冕之非荣,岂缊袍之为耻。诚谬会以取拙,且欣然而归止。"不是外在的轩冕荣华、功名学问,而是内在的人格和不委屈以累己的生活,才是正确的人生道路。所以只有他,算是找到了生活快乐和心灵安慰的较为现实的途径。无论人生感叹或政治忧伤,都在对自然和对农居生活的质朴的爱恋中得到了安息。陶潜在田园劳动中找到了归宿和寄托。他把自《古诗十九首》以来的人的觉醒提到了一个远远超出同时代人的高度,提到了寻求一种更深沉的人生态度和精神境界的高度。从而,自然景色在他笔下,不再是作为哲理思辨或徒供观赏的对峙物,而成为诗人生活、兴趣的一部分。"蔼蔼停云,濛濛时雨";"倾耳无希声,举目皓以洁";"平畴交远风,良苗亦怀新";……春雨冬雪,辽阔平野,各种普通的、非常一般的景色在这里都充满了生命和情意,而表现得那么自然、质朴。与谢灵运等人大不相同,山水草木在陶诗中不再是一堆死物,而是情深意真,既平淡无华又生意盎然:

  时复墟曲中,披草共来往,相见无杂言,但道桑麻长;桑麻日已长,我土日益广,常恐霜霰至,零落同草莽。
  种豆南山下,草盛豆苗稀;晨兴理荒秽,带月荷锄归;道狭草木长,夕露沾我衣;衣沾不足惜,但使愿无违。
  暧暧远人村,依依墟里烟,狗吠深巷中,鸡鸣桑树颠。户庭无尘杂,虚室有余闲,久在樊笼里,复得返自然。

  这是真实、平凡而不可企及的美。看来是如此客观地描绘自然,却只有通过高度自觉的人的主观品格才可能达到。

  陶潜和阮籍在魏晋时代分别创造了两种迥然不同的艺术境界,一超然事外(而非"超然世外",这种"超世"的希冀要到苏轼才有),平淡冲和;一忧愤无端,慷慨任气。它们以深刻的形态表现了魏晋风度。应该说,不是建安七子,不是何晏、王弼,不是刘琨、郭璞,不是二王、颜、谢,而是他们两个人,才真正是魏晋风度的最高优秀代表。

(选自李泽厚《美的历程》,生活·读书·新知三联书店2014年版,有改动)

登 幽 州 台 歌①

陈子昂

  陈子昂(659—700),字伯玉,梓州射洪(今属四川)人,唐文学家。少任侠,唐睿宗文明元年(684)登进士第。由于上书直陈政事,被武则天赏识,得拜麟台正字,累迁至右拾遗。由于他敢于陈述时弊,被武攸宜所厌恶,因而解职还乡,后为县令段简诬陷入狱,忧愤而死。

  陈子昂反对当时流行的馆阁体的柔靡之风,标举汉魏风骨,诗歌创作表现出明显的复古倾向,即恢复古诗比兴言志的风雅传统。他能把对超现实的向往和对现实的执着这一对基本矛盾用新的语言和形象加以表现,上承阮籍、曹植,下开李白、杜甫。其诗歌创作和理论主张影响了初唐一代的诗人,其对风骨的追求和理想的憧憬,对于唐诗的变革具有重要影响,这也在后来唐朝文学的进一步发展中得到证实。

前不见古人,
后不见来者。
念天地之悠悠,
独怆然而涕下!

 思考与练习

一、试从诗歌意象、语言、句式方面总结本诗的艺术特色。
二、结合作者经历和创作背景,浅谈对这首诗的理解。

 延伸阅读

一、唐代诗歌的划分

  有唐三百年诗,众体备矣……略而言之,则有初唐、盛唐、中唐、晚唐之不同,详而分之。贞观、永徽之时,虞、魏诸公稍离旧习,王、杨、卢、骆因加美丽,刘希夷有闺帏之作,

---

① 选自《全唐诗》,中华书局1960年版。

上官仪有婉媚之体：此初唐之始制也；神龙以还洎(jì)开元初，陈子昂古风雅正，李巨山文章宿老，沈、宋之新声，苏、张之大手笔：此初唐之渐盛也；开元、天宝间，则有李翰林之飘逸，杜工部之沉郁，孟襄阳之清雅，王右丞之精致，储光羲之真率，王昌龄之声俊，高适、岑参之悲壮，李颀、常建之超凡：此盛唐之盛者也；大历、贞元中，则有韦苏州之雅淡，刘随州之闲旷，钱郎之清赡，皇甫之冲秀，秦公绪之山林，李从一之台阁：此中唐之再盛也；下暨元和之际，则有柳愚溪之超然复古，韩昌黎之博大其词，张、王乐府得其故实，元、白序事务在分明，与夫李贺、卢仝之鬼怪，孟郊、贾岛之饥寒：此晚唐之变也；降而开成以后，则有杜牧之之豪纵，温飞卿之绮靡，李义山之隐僻，许用晦之偶对，他若刘沧、马戴、李频、李群玉辈尚能黾勉气格，将迈时流：此晚唐变态之极而遗风余韵犹有存者焉。

（选自（明）高棅《唐诗品汇》，上海古籍出版社1988年版）

二、初唐诗与陈子昂

韩愈说："国朝盛文章，子昂始高蹈。"陈子昂的出现，使唐代诗歌创作步入一个新的阶梯。他的诗是以感发而取胜的，在这方面更能说明问题的是他的《登幽州台歌》：

前不见古人，后不见来者。念天地之悠悠，独怆然而涕下！

前面所讲的《感遇》诗里，他运用了比喻、寄托的技巧，虽然不是对偶，但也属于文学外部形式上的一种表现方法；当然文学一定要有技巧和手法，否则何以表现呢？但这首《登幽州台歌》居然没有任何形象、结构、章法等外表的包装，只有诗人内心那一份最基本的感慨。那么朴实的，甚至看上去有些"笨拙"的句子，却写得那么真挚强烈，那么简练扼要，那么震撼人心，这才是陈子昂诗歌中最重要的特色。

"幽州台"，一名燕台，又称"蓟北楼"，在今北京顺义境内。它是战国时燕昭王所筑，筑此台的目的是要广揽天下贤士。燕昭王确实是一位能够欣赏、任用贤士的开明君主，他曾经得到了乐毅等许多人才的辅助，从而使燕国强盛起来。陈子昂当年随武攸宜出征时曾经过此地，想到自己向武攸宜提出过许多建议和谋略均不被采纳的情形，陈子昂感慨自己不得知用，于是写下了这首诗。

面对茫茫尘世中，悠悠天地间，那永恒的时间、广远的空间，与自己区区一身，匆匆百年，形成了强烈的对比。人生苦短，年命无常，这是千古人类的普遍悲哀。而有生之年里，空怀美好的理想才智而终生得不到任用与知赏，这种悲哀寂寞，岂不更加沉痛和深重！而且越是杰出的、天分高的人才，这种痛苦就越甚。古人说"五百年然后王者兴"，可是谁能活五百岁呢？且不要说你活不到五百岁，也等不来"王者兴"，就算是有了"王者兴"，有了能与你相知相赏的人，你难道就能够"遇"到他吗？宋代词人辛弃疾对东晋的陶渊明赏爱至极，他说："老来曾识渊明，梦中一见参差是""不恨古人吾不见，恨古人、不见吾狂耳。"陶渊明虽然不在了，但我们还可以通过他的诗去了解他、欣赏他，可是陶渊明却永远也不会知道和欣赏辛弃疾了。

王国维曾经说过：普通人与天才的不同就在于，一般人只斤斤计较于那些鸡毛蒜皮的琐碎小事，而天才之所以为天才，并不是由于他们没有计较，而在于他们所计较、忧虑的是那些更高远、更长久的事情。因此越是天才的诗人,就越会有这种"前不见古人,后不见来者,念天地之悠悠,独怆然而涕下"的寂寞和悲哀。杜甫说:"摇落深知宋玉悲,风流儒雅亦吾师。怅望千秋一洒泪,萧条异代不同时。"在这《登幽州台歌》的短短四句小诗里,陈子昂把天下有才志、有理想的人共有的悲哀集中起来,用那么简练、朴拙的词语表达出来。它既不是五言的,也不是七言的;既不讲平仄,也不讲对偶;既没有什么兴寄托,更谈不上任何的修饰和雕琢,然而它却是一首千古流传的好诗,它的好处就在于诗人真正掌握了诗歌中那一份最基本的生命之源——强大的生生不已的兴发感动的作用与力量。

　　总之,陈子昂的文学主张与诗歌创作,在初唐诗坛上的确是起到了扭偏匡正的重要作用。他把齐梁以来逐渐被人忽视了的诗歌最基本的质素又恢复了起来,为唐代诗歌的健康发展注入了无穷的生机。正是在这样的意义上,金人元遗山才说:"沈宋横驰翰墨场,风流初不废齐梁。论功若准平吴例,合着黄金铸子昂。"(《论诗绝句》)元遗山的后两句意思是说,若就陈子昂在初唐诗坛上的功绩而论,也应该得到像当年春秋越王因范蠡灭吴有功,而为他铸金像一样的待遇。对此,陈子昂是受之无愧的。

　　　　　　　　　　(选自叶嘉莹《古诗词课》,生活・读书・新知三联书店2018年版)

从军行七首(其四)①

王昌龄

王昌龄(?—约756),字少伯,京兆长安(今陕西西安)人,唐诗人。唐玄宗开元十五年(727)进士登第,授校书郎,开元二十二年(734)又中博学宏词科,迁汜水尉,再迁江宁丞,晚年贬龙标尉。安史之乱起,因世乱还乡,道出亳州(一作濠州),为刺史闾丘晓所杀。

王昌龄出身孤寒,性格慕侠尚气、豪爽不羁,又受道教玄虚思想的影响,所以观察问题较为敏锐,带有透视历史的厚重感。开元、天宝间诗名甚盛,有"诗家夫子王江宁"之称。他的创作中七绝为最佳,多写当时边塞军旅生活,气势雄浑,格调高昂。

青海长云暗雪山②,孤城遥望玉门关③。
黄沙百战穿金甲,不破楼兰终不还④。

思考与练习

一、阅读比较王昌龄的《出塞》和《从军行》两组诗作,试总结王昌龄边塞诗的艺术风格。

二、阅读下面这段文字,说说自己的理解。

昌龄以还,四百年内,曹、刘、陆、谢,风骨顿尽。顷有太原王昌龄、鲁国储光羲,颇从厥游。且两贤气同体别,而王稍声峻。至如"明堂坐天子,月朔朝诸侯。清乐动千门,皇风被九州。庆云从东来,泱漭抱日流",又"云起太华山,云山相明灭。东峰始含景,了了见松雪",又"楮柟无冬春,柯叶连峰稠。阴壁下苍黑,烟含清江楼。叠沙积为岗,崩剥雨露幽。石脉尽横亘,潜潭何时流",又"京门望西岳,百里见郊树。飞雨祠上来,霭然关中暮",又"奸雄乃得志,遂使群心摇。赤风荡中原,烈火无遗巢。一人计不

---

① 选自《全唐诗》,上海古籍出版社1986年版。从军行:乐府旧题,皆军旅辛苦之辞。行,原是乐曲之意,汉魏以后渐成乐府诗的一种体裁。 ② 青海:即青海湖。长云:云层弥漫。雪山:即祁连山脉。 ③ 孤城遥望:"遥望孤城"的倒装。孤城,即玉门关。玉门关,汉时边境要塞,在今甘肃敦煌西。一作"雁门关"。 ④ 破:一作"斩"。楼兰:汉代西域国名,在今新疆维吾尔自治区鄯善县东南。此泛指侵扰唐朝边境的西北游牧民族。唐代诗歌中,常以"破楼兰"代指平定边患。终:一作"竟"。

用,万里空萧条",又"百泉势相荡,巨石皆却立。昏为蛟龙窟,时见云雨入",又"去时三十万,独自还长安。不信沙场苦,君看刀箭瘢",又"芦荻寒苍江,石头岸边饮",又"长亭酒未醒,千里风动地。天仗森森练雪凝,身骑骏马白鹰臂",斯并惊耳骇目。今略举其数十句,则中兴高作可知矣。余尝睹王公《长平伏冤》,又《吊枳道赋》,仁有余也。奈何晚节不矜细行,谤议沸腾,垂历遐荒,使知音者叹惜。

延伸阅读

一、盛唐诗歌概况

唐朝自开元初年(713)至天宝十四年(755)被认为是唐朝社会发展最繁荣的时期,也是唐代诗歌最繁盛的时期,这个阶段被称为"盛唐"。盛唐之世,经济强大,国力强盛,涌现出了大批禀受山川英灵之气而天赋极高的诗人。他们"既闲新声,复晓古体;文质半取,风骚两挟;言气骨则建安为传,论宫商则太康不逮"(唐·殷璠《河岳英灵集·序》)。初唐以来讲究声律辞藻的艺术追求与抒写慷慨情怀汇而为一,诗人作诗笔参造化,韵律与抒情相辅相成,气协律而出,情因韵而显,如殷璠说的"神来、气来、情来",达到了声律风骨兼备的完美境界。这成为盛唐诗风形成的标志。

开元十五年(727)前后,是盛唐诗风形成的关键时期。武则天时兴起的重视文词的进士科,进一步演变为"以诗赋取士",而且乡贡入试者的比例大大超过国子监的学生,为各地有才华的寒俊文士打开了入仕的希望之门。此时,喜延纳才士的张说和张九龄先后为相,长安成为四方乡贡文士的汇集之地。过去由宫廷侍从文人集团主持诗坛的局面,为独立自由的才子型诗人群体竞相创作所代替,诗歌创作"既多兴象,复备风骨"(唐·殷璠《河岳英灵集·序》)。

这一阶段唐诗发展的盛况,一方面表现为名家辈出、杰作迭现,诞生了像李白那样杰出的诗人,出现了如王孟诗派、高岑诗派那样具有鲜明个性的文学流派;另一方面又体现为气度恢宏、意境深远、文辞优美的诗歌共同风貌。这种繁荣的文学景象,既是一个国力强盛的王朝给人以充分自信心的必然结果,也是诗歌发展历经变迁走向成熟的标志。

二、唐代边塞诗

唐代是我国历史上的黄金时代,当时国家的版图广大,各国、各民族在政治、经济方面的来往很多,但在边境也时有战争发生。这些战争基本上有两种类型,一种是为保卫疆土、抗击入侵的战争;另一种是统治者以炫耀武力、扩大疆域为目的的扩张战争。这两种战争在唐代诗人的笔下都有所反映。盛唐的边塞诗里,有反映征夫在边塞的艰辛生活的,亦有反映思妇在闺中的相思怀念之情;有表现将士们英勇善战、为国捐躯的豪情壮志,亦有表现军中主帅"骄恣不法""不恤下情",一味沉醉歌舞宴乐的。总之,诗人们在描写悲壮、艰辛军旅生活的同时,也用"一将功成万骨枯"的事实,揭示了战争的恐怖与残酷。唐代之所以会产生这么多感人的边塞诗,固然与当时国家的背景以及

边境的连年战争有关,唐代许多诗人都曾到过边境也是一个重要原因。有些人由于仕途坎坷、宦海失意,于是投笔从戎,希望能够在军旅生涯中有所建树;也有些人做官升到了一定的职位,被皇帝派到边境去带兵打仗。不管他们是失意或得意,总之这些诗人曾到过边境,才会创作出那些反映边塞生活的诗篇。

唐代写过边塞军旅生活的诗人很多,王维曾因奉命到边塞犒军而写了《使至塞上》,李白也写过著名的《塞下曲》。这些诗虽然反映了边塞风光及军旅生活,但因为有些诗人缺乏真正深入的切身体验,故也不乏浮面浅表之作。唐代边塞诗写得最好、最有代表性的,应推王昌龄、高适和岑参,他们都曾到边塞,并体验过真正的军旅生活,所以他们诗中所表现的感情与景象都是非常真切动人的。

终南别业①

王 维

王维(约701—761),字摩诘,唐诗人、画家。先世为太原祁县(今山西祁县)人,其父王处廉官终汾州司马,迁居蒲州(治今山西永济西),遂为河东人。王维年轻时曾有过隐逸生涯,对文学、绘画和音乐颇有研究。唐玄宗开元九年(721)进士及第,任大乐丞,累官至给事中。安史之乱起,王维被叛军所捕并被迫出任伪职。朝廷军收复两京后,王维因在叛军拘禁期间写《凝碧池》一诗,表达对唐王朝的忠诚,又因其任太原少尹的弟弟王缙平叛有功加宪部侍郎,王缙且请削官职为兄赎罪,故王维未受严厉处分,责授太子中允。王维此后累迁至尚书右丞,故世称王右丞。中年后居蓝田辋川,过着亦官亦隐的优游生活。

纵观王维一生,从时间上说他完整地经历了史家所称的"盛唐"时期。诗歌创作与孟浩然齐名,世称"王孟"。他早期写过一些以边塞为主题的诗篇,但其作品主要是描述田园山水的山水诗,宣扬隐士生活和佛教禅理;体物精细,状写传神,具有独特的成就,有《王右丞集》。

中岁颇好道②,晚家南山陲③。
兴来每独往,胜事④空自知。
行到水穷处,坐看云起时。
偶然值林叟⑤,谈笑无还期。

思考与练习

一、阅读以下文字,简要分析"见妙境之无穷"这句评价。

此诗见摩诘之天怀淡逸,无住无沾,超然物外。言壮岁即厌尘俗,老去始卜宅终南,无多同调,兴到唯有独游。选胜怡情,随处若有所得。不求人知,心会其趣耳。五

---

① 选自赵殿成《王右丞集笺注》,上海古籍出版社1992年版。终南:终南山。别业:是与"旧业"或"第宅"相对而言,业主往往原有一处住宅,而后另营别墅,称为别业。 ② 中岁:中年。道:道教。 ③ 家:动词,安家。南山陲:终南山脚下,即辋川别业的所在地。陲,边缘、边境。 ④ 胜事:快意的事情。 ⑤ 林叟:林中的老叟。

六句即言胜事自知,行至水穷,若已到尽头,而又看云起,见妙境之无穷,可悟处世事变之无穷,求学之义理亦无穷。此二句有一片化机之妙。结句言心本悠然,偶值邻翁,即流连忘返。如行云之在太虚,流水之无滞相也。

二、试比较本诗与下面这首诗。

使至塞上

王 维

单车欲问边,属国过居延。
征蓬出汉塞,归雁入胡天。
大漠孤烟直,长河落日圆。
萧关逢候骑,都护在燕然。

 延伸阅读

魏晋至唐山水田园诗概述

西晋后期爆发的"八王之乱",导致中国北方重新进入分裂的时代,当时有所谓的"五胡十六国",在北方各自或相替为政。南方则在公元316年,即西晋被匈奴人所建汉国覆灭后的次年,由琅琊王司马睿在建康(今江苏南京)登基,揭开了东晋王朝的序幕。

东晋王朝是在北方南下的汉族贵族与南方土著士族的共同支持下建立起来的。在整个东晋历史上,王室也是依靠士族中的俊乂之材度过一次次危机。因此,东晋成为历史上士族势力特别强大的时代。处在这种环境中的东晋士人,一方面并不放弃对自身的政治与经济利益的追求,一方面却渴望在精神上获得更大的解脱;他们的生活态度较前人少了些狂诞,多了些优雅和从容。唐代杜牧诗云:"大抵南朝皆旷达,可怜东晋最风流"(《润州二首》之一),便是由此而来的感想。

与此相应,东晋士族文化最突出的表现,是对玄学清谈和山水自然的爱好。

……

对山水自然的爱好,固然是前代风气的延伸,却也有这一时代特别的条件。当时北方名门士族南徙以后,多在浙东一带经营庄园,这里山水风光的明媚秀丽,实非西晋时士人聚居的洛阳等地可比;而东晋士人追求脱俗、标榜优雅从容的生活态度,也使他们更容易与自然相融合。在《世说新语·言语》的一些记载中,可以明显感觉到当时人对自然的亲近和敏感,与前人相比更为深切:

王子敬云:"从山阴道上行,山川自相映发,使人应接不暇。若秋冬之际,尤难为怀。"

简文入华林园,顾谓左右曰:"会心处不必在远,翳然林水,便自有濠濮间想也,

觉鸟兽禽鱼，自来亲人。"

这里对自然的态度，已经不仅是品赏，而且是从品赏中引发出对人生的感动。

……

就总体而论，东晋文学的繁荣程度似乎既不及之前的西晋，也不及之后的刘宋。但生活于晋宋之际而习惯上归入东晋的陶渊明，却被后人推举为整个魏晋南北朝最为杰出的文学家。

……

作为一位身处东晋南朝之交的诗人，他的诗还带有较多的玄言诗的印痕，诗中好言哲理，但他高出一般玄言诗人之处，在能把哲理相当圆满地结合在对自然事物或者乡村景色的动人描绘之中，并因此创造出了一种富于诗意的玄言诗和前人未曾涉及的田园诗。

沈约《宋书·谢灵运传论》谈两晋至刘宋的文学流变，先是指出西晋时"潘陆特秀""缛旨星稠，繁文绮合"，继而提到东晋时由于玄风大盛，文学偏于枯淡，"遒丽之辞，无闻焉尔"，然后说："爰逮宋氏，颜谢腾声。灵运（谢灵运）之兴会标举，延年（颜延之字延年）之体裁明密，并方轨前秀，垂范后昆。"从这里可以看出，刘宋前期文学的一个重要现象，是以颜、谢为代表，接续了西晋文学注重华美典雅的倾向。

从题材来说，刘宋前期文学的突出现象，是继承东晋后期文学的趋势，掀起了山水文学的新潮。刘勰《文心雕龙·明诗》说："宋初文咏，体有因革。庄老告退，而山水方滋。俪采百字之偶，争价一句之奇；情必极貌以写物，辞必穷力以追新。"这虽然有些简化，但勾勒一代文学风尚颇为明晰。同时，也指出了宋初山水诗在修辞方面的努力。这方面的主要代表人物是谢灵运。

……

在唐代诗歌形成自己独特风貌的历史过程中，诗歌流派的出现有着重要的意义。唐诗史上最早具有较鲜明的特征的流派，一般认为是以孟浩然、王维为代表的山水田园诗派。

……

王维在诗歌创作上所取得的成就，自然也与前辈诗人的开拓性工作分不开。就山水田园诗而言，六朝山水诗尤其是梁陈山水诗的传统，与稍前的孟浩然的大量实践，无疑对王维的创作具有启发性。不同的是六朝山水诗还比较平面化，孟浩然的作品相对而言还较多率性之辞，王维则更为精致；六朝山水诗大家往往好在诗中言理，孟浩然写山水而较多引史入诗，王维则更喜欢纯粹地描绘山水美本身。王维的边塞诗尽管写得不多，却在境界铸造与遣词等方面与王昌龄等人的作品不无关联。

（选自章培恒、骆玉明《中国文学史新著》，复旦大学出版社2011年版，有改动）

宣州谢朓楼饯别校书叔云①

李 白

　　李白(701—762),字太白,号青莲居士,唐诗人。自称祖籍陇西成纪(今甘肃静宁西南),隋末其先人流寓碎叶(唐时属安西都护府,在今吉尔吉斯斯坦北部托克马克附近)。李白幼时随父亲迁居绵州昌隆(今四川江油)青莲乡,从25岁起离开四川,开始漫游各地。天宝初,李白奉诏入京,供奉翰林。唐玄宗天宝三载(744)为朝中权贵谗毁,"赐金放还"离开长安。安史乱起,永王李璘奉玄宗普安郡制置诏,出兵东南,经九江,李白以为报国时机已到,入永王幕,慷慨从军。而此时肃宗李亨业已继位,且永王李璘也想趁机壮大自己的军事和政治力量,因此肃宗李亨以叛乱罪讨伐李璘,李白也因此长流夜郎。唐肃宗乾元二年(759),他在流放途中遇赦放东还。唐肃宗上元二年(761)闻知李光弼出征东南,他又想从军报国,无奈半道病还,往当涂依县令李阳冰。次年,李白病逝于当涂,时年62岁。

　　盛唐之时,士子们的积极入世、向上进取的人生态度,在李白身上有鲜明的体现。他对"济苍生""安社稷"的儒家思想有着强烈的信念。他对世界和人生的过于理想化,必然会遭遇现实的打击,可是在面对个人的失望和愤懑时,他又能始终保持豁达、自信和高昂的精神风貌。同时,道教思想也在他的创作中占有重要地位,也给了李白一种极强的自我调节和自我解脱能力。这种超脱的思想加强了其诗歌的浪漫主义风格。李白自由、奔放、不羁的人格特征,是魏晋开始的人的觉醒发展至巅峰的产物,是盛唐精神的高度升华。

　　弃我去者,昨日之日不可留;
　　乱我心者,今日之日多烦忧。
　　长风万里送秋雁,对此可以酣高楼②。
　　蓬莱文章建安骨③,中间小谢又清发④。
　　俱怀逸兴壮思飞,欲上青天览⑤明月。

---

　　① 选自王琦注《李太白全集》,中华书局1977年版。本诗是天宝末年,李白在安徽宣城饯别秘书省校书郎李云之作。谢朓楼系南齐著名诗人谢朓任宣城太守时建造,又称谢公楼、北楼。诗题一作《陪侍御叔华登楼歌》。　② 酣(hān)高楼:畅饮于高楼。　③ 蓬莱文章:借指汉代文章;东汉学者称政府的藏书机构东观为道家蓬莱山。建安骨:建安风骨,指刚健道劲的文章风格。　④ 小谢:指谢朓(464—499),字玄晖,南朝齐诗人。后人将谢灵运和他并举,称为大谢、小谢。清发:清新秀发的风格。　⑤ 览:一作"揽"。

抽刀断水水更流,举杯消愁愁更愁。
人生在世不称意,明朝散发弄扁舟。

一、分析本诗所表现出的诗人的思想感情。
二、试从本诗概述李白诗歌的艺术风格。

李白的人生分期

一、出蜀以前(701—725年,0—24岁)

关于李白出生的说法有很多种。其中比较主流的是李白的祖先是凉武昭王李暠(也是李唐王朝的祖先),先人因事避居碎叶城,李白出生在那里。传说李白的母亲因长庚入梦而生李白,长庚星、启明星、太白金星同为一颗星,因此名白(唐·李阳冰《草堂集序》)。李白出身商人家庭,在他幼儿时期,他们家就迁移到如今的四川省江油市青莲乡,在四川读书长大。年轻时,李白在大匡山(在四川江油)读书、修道,并去过成都、峨眉山等地。

二、循江东游到离开安陆(725—735年,25—35岁)

李白二十五岁出蜀,开始一生的漫游。他离开长江三峡东下(《峨眉山月歌》),经荆门(《渡荆门送别》)、江夏、到浔阳登庐山(《望庐山瀑布》);访金陵(《金陵酒肆留别》),游扬州,浪迹吴、会之间;再逆长江而上,在江夏、襄樊漫游,其间曾与孟浩然相遇(《黄鹤楼送孟浩然之广陵》《赠孟浩然》)。然后在安陆,娶故宰相许圉师孙女,开始"酒隐安陆,蹉跎十年"。在这期间,他以安陆为中心,去过江夏、武汉、洛阳、太原等地,大概在开元二十四年,第一次去长安求官但失败了。离开长安之后,他从梁、宋(大约今天的陕西—河南一带)到洛阳,再到襄阳,然后举家迁移到山东任城(山东兖州)。

三、移家东鲁到离南陵入长安(736—742年,35—41岁)

李白在任城安家后,隐居徂徕山,与孔巢父等五人为友,号称"竹溪六逸"。这六年间,李白以任城为中心漫游,曾回汉阳、襄阳,还去过洛阳、南阳,又南下吴越并遇到道士吴筠。天宝元年(742)在南陵奉召入长安(《南陵别儿童入京》)。

四、在长安(742—744年,41—43岁)

李白随同道士吴筠到长安,又经玉真公主、贺知章(《对酒忆贺监诗序》)等人的推荐,经唐玄宗亲自召见,供奉翰林。虽然没有正式的官职,但这是他一生最为得意的时期。据李阳冰《草堂集序》:"(唐玄宗)降辇步迎,如见绮皓。以七宝床赐食,御手调羹以饭之。……置于金銮殿,出入翰林中,问以国政,潜草诏诰,人无知者。"但不久,就为朝中权贵谗毁,在仕途上遭受重大打击,于天宝三载被"赐金放还"。

五、离开长安到长流夜郎(745—757年,44—57岁)

李白离开长安以后,漫游南北,并在齐州紫极宫由北海高天师授箓。他从梁宋(河南)、齐鲁(山东)而幽燕(河北),又多次来往会稽(杭州)、金陵(南京)、宣城之间。值得大书特书的是在此阶段,李、杜、高适相遇,三个人漫游梁宋、登山临水,过了一段裘马轻狂的日子。李杜先会于洛阳,尔后与高适会于梁宋故地,三人再一同漫游齐鲁,在兖州分别。分别后,杜甫西入长安,李白南下吴越(《梦游天姥吟留别》)。安禄山乱起,他正在宣城,此后辗转溧阳、剡中,天宝十五载避居庐山,碰上永王璘过浔阳,相邀参加幕府。次年,至德二年永王违抗肃宗的诏命东巡(《永王东巡歌》),兵败丹阳,他受到牵累,下浔阳狱,定罪长流夜郎,时年57岁。这一阶段,李白的生活经验最丰富,传世诗歌也最多。

六、巫山遇赦到病逝当涂(758—762年,58—62岁)

李白长流夜郎,行至巫山,遇赦东还(《早发白帝城》),在江夏、巴陵(《陪侍郎叔夜游洞庭醉后三首》其三)、衡阳、零陵一带逗留,就回到浔阳。以后又重游金陵,来往宣城(《宣城见杜鹃花》)、历阳等地。临终前一年,李光弼东镇临淮,抗拒史朝义,他闻讯奋然请缨,不幸中途因病折回,于宝应元年在当涂令李阳冰任所逝世,年62岁。李白墓在今安徽省马鞍山市。

秋兴八首（其一）①

杜 甫

杜甫（712—770），字子美，诗中尝自称少陵野老，唐诗人。祖籍襄阳（在今湖北），自其曾祖时迁居巩县（今河南巩义），其先祖为西晋名将和名学者杜预，祖父为武后朝名诗人杜审言。杜甫年轻时举进士不第，漫游各地，后寓居长安（今陕西西安）近十年。及唐玄宗天宝十五载（756）正月，安禄山攻陷长安后，杜甫逃至凤翔（今陕西宝鸡）谒见肃宗，授官左拾遗；长安收复后，随肃宗还京。宰相房琯被罢免，杜甫因上疏申救而为肃宗所恶，被贬为华州（今陕西华州）司功参军，不久弃官往秦州、同谷，进蜀中，筑草堂于浣花溪上。他一度在剑南节度使严武幕中担任节度参谋，并获荐举任检校工部员外郎，故世称杜工部。晚年携家出蜀，病死湘江途中；一说死于耒阳。杜诗较详尽的注本有清代仇兆鳌的《杜少陵集详注》。

杜甫出身"奉儒守官"的封建世家，自幼接受儒家思想的熏陶，"致君尧舜上"是他一直坚持的政治理想。但是在他生活的年代里，唐王朝已由极盛转向衰落，"安史之乱"把原来隐藏的各种社会矛盾充分展示在人们面前，杜甫的政治理想和社会现实产生了尖锐的矛盾。比较低下的社会地位和动荡不定的生活，使他对社会矛盾有较深入的了解，对人民的痛苦有比较切实的感受，加深了他忧国忧民的思想认识。他的诗歌从多方面反映了那个动乱的时代，当时一些重大的政治事件以及封建统治阶级的腐败、社会上贫富的悬殊、人民生活的痛苦，都在杜甫的诗歌中得到了不同程度的反映。他的诗歌因而被后人称作"诗史"。杜甫他善于广泛地吸取前人诗歌创作的长处，注意反复锤炼，在艺术技巧和语言运用上都达到了前所未有的高度。

玉露凋伤②枫树林，巫山巫峡气萧森。
江间波浪兼天涌，塞上风云接地阴。
丛菊两开他日泪③，孤舟一系故园心。
寒衣处处催刀尺④，白帝城高急暮砧。

---

① 选自《全唐诗》，中华书局1960年版。 ② 玉露：白露。凋伤：草木凋落衰败。 ③ 丛菊两开：杜甫自永泰元年（765）五月离蜀南下，到准备返回故乡已是第二年的秋天，仍滞留在夔州，这些日子菊花已经花开两度。他日：过去。 ④ 刀尺：指做寒衣用的剪刀和尺子。

一、自学《秋兴八首》的其他七首,并查阅相关资料,分析这组诗歌相互之间的关系,从而总结《秋兴八首》的整体特色。

二、试比较李白、杜甫的艺术特色,并结合历史背景说明原因。

秋 兴 八 首

其 二

夔府孤城落日斜,每依北斗望京华。
听猿实下三声泪,奉使虚随八月槎。
画省香炉违伏枕,山楼粉堞隐悲笳。
请看石上藤萝月,已映洲前芦荻花。

其 三

千家山郭静朝晖,日日江楼坐翠微。
信宿渔人还泛泛,清秋燕子故飞飞。
匡衡抗疏功名薄,刘向传经心事违。
同学少年多不贱,五陵衣马自轻肥。

其 四

闻道长安似弈棋,百年世事不胜悲。
王侯第宅皆新主,文武衣冠异昔时。
直北关山金鼓振,征西车马羽书驰。
鱼龙寂寞秋江冷,故国平居有所思。

其 五

蓬莱宫阙对南山,承露金茎霄汉间。
西望瑶池降王母,东来紫气满函关。
云移雉尾开宫扇,日绕龙鳞识圣颜。
一卧沧江惊岁晚,几回青琐点朝班。

其　　六

瞿塘峡口曲江头,万里风烟接素秋。
花萼夹城通御气,芙蓉小苑入边愁。
珠帘绣柱围黄鹄,锦缆牙樯起白鸥。
回首可怜歌舞地,秦中自古帝王州。

其　　七

昆明池水汉时功,武帝旌旗在眼中。
织女机丝虚夜月,石鲸鳞甲动秋风。
波漂菰米沉云黑,露冷莲房坠粉红。
关塞极天唯鸟道,江湖满地一渔翁。

其　　八

昆吾御宿自逶迤,紫阁峰阴入渼陂。
香稻啄余鹦鹉粒,碧梧栖老凤凰枝。
佳人拾翠春相问,仙侣同舟晚更移。
彩笔昔曾干气象,白头吟望苦低垂。

长 恨 歌①

白居易

> 白居易(772—846),字乐天,晚年号香山居士,唐诗人。祖籍太原(今属山西),后迁居下邽(今陕西渭南北)。早年家境贫困,颇历艰辛。唐德宗贞元十六年(800)进士及第,三年后与元稹一起以书判拔萃科登仕籍,授秘书省校书郎;元和年间任左拾遗;唐宪宗元和五年(810)改官京兆府户曹参军,仍充翰林学士;元和六年四月至九年冬,因母丧回乡守制。元和十年(815),白居易回朝任太子左赞善大夫,因平卢节度使李师道等人刺杀宰相武元衡,上疏请急捕贼,为当政者所恶,被贬为江州司马。长庆间任杭州刺史,宝历初任苏州刺史,后官至刑部尚书。唐武宗会昌六年(846),年七十五卒于洛阳。有《白氏长庆集》,存诗二千八百余首。
>
> 白居易是中唐时期极具影响力的诗人,他的诗歌主张和诗歌创作,具有通俗、写实的特点,在中国诗歌史上占有重要地位。他在《与元九书》中写道:"仆志在兼济,行在独善,奉而始终之则为道,言而发明之则为诗。谓之讽喻诗,兼济之志也;谓之闲适诗,独善之义也。"由此可见,在白居易自己所划分的讽喻、闲适、感伤、杂律四类诗中,前两类最受他的重视。他的诗歌主张,也是在其早期的讽喻诗的创作基础上有感而发的。

汉皇重色思倾国②,御宇多年求不得。
杨家有女初长成,养在深闺人未识。
天生丽质难自弃,一朝选在君王侧。
回眸一笑百媚生,六宫③粉黛无颜色。
春寒赐浴华清池,温泉水滑洗凝脂④。
侍儿扶起娇无力,始是新承恩泽时。
云鬓花颜金步摇,芙蓉帐暖度春宵。
春宵苦短日高起,从此君王不早朝。
承欢侍宴无闲暇,春从春游夜专夜。
后宫佳丽三千人,三千宠爱在一身。

---

① 选自《全唐诗》,中华书局1960年版。 ② 汉皇:汉武帝,这里喻指唐玄宗。唐代诗人多在作品中以汉喻唐。倾城:喻指美人。 ③ 六宫:指宫中所有嫔妃。古代皇帝设六宫,正寝(日常处理政务之地)一、燕寝(休息之地)五,合称六宫。 ④ 凝脂:本义为凝固的脂肪,这里形容洁白柔嫩的肌肤。

金屋①妆成娇侍夜,玉楼宴罢醉和春②。
姊妹弟兄皆列土③,可怜光彩生门户。
遂令天下父母心,不重生男重生女。
骊宫④高处入青云,仙乐风飘处处闻。
缓歌慢舞凝丝竹,尽日君王看不足。

渔阳鼙鼓⑤动地来,惊破霓裳羽衣曲⑥。
九重城阙⑦烟尘生,千乘万骑西南行⑧。
翠华摇摇行复止,西出都门百余里⑨。
六军⑩不发无奈何,宛转蛾眉马前死。
花钿委地无人收,翠翘金雀玉搔头。
君王掩面救不得,回看血泪相和流。
黄埃散漫风萧索,云栈萦纡登剑阁⑪。
峨嵋山⑫下少人行,旌旗无光日色薄。
蜀江水碧蜀山青,圣主朝朝暮暮情。
行宫见月伤心色,夜雨闻铃肠断声。
天旋日转⑬回龙驭,到此踌躇不能去。
马嵬坡下泥土中,不见玉颜空死处。

君臣相顾尽沾衣,东望都门信马归。
归来池苑皆依旧,太液芙蓉未央柳⑭。
芙蓉如面柳如眉,对此如何不泪垂。
春风桃李花开日⑮,秋雨梧桐叶落时。
西宫南内⑯多秋草,落叶满阶红不扫。
梨园弟子⑰白发新,椒房阿监青娥老⑱。
夕殿萤飞思悄然⑲,孤灯挑尽未成眠。

---

① 金屋:《汉武故事》记载了汉武帝"金屋藏娇"的故事,这里是指杨贵妃的住处。 ② 醉和春:醉意中含着春情。 ③ 列土:本谓封建最高统治者分封土地,此指加官进爵。 ④ 骊宫:骊山上的华清宫。 ⑤ 渔阳:郡名,范阳节度使所辖,治所蓟州。鼙鼓:古代军中所用的小鼓。 ⑥ 霓裳羽衣曲:舞曲名。相传来自西域,曾经玄宗改编,是当时著名的曲子。 ⑦ 九重城阙:指京城长安。 ⑧ 西南行:此处指自长安逃往蜀中。 ⑨ 百余里:指马嵬坡。 ⑩ 六军:古代天子六军,这里指护卫唐玄宗的羽林军。 ⑪ 云栈:高入云霄的栈道。剑阁:即剑门关,在今四川省剑阁县。 ⑫ 峨嵋山:今作"峨眉山"。 ⑬ 天旋日转:比喻政局转变。757年,郭子仪率军收复长安。 ⑭ 太液:太液池,汉朝建章宫中的水池。未央:未央宫,汉代的宫殿。此处用汉代宫殿建筑指代唐朝宫殿。 ⑮ 日:一作"夜"。 ⑯ 西宫:太极宫。南内:兴庆宫。唐玄宗回长安先住兴庆宫,后迁入太极宫的甘露殿,这实际是变相软禁。 ⑰ 梨园弟子:唐玄宗曾设宜春、梨园二教坊,教练供奉宫廷的歌舞艺人,故后世称戏子为梨园弟子。 ⑱ 椒房:后妃所住的宫殿,用花椒和泥涂壁,取其香暖兼有多子之意。阿监:宫中女官。青娥:青春美好的容颜。 ⑲ 悄然:忧愁的样子。

迟迟钟鼓初长夜,耿耿①星河欲曙天。
鸳鸯瓦冷霜华重②,翡翠衾寒谁与共。
悠悠生死别经年,魂魄不曾来入梦。

临邛道士鸿都客③,能以精诚致④魂魄。
为感君王展转思⑤,遂教方士殷勤觅。
排空驭气奔如电,升天入地求之遍。
上穷碧落⑥下黄泉,两处茫茫皆不见。
忽闻海上有仙山,山在虚无缥缈间。
楼阁玲珑五云起,其中绰约多仙子。
中有一人字太真⑦,雪肤花貌参差是。
金阙西厢叩玉扃⑧,转教小玉报双成⑨。
闻道汉家天子使,九华帐里梦魂惊。
揽衣推枕起徘徊,珠箔银屏迤逦⑩开。
云鬓半偏新睡觉,花冠不整下堂来。
风吹仙袂飘飘举,犹似霓裳羽衣舞。
玉容寂寞泪阑干⑪,梨花一枝春带雨。
含情凝睇谢君王,一别音容两渺茫。
昭阳殿⑫里恩爱绝,蓬莱宫中日月长。
回头下望人寰处,不见长安见尘雾。
唯将旧物表深情,钿合⑬金钗寄将去。
钗留一股合一扇⑭,钗擘⑮黄金合分钿。
但教心似金钿坚,天上人间会相见。
临别殷勤重寄词,词中有誓两心知。
七月七日长生殿⑯,夜半无人私语时。
在天愿作比翼鸟,在地愿为连理枝。
天长地久有时尽,此恨绵绵无绝期。

---

① 耿耿:微明的样子。 ② 鸳鸯瓦:一正一反相扣合的瓦。霜华:即霜花。 ③ 临邛(qióng):县名,唐时属剑南道。鸿都:东汉洛阳宫门名,这里指代长安。 ④ 致:招来。 ⑤ 展转思:反复思念。 ⑥ 碧落:道家称天界为碧落,一般用作天空的代称。 ⑦ 太真:杨玉环开元二十八年(740)被度为女冠,道号太真。 ⑧ 玉扃(jiōng):玉做的门。 ⑨ 小玉:传说为吴王夫差的女儿。双成:传说为西王母的侍女。 ⑩ 迤逦(yǐ lǐ):渐次、逐渐。 ⑪ 阑干:纵横貌,这里指泪水涟涟。 ⑫ 昭阳殿:汉成帝皇后赵飞燕所住的宫殿,这里借指杨贵妃生前旧居。 ⑬ 钿合:即钿盒,用黄金珠宝装饰而成的盒子。 ⑭ 扇:量词,钿盒的盖子或底部。 ⑮ 擘:分开,拆开。 ⑯ 长生殿:建造于华清宫内,又名集灵台,是供奉追封的太上玄元皇帝老子李耳和唐代高祖李渊等共七位皇帝灵位之地。这里代指杨贵妃在华清宫内的寝殿。

 思考与练习

一、根据史实和诗歌内容,总结本诗的主题。

二、白居易诗歌继承了杜甫诗歌反映社会现实的传统。他在《与元九书》中明确提出了"文章合为时而著,歌诗合为事而作"的主张,但他的诗歌与杜甫的创作有着巨大的不同。试分析杜甫反映社会现实的诗歌与白居易"讽喻诗"之间的差异。

 延伸阅读

当韩愈、柳宗元在文章领域积极推进古文运动之时,白居易与元稹在诗歌创作领域中提出和古文运动理论相应和的诗歌创作观点。韩、柳在散文领域中,以所谓的"复古"为号召,实际上是在反对"务富文采,不顾事实"(柳宗元《答吴武陵论非国语书》)的虚饰、浮夸的文风,提倡"文从字顺各识职"(韩愈《南阳樊绍述墓志铭》)的新体古文。

白居易作为一位现实主义诗人,他有自己的创作实践,也有明确的文学主张,这与他同情人民、改革时弊的政治理想相关。首先,他大力主张恢复周代的采诗制度,希望官方能够通过诗歌了解百姓的疾苦和诉求,可以建立下情上达的开明政治制度。其次,他认为诗歌要继承《诗经》中的"比兴""美刺"传统,即诗歌要反映社会现实,关心人民疾苦,揭露政治弊病,达到"救济人病,裨补时阙"(白居易《与元九书》)的作用。最后,他与著名诗人元稹、李绅等人掀起了一场新乐府运动,即上继《诗经》和《汉乐府诗》的"感于哀乐,缘事而发"的现实主义精神,自拟新题抒写乐府。新乐府运动是一次恢复文学中的现实主义传统的运动,也是一次文学通俗化的运动。

从文学观点而言,白居易的创作主张也有其局限性。其一,过于强调文学的社会功能,在希望诗歌推动政治改革的目的下,把"惟歌生民病,愿得天子知"(白居易《寄唐生》)当作文学的主要职能,甚至是主要评价标准,因此在总结文学历史和前人艺术成就的时候难免缺乏公允。其二,白居易希望诗歌"系于意不系于文""非求宫律高,不务文字奇""直歌其事",主张诗歌通俗易懂,层次清晰,主题明确,一定程度上使其诗歌缺乏诗歌艺术的意象蕴藉和语句熔炼,影响了他部分诗歌创作的艺术性。

安定城楼①

李商隐

李商隐(约813—约858),字义山,号玉谿生、樊南生,怀州河内(今河南沁阳)人,唐诗人。李商隐在江浙一带度过了童年,十岁时父丧,他随母还乡过着清贫的生活。大和三年(829)移家洛阳,结识令狐楚。"牛党"令狐楚欣赏他的文才,亲自授以今体章奏之学,又聘其入幕,儿子令狐绹又帮助李商隐考中进士。令狐楚死后,次年李商隐入泾原节度使王茂元幕,不久娶王女为妻。当时朋党之争激烈,王茂元被视为亲近"李党"的武人,李商隐因此卷入党争,遭排挤而潦倒终身。其诗对当时藩镇割据、宦官擅权和时政弊端都有所反映。有《李义山诗集》。

迢递②高城百尺楼,绿杨枝外尽③汀洲。
贾生年少虚垂泪④,王粲春来更远游⑤。
永忆⑥江湖归白发,欲回天地入扁舟⑦。
不知腐鼠成滋味,猜意鹓雏竟未休。⑧

 思考与练习

一、查阅《庄子·秋水》,分析寓言中鹓雏、鸱、腐鼠各指代什么。
二、总结《安定城楼》中引用的典故,并说明这些典故表达了作者什么样的感情。

 延伸阅读

李商隐的诗歌创作,对经过盛唐和中唐充分发展的唐诗以进一步的重大推进,使其

---

① 选自《全唐诗》,中华书局1960年版。安定:即泾州(在今甘肃泾川县北),唐代泾原节度使府所在地。 ② 迢递(tiáo dì):遥远、高峻、曲折。 ③ 尽:尽头。 ④ 贾生:西汉时贾谊,年轻时书《陈政事疏》,针对国家弊病,提出当时形势"可为痛哭者一,可为流涕者二,可为长太息者六"。 ⑤ 王粲:参看本书《登楼赋》一篇。 ⑥ 永忆:一直向往。 ⑦ 入扁舟:暗用春秋时越国大夫范蠡功成后泛舟归隐的典故。 ⑧ 此二句出自《庄子·秋水》:惠施相梁,怕庄子争夺相位。于是庄子去见惠施,对他说,南方有一种鸟叫鹓雏(yuān chú,神话中和鸾凤同类的鸟),非练实不食,非醴泉不饮。鸱(chī,鹞鹰)得到了腐鼠,看到鹓雏飞过,怀疑它是来抢食的,于是就冲鹓雏发出恐吓的叫声。

再次出现高峰:

一、对心灵世界作出了前人未曾有过的深入开拓与表现。任何诗歌都这样那样地表现着心灵世界。李商隐的独特贡献,在于他对心灵世界的丰富层次、变化的复杂奥妙,以及清晰的和不清晰的难以言说的领域,作了前所未有的细腻、传神的展示。围绕表现心灵世界,他在对诗歌语言潜在能力的发掘,比兴象征手法和典故运用等方面,亦有许多独到的探索。

二、开拓了一个全新的艺术表现的领域:非逻辑的、跳跃的意象组合;朦胧情思与朦胧境界的创造;把诗境虚化。这种非写实的艺术表现手法,不仅极大地扩大了诗的容量,还留给读者以更大的联想空间。

三、在无题诗、咏史诗、咏物诗三种类型诗歌的发展上作出重要贡献。他所创写的无题诗,成为一种富有特色的诗歌新体式。他的咏史诗,情韵深长,善于突破"史"的局限,真正进入"诗"的领域,将咏史诗的创作,往更具典型性、抒情性的境界推进。他的咏物诗,托物寓怀,表现诗人独特的境遇命运、人生体验和精神意绪,在物与我、形与神、情与理等类关系处理上作出了新贡献。

四、在体裁方面,他的七律、七绝,深婉精丽,充分发挥了这两种诗体在抒写情感、表现心理方面的潜能。清代吴乔云:"唐人能自辟宇宙者,惟李、杜、昌黎、义山。"(《西昆发微序》)李商隐确实是继李白、杜甫、韩愈之后,再次为诗国开疆辟土的大家。

(选自袁行霈主编《中国文学史》,高等教育出版社2003年版,有改动)

八声甘州·寄参寥子①

苏 轼

> 苏轼(1037—1101),字子瞻,号东坡居士,眉州眉山(今属四川)人。苏轼博学多才,善文,工诗词,书画俱佳。宋仁宗嘉祐二年(1057),苏轼考取了进士,成为此次主考官欧阳修的弟子。之后累除中书舍人、翰林学士、端明殿学士、礼部尚书,曾通判杭州,知密州、徐州、湖州、颖州等。宋神宗元丰二年(1079),发生了有名的"乌台诗案",苏轼被捕入狱。他因为坚持个人见解,遭"新党"和"旧党"两个政治团体排挤,最后被贬到海南岛。直到宋哲宗元符三年(1100),他才被赦北归,次年于常州病卒。诗文有《东坡七集》等,词集有《东坡乐府》,存词三百余首。
>
> 苏轼的词作成就高于他的文和诗。从体裁形式上讲,他提高了词的文学地位,把词和音乐剖开,使词成为独立的抒情诗体,不再仅仅作为音律的配合者而存在,从根本上改变了词的发展方向。从内容上讲,他的词作"豪放,不喜剪裁以就声律",题材丰富,意境开阔,突破晚唐五代和宋初以来"词为艳科"的传统樊篱,以诗为词,开创豪放清旷一派,对后世产生巨大影响。

  有情风、万里卷潮来,无情送潮归。问钱塘江上②,西兴浦口③,几度斜晖?不用思量今古,俯仰④昔人非。谁似东坡老,白首忘机⑤。

  记取西湖西畔,正暮山好处,空翠烟霏。算诗人相得⑥,如我与君稀。约他年、东还海道,愿谢公、雅志莫相违。西州路,不应回首,为我沾衣。⑦

---

① 选自邹同庆、王宗堂《苏轼词编年校注》,中华书局2002年版。八声甘州:词牌名。《钦定词谱》云:"此调前后段八韵,故名八声,乃慢词也。"《甘州》,本唐代大曲名。《八声甘州》是截取大曲《甘州》之一段,增减声腔而成。参寥子:苏轼在杭州的僧友。据《苏轼诗集》卷十七《次·韵僧潜见赠》施注:"僧道潜,字参寥,於潜人。能文章,尤喜为诗。" ② 钱塘江:一般浙江下游杭州段称钱塘江。 ③ 西兴浦口:即西兴渡口,在钱塘江南。 ④ 俯仰:低头、抬头用的时间,谓时间转瞬即逝。 ⑤ 忘机:消除机心,指清静无为、淡泊宁静的心态。"忘机"典故见《列子·皇帝》,传说海上有个人喜欢鸥鸟,当他坐在船上时鸥鸟会找他玩儿,在他手里吃食,一天他父亲说:"吾闻鸥鸟皆从汝游,汝取来,吾玩之。"他就有了捉鸟的"机心(算计的心)",于是从那天起鸥鸟再也不落下了。 ⑥ 算:认作,算是。相得:相互友善,相处得好。 ⑦"约他年""西州路"几句:用《晋书·谢安传》典。"谢公"指东晋谢安(字安石),当年隐居东山不肯出仕,因百姓呼"安石不出,如苍生何",才出山入仕,淝水之战大败前秦苻坚。后为奸臣馋毁、朝廷猜忌,决定辞官回乡,造泛海之装,走在水路东还。可仅到新城就已病倒。因病重,坐轿过西州门,不久病逝,其外甥羊昙发誓"行不过西州路"。一天羊昙醉酒到了西州门,酒醒后想到舅父过此门后再没生还,大哭。

 **思考与练习**

一、讨论词中用典的含义,及其代表了作者什么样的思想感情。
二、回忆学过的苏轼作品,如《江城子·密州出猎》《定风波(莫听穿林打叶声)》《念奴娇·赤壁怀古》《水调歌头》,试将这些诗词进行分类并作浅析。

 延伸阅读

苏轼的文学成就简述

一、诗歌

苏轼诗歌有二千七百多首,取材立意多有创新,对社会生活有新的发掘。

(1)政治诗。苏轼出身寒门地主阶层,比较熟悉社会下层状况。在儒家"尊主泽民"思想的指导下,创作了很多反映宋代农民艰苦生活的诗作,如《夜泊牛口》(描写江边百姓苦况)、《除夜大雪留潍州,元日早晴遂行,中途雪复作》(描写大旱后山东农民的艰辛生活)、《五禽言》(对重赋伤民的揭露)。苏轼所处的时代,游牧外族对宋朝进行不断侵袭和掠夺,其抗敌御辱的主题诗歌也有很多,如《闻捷》(描写宋朝同西夏、西藩部落的战争)、《和王晋卿》(激励他人巩固边防)、《和子由苦寒见寄》(抒发个人报国激情)。

(2)讽喻诗。他的讽喻诗一是针对社会弊端的,如《黄牛庙》《雨中游天竺灵感观音院》《荔枝叹》;一是针砭新法流弊的,如《吴中田妇叹》《山村五绝》。

(3)景物诗。苏轼一生"身行万里半天下"(《龟山》),得以用笔描摹山川美景:《入峡》《巫山》《出峡》写蜀中风貌,《凤翔八观》写陕西风光,《游金山寺》写镇江夜景,《望海楼晚景》写钱塘江潮,《登州海市》写蓬莱的海市蜃楼等。除了风景,还有描绘泥土芬芳和生活气息的农村风物画,如《正月二十日与潘郭二生出郊寻春》《新城道中》《自兴国往筠宿石田驿南二十五里野人舍》《白鹤峰新居欲成,夜过西邻翟秀才》。

(4)理趣诗。首先,以景寄理,意在言外,是苏轼理趣诗的显著特点。例如,《题西林壁》借庐山景象说明观察事物的方法;《东坡》表面描写山路坎坷,其实是在寓意人生。其次,他的诗借物取譬,语含机锋,如《琴诗》以弹琴为喻,说明只有主客观条件的统一才能达到满意的效果;《观鱼台》"欲将同异较锱铢,肝胆犹能楚越如。若信万殊归一理,子今知我我知鱼",则是汲取道家思想说明同中有异、异中有同的道理;《书焦山纶长老壁》讲一位长须人,被人问到晚上睡觉时胡子放哪里,从此后他辗转反侧,夜不能寐。最后,叙议结合也是其诗的一大特点,如《发洪泽中途遇大风复还》。

(5)和陶诗。"陶"即陶渊明,苏轼晚年写了一百多篇与陶渊明相和的诗歌。这些诗歌在用韵和句数上与陶诗相同,风格上相似,语言上洁净。在内容上,苏轼没有受陶渊明诗作的局限,而是用陶诗原韵、仿陶诗诗风来反映现实生活。如《和陶归园田居》《和陶示周椽祖谢》《和陶劝农》《和陶田舍始春怀古》。

二、词

苏轼词的特点：一是扩大词的表现领域，将原来仅限于儿女情长的抒情，扩展到人生的诸多方面；将历来被排斥在词的题材之外的内容，广泛引至词中。二是繁荣了词的风格，特别是他的"豪放"词作，打破了过去对词的"低吟浅唱"的固定观念。三是跟其散文创作一致，苏轼词背后隐含一种宏观的视角，在关心人生的悲哀不幸时常能加以超越，从而不同于晚唐五代词的一味感伤。

三、散文

苏轼是以散文和诗歌著称于时的。他的作品历来被认为是宋文和宋诗的"正宗"，尤其是其散文代表着北宋古文运动的最高成就，他被列为唐宋散文八大家之一。他的散文著作宏富，其中议论文占有重要地位，如史论《范增论》《留侯论》《贾谊论》，政论《进策》（表现其早期政治改革主张，共二十五篇）和《思治论》《平王论》等。记叙文是苏文中艺术价值最高，最具独创性的。如《喜雨亭记》关心稼穑农事之情，《超然台记》寄游于物外之乐，《墨妙堂记》阐扬"知命者必尽人事"的哲理。小品文和杂文是苏轼著作中独具风韵的妙品，包括书札、序跋、随笔等，如《答秦太虚书》《答参寥书》《在儋耳书》。

水龙吟·登建康赏心亭①

辛弃疾

辛弃疾(1140—1207),字幼安,号稼轩,历城(今山东济南)人,南宋词人。宋高宗绍兴三十一年(1161),辛弃疾投耿京起义军中任掌书记,不久投归南宋,历任江阴签判、建康通判、江西提点刑狱、湖南、湖北转运使,湖南、江西安抚使等职。淳熙八年(1181)因受诬陷,在两浙西路提点刑狱任上被罢免,退居江西信州二十多年之久。宋宁宗嘉泰三年(1203)复起迁绍兴知府兼浙东安抚使,不久再度罢归。宋宁宗开禧三年(1207)病逝于铅(yán)山(今江西上饶)。

辛弃疾虽有多方面的创作才能,但以词的成就为最高。苏轼扩大词境,突破婉约樊篱,使北宋后期词风一变。至北宋末,大晟词人玉艳珠鲜,更迭酬唱,又将词风引向软媚一途。辛弃疾的词崛起于南宋中叶,承南渡初年抗战词余绪,发扬苏轼变革词风的传统,把豪放词的创作推向了艺术新高峰,从而完成了词体和词风的大解放、大变革。辛弃疾始终置身于反民族压迫的现实斗争之中,能以广博的学识和出色的文学才能表现当时最撼动人心的社会课题,同时也获得了志同道合的词友陈亮、韩元吉、刘过等人的呼应唱和。他们铜喉铁板,引吭高歌,使南宋词坛形成了一个创作倾向大体相同的爱国词派。宋末遗民词人、金末的元好问、清代的陈维崧以及近代的梁启超等人,都是推尊稼轩、深受辛词沾溉的作家。其有《稼轩长短句》以及今人辑本《辛稼轩诗文钞存》,词存六百二十九首。

楚天②千里清秋,水随天去秋无际。遥岑③远目,献愁供恨,玉簪螺髻。落日楼头,断鸿声里,江南游子④。把吴钩⑤看了,栏干拍遍,无人会、登临意。

休说鲈鱼堪脍,尽西风、季鹰归未?⑥求田问舍,怕应羞见,刘郎才气。⑦可惜流年,

---

① 选自辛弃疾《稼轩长短句》,上海人民出版社1975年版。建康:今江苏南京。 ② 楚天:泛指江南地区。 ③ 遥岑:远山,这里指长江以北沦陷区的山。 ④ 江南游子:指客居江南的自己。 ⑤ 吴钩:宝刀名,这里泛指佩刀。 ⑥ "休说"三句:用典,据《晋书·张翰传》:"翰(字季鹰)因见秋风起,乃思吴中菰菜、莼羹、鲈鱼脍,曰:'人生贵得适志,何能羁宦数千里以要名爵乎?'遂命驾而归。"后称思乡归隐为"莼鲈之思"。 ⑦ "求田"三句:用典,据《三国志·陈登传》:"陈登者,字元龙,在广陵有威名。……(许)汜曰:'昔遭乱过下邳,见元龙。元龙无客主之意,久不相与语,自上大床卧,使客卧下床。'(刘)备曰:'君有国士之名,今天下大乱,帝主失所,望君忧国忘家,有救世之意,而君求田问舍,言无可采,是元龙所讳也,何缘当与君语?如小人,欲卧百尺楼上,卧君于地,何但上下床之间邪?'"后以许汜典故比喻没有远大志向。

忧愁风雨,树犹如此!①倩②何人、唤取红巾翠袖③,揾④英雄泪。

 思考与练习

一、查询本首词作的创作背景,结合背景,试谈这首词表达了作者怎样的思想感情。
二、试总结豪放词派的创作特点。

 延伸阅读

辛弃疾的人生分期

一、青少年期(1140—1162年,1—22岁)

宋高宗绍兴十年(1140)农历五月十一,辛弃疾出生于金人占领的历城四风闸。其家族并不显赫,父亲辛文郁事迹无考,祖父辛赞曾任金人县令、知府一类官职。辛赞并未忘国,常"登高望远,指画山河,思投衅而起"(《进美芹十论札子》)。辛弃疾的岳父范邦彦,也是在完颜亮南侵时起兵反正,后而投宋的义士。

二十二岁的辛弃疾在宋高宗绍兴三十一年(1161),聚反金人众二千余,投耿京起义军中任掌书记。与辛弃疾相熟的僧人义端,在入耿京伍后,窃印而逃。耿京盛怒之下要斩辛弃疾,辛弃疾要求予期三日亲自捉捕义端。后义端在叛逃金军路上,被辛弃疾所杀,由此辛弃疾获得了耿京的器重。同年,耿京采用辛弃疾的建议,派辛弃疾、贾瑞等奉表谒见宋高宗赵构。绍兴三十二年(1162)正月,赵构接见贾瑞等人,并委派官职。辛弃疾被授予承务郎。当他们带着南宋朝廷的任命归报耿京时,才知道义军中张安国叛变,杀死了耿京,并投降金人,还被任为济州知州。年轻的辛弃疾当下率领精锐人马夜袭张安国所投奔的金军兵营,活捉叛徒,连夜驰送建康,将张安国斩首示众。这不仅彰显了辛弃疾的胆略和勇气,更为颓唐的南宋带来了希望。后来辛弃疾回忆这段往事的时候,写了《鹧鸪天·有客慨然谈功名因追念少年时事戏作》:

壮岁旌旗拥万夫,锦襜突骑渡江初。燕兵夜娖银胡䩮,汉箭朝飞金仆姑。
追往事,叹今吾,春风不染白髭须。却将万字平戎策,换得东家种树书。

二、任职江淮两湖(1163—1180年,23—40岁)

平生以气节自负、以功业自诩的辛弃疾,南归后本来希望尽展其雄才将略,麾拥万

---

① "可惜"三句:用典,据《世说新语·言语》:"桓公(桓温)北伐,经金城,见前为琅邪时种柳皆已十围,慨然曰:'木犹如此,人何以堪!'攀枝折柳,泫然流泪。" ② 倩:请。 ③ 红巾翠袖:指歌女。 ④ 揾(wèn):擦拭。

夫,横戈杀敌,以"了却君王天下事,赢得生前身后名"(《破阵子》)。然而,自隆兴元年(1163)符离之役失败后,南宋王朝胆丧阵前,甘心向金朝俯首称臣,纳贡求和,使得英雄请缨无路,报国无门。身为"归正人"的辛弃疾,更受到歧视而不被信任。他二十三岁南归之初,只被任命为小小的江阴金判,六年后虽有升职,但都是短暂的地方职务。从二十九岁到四十二岁,13年间调换14任官职,这使他无法在职任上有大的建树。

乾道元年(1165),辛弃疾向孝宗上奏《美芹十论》,期望皇帝坚定抗战决心,"以光复旧物而自期"。乾道四年(1168),任江阴金判时,与抗战同道叶衡相得,曾作《水调歌头·寿赵漕介庵》《满江红·建康史帅致道席上赋》等格调高昂的词章,激励同僚矢志抗敌。乾道六年(1170),被召进临安,留京任司农主簿,进《论阻江为险须藉两淮疏》《议谏民兵守淮疏》,论述了淮南重要的战略地位,提出了依靠民兵巩固防务的建议;上《九议》,提出九项切实可行的北伐措施,建议宰相虞允文积极运筹恢复大业。乾道八年(1172)春天,辛弃疾改任滁州知州,开始了他辗转地方任职的经历。这段时期,他创作了《声声慢·滁州旅次登楼作和李清宇韵》(描述他在滁州任上安辑百姓、收容商旅、修建旅邸和堂馆等措施带来当地的经济好转和繁荣)、《水龙吟·登建康赏心亭》(抒发南归十二年,收复故土宏图无望的感慨)、《水调歌头·自湖北漕移湖南总领王赵守置酒南楼席上留别》(表达对南宋政府进行频繁职务调动,使之无所建树的不满)、《摸鱼儿·更能消几番风雨》(借古伤今,融身世之悲和家国之痛于一炉)等。另有《满江红·汉水东流》《水调歌头·舟次扬州和人韵》《水调歌头·和马叔度游月波楼》《木兰花慢·席上送张仲固帅兴元》等格调奋昂的名抗战词作,更有《论盗贼札子》等政论文。

三、十年带湖闲居(1181—1191年,41—51岁)

到江西前,辛弃疾在《论盗贼札子》里就说到自己"刚愎自信,年来不为众人所容"。他在湖南、江西的职任中体恤民意、纠弹贪吏、创置新军等措施,引起了朝臣的猜忌。谏官王蔺说他"用钱如泥沙,杀人如草芥"(《宋史·辛弃疾传》),并不容他剖解。淳熙八年(1181)末,他被免职,从此回到上饶带湖闲居。带湖有辛弃疾的新居,以稼轩为名。自此,辛弃疾又号稼轩居士。淳熙十五年(1188),陈亮自浙江东阳来访。两位词人在辛弃疾的铅山瓢泉别业中"憩鹅湖之清阴,酌瓢泉而共饮,长歌相答,极论世事"(《祭陈同父文》)。在志向和文学上,他们都找到了知音,写词寄意,更迭答和,成为词坛佳话。

辛弃疾作为一名抗战志士被迫退闲,内心是矛盾的。他一面笑傲山水,旷达自适,写出了很多描述带湖风光和当地人情的作品,如《鹧鸪天·博山寺作》《水调歌头·和郑舜举蔗庵韵》《鹧鸪天·游鹅湖醉书酒家壁》《清平乐·村居》;另一面,无法消除心底无限的愤慨和惆怅,哪怕是反映闲居生活和田园风光的作品,都不免显示出峥嵘气息,如《水调歌头·严子文同传安道和盟鸥韵,和以谢之辛弃疾》《八声甘州》(故将军饮罢夜归来)。

四、闽中起用和瓢泉退隐(1192—1203年,52—63岁)

宋光宗绍熙三年(1192),赴任福建提点刑狱,不久迁知福州兼福建安抚使。此时,他已是勉强应召,刚到任上,便写了《添字浣溪沙·三山戏作》:

> 记得瓢泉快活时,长年耽酒更吟诗。蓦地捉将来断送,老头皮。
> 绕屋人扶行不得,闲窗学得鹧鸪啼。却有杜鹃能劝道:不如归!

这次任职中,他向朝廷进《论经界盐钞札子》,提出了"天下之事,固民所欲行之,则易为功"的治国方略,力陈汀州百姓因未实行"经界"和食用福盐之苦,以及推行新政利国利民的重大意义;写《论荆襄上流为东南中低疏》,希望朝廷能够"居安虑危,任贤使能,修车马,备器械",增强长江上游的军事防御力量,为恢复大业积极准备。

绍熙五年(1194)七月,宁宗即位,辛弃疾再次被谏官黄艾弹劾,罪名是"残酷贪饕,奸赃狼藉"。尽管是莫须有的罪名,辛弃疾最后仍被革职免官。

宁宗庆元二年(1196),辛弃疾正式移居瓢泉,开始了八年的赋闲生活。这次的罢免使他对官场再无眷恋。这个阶段,他写出了"青山意气峥嵘,似为我归来妩媚生"(《沁园春·再到期思卜筑》)、"穷自乐,懒方闲,人间路窄酒杯宽"(《鹧鸪天·吴子似过秋水》)、"而今何事最相宜?宜醉宜游宜睡!"(《西江月·示儿曹以家事付之》)等寄情山水、恬淡自适的词句。同时也有不能自已的感叹,"莫说弓刀事业,依然诗酒功名"(《破阵子·硖石道中有怀吴子似县慰》)、"恨之极,恨极销磨不得!"(《兰陵王》)等激愤之词。据考证,这个时期他共作词一百七十多篇。

五、北伐与晚年(1204—1207年,64—67岁)

绍熙五年(1194)起,南宋政局混乱,党派之争不断。最后,韩侂胄掌握了朝权,并组织北伐。宁宗嘉泰三年(1203),辛弃疾被任用为知绍兴府兼浙东安抚使。此时79岁的陆游闲居绍兴故乡,两位投契相得。辛弃疾对北伐充满希望,写下了《永遇乐·京口北固亭怀古》:

> 千古江山,英雄无觅孙仲谋处。舞榭歌台,风流总被、雨打风吹去。斜阳草树,寻常巷陌,人道寄奴曾住。想当年,金戈铁马,气吞万里如虎。
> 元嘉草草,封狼居胥,赢得仓皇北顾。四十三年,望中犹记,烽火扬州路。可堪回首,佛狸祠下,一片神鸦社鼓。凭谁问:廉颇老矣,尚能饭否?

最终他等来的是开禧元年(1205)的弹劾免官,重返故居闲居。因为宋金战争已经开始,闲居不久的辛弃疾又被征召。无奈他健康状况不佳,病体难支,开禧三年(1207)初,迭经申请,始获批准回铅山养病。北伐金军失利,金军侵入淮南。危急形势下,朝廷任命辛弃疾为枢密院都承旨,希望他能力挽颓局。同年9月10日,辛弃疾带着遗憾离开了人世。

女　神①

郭沫若

郭沫若(1892—1978)，原名郭开贞，号尚武，字鼎堂，四川乐山人。"沫若"是他1919年开始发表新诗时用的笔名，后以此为名。1914年初抵日本留学，其间阅读了泰戈尔、歌德、席勒等作家作品，以及斯宾诺莎等人的哲学著作，深受浪漫主义和泛神论思想的影响。1918年开始新诗创作。1919年随着五四运动爆发，他深受鼓舞，诗歌创作进入"爆发期"。1921年，他与成仿吾、郁达夫等人在日本东京组织创造社，创办《创造季刊》。1923年回国，不久参加北伐战争，任国民革命军总政治部副主任等职。1927年参加南昌起义并加入中国共产党。因起义失败，1928年起避居日本，流亡十年。流亡期间，主要从事中国古代史和古文字学的研究工作，成绩斐然。抗日战争爆发后，郭沫若回国投入抗日救亡运动。

郭沫若在哲学、社会科学的多个领域，包括文学、艺术、历史学、考古学、甲骨文、金文研究，以及翻译介绍马克思主义理论著作和外国进步文艺等方面，有重要建树。

凤凰涅槃②

天方国古有神鸟名"菲尼克司"（Phoenix），满五百岁后，集香木自焚，复从死灰中更生，鲜美异常，不再死。

按此鸟殆即中国所谓凤凰：雄为凤，雌为凰。《孔演图》③云："凤凰火精，生丹穴。"《广雅》④云："凤凰……雄鸣曰即即，雌鸣曰足足。"

---

① 选自《郭沫若全集》，人民文学出版社1982年版。　② 本篇最初发表于1920年1月30日和31日上海《时事新报·学灯》。1921年《女神》初版本有副题："一名'菲尼克斯的科美体'。"科美体，英语喜剧comedy的音译。涅槃，梵语音译，意即寂灭，指佛教徒长期修炼达到功德圆满的境界。后用以称僧人之死。这里比喻凤凰的死而再生。　③《孔演图》：《演孔图》，汉代纬书名，原书已佚，后来有辑本。据清代马国翰《玉函山房辑佚书》所辑《春秋纬·演孔图》："凤，火之精也，生丹穴。"《山海经·南次三经》："丹穴之山，其上多金玉。……有鸟焉，其状如鸡，五采而文，名曰凤凰。"　④《广雅》：三国时魏人张揖著，这里所引见《广雅·释鸟》。

序　曲

除夕将近的空中，
飞来飞去的一对凤凰，
唱着哀哀的歌声飞去，
衔着枝枝的香木飞来，
飞来在丹穴山上。

山右有枯槁了的梧桐，
山左有消歇了的醴泉①，
山前有浩茫茫的大海，
山后有阴莽莽的平原，
山上是寒风凛冽的冰天。

天色昏黄了，
香木集高了，
凤已飞倦了，
凰已飞倦了，
他们的死期将近了。

凤啄香木，
一星星的火点迸飞。
凰扇火星，
一缕缕的香烟上腾。

凤又啄，
凰又扇，
山上的香烟弥散②，
山上的火光弥满。

夜色已深了，
香木已燃了，
凤已啄倦了，
凰已扇倦了，
他们的死期已近了！

---

① 醴(lǐ)泉：甘泉。　② 弥(mí)："弥"的异体字。

啊啊!
哀哀的凤凰!
凤起舞,低昂!
凰唱歌,悲壮!
凤又舞,
凰又唱,
一群的凡鸟,
自天外飞来观葬。

凤 歌

即即!即即!即即!
即即!即即!即即!
茫茫的宇宙,冷酷如铁!
茫茫的宇宙,黑暗如漆!
茫茫的宇宙,腥秽如血!

宇宙呀,宇宙,
你为什么存在?
你自从哪儿来?
你坐在哪儿在?
你是个有限大的空球?
你是个无限大的整块?
你若是有限大的空球,
那拥抱着你的空间
他从哪儿来?
你的外边还有些什么存在?
你若是无限大的整块,
这被你拥抱着的空间
他从哪儿来?
你的当中为什么又有生命存在?
你到底还是个有生命的交流?
你到底还是个无生命的机械?

昂头我问天,
天徒矜高,莫有点儿知识。
低头我问地,
地已死了,莫有点儿呼吸。

伸头我问海，
海正扬声而呜唈①。

啊啊！
生在这样个阴秽的世界当中，
便是把金钢石②的宝刀也会生锈！
宇宙呀，宇宙，
我要努力地把你诅咒：
你脓血污秽着的屠场呀！
你悲哀充塞着的囚牢呀！
你群鬼叫号着的坟墓呀！
你群魔跳梁着的地狱呀！
你到底为什么存在？

我们飞向西方，
西方同是一座屠场。
我们飞向东方，
东方同是一座囚牢。
我们飞向南方，
南方同是一座坟墓。
我们飞向北方，
北方同是一座地狱。
我们生在这样个世界当中，
只好学着海洋哀哭。

凰　　歌

足足！足足！足足！
足足！足足！足足！
五百年来的眼泪倾泻如瀑。
五百年来的眼泪淋漓如烛。
流不尽的眼泪，
洗不净的污浊，
浇不熄的情炎，
荡不去的羞辱，
我们这缥缈的浮生

---

① 呜唈（yì）：同"呜咽"，低声哭泣。　② 金钢石：同"金刚石"。

到底要向哪儿安宿?

啊啊!
我们这缥缈的浮生
好象①那大海里的孤舟。
左也是潩漫②,
右也是潩漫,
前不见灯台,
后不见海岸,
帆已破,
樯已断,
楫已飘流,
柁③已腐烂,
倦了的舟子只是在舟中呻唤,
怒了的海涛还是在海中泛滥。

啊啊!
我们这缥缈的浮生
好象这黑夜里的酣梦。
前也是睡眠,
后也是睡眠,
来得如飘风,
去得如轻烟,
来如风,
去如烟,
眠在后,
睡在前,
我们只是这睡眠当中的
一刹那的风烟。

啊啊!
有什么意思?
有什么意思?
痴!痴!痴!
只剩些悲哀,烦恼,寂寥,衰败,

---

① 好象:今作好像。后同。　② 潩(huàn)漫:迷茫无际。　③ 柁(duò):同"舵"。

环绕着我们活动着的死尸，
贯串着我们活动着的死尸。

啊啊！
我们年青①时候的新鲜哪儿去了？
我们年青时候的甘美哪儿去了？
我们年青时候的光华哪儿去了？
我们年青时候的欢爱哪儿去了？
去了！去了！去了！
一切都已去了，
一切都要去了。
我们也要去了，
你们也要去了，
悲哀呀！烦恼呀！寂寥呀！衰败呀！

凤 凰 同 歌

啊啊！
火光熊熊了。
香气蓬蓬了。
时期已到了。
死期已到了。
身外的一切！
身内的一切！
一切的一切！
请了！请了！

群 鸟 歌

岩鹰
　　哈哈，凤凰！凤凰！
　　你们枉为这禽中的灵长！
　　你们死了吗？你们死了吗？
　　从今后该我为空界的霸王！
孔雀
　　哈哈，凤凰！凤凰！
　　你们枉为这禽中的灵长！

---

① 年青：今作年轻。后文同。

你们死了吗?你们死了吗?

从今后请看我花翎上的威光!

鸱枭①

哈哈,凤凰!凤凰!

你们枉为这禽中的灵长!

你们死了吗?你们死了吗?

哦!是哪儿来的鼠肉的馨香②?

家鸽

哈哈,凤凰!凤凰!

你们枉为这禽中的灵长!

你们死了吗?你们死了吗?

从今后请看我们驯良百姓的安康!

鹦鹉

哈哈,凤凰!凤凰!

你们枉为这禽中的灵长!

你们死了吗?你们死了吗?

从今后请听我们雄辩家的主张!

白鹤

哈哈,凤凰!凤凰!

你们枉为这禽中的灵长!

你们死了吗?你们死了吗?

从今后请看我们高蹈派③的徜徉!

凤 凰 更 生 歌

鸡鸣

昕潮涨了,

昕潮涨了,

死了的光明更生了。

春潮涨了,

春潮涨了,

死了的宇宙更生了。

生潮涨了,

---

① 鸱枭:今作鸱鸮。 ② 此句典自《庄子·秋水》。 ③ 高蹈派:19世纪中期法国资产阶级诗歌的一个流派,宣扬"为艺术而艺术"。

生潮涨了,
死了的凤凰更生了。

凤 凰 和 鸣

我们更生了。
我们更生了。
一切的一,更生了。
一的一切,更生了。
我们便是他,他们便是我。
我中也有你,你中也有我。
我便是你。
你便是我。
火便是凰。
凤便是火。
翱翔! 翱翔!
欢唱! 欢唱!

我们新鲜,我们净朗,
我们华美,我们芬芳,
一切的一,芬芳。
一的一切,芬芳。
芬芳便是你,芬芳便是我。
芬芳便是他,芬芳便是火。
火便是你。
火便是我。
火便是他。
火便是火。
翱翔! 翱翔!
欢唱! 欢唱!

我们热诚,我们挚爱。
我们欢乐,我们和谐。
一切的一,和谐。
一的一切,和谐。
和谐便是你,和谐便是我。
和谐便是他,和谐便是火。
火便是你。

火便是我。
火便是他。
火便是火。
翱翔！翱翔！
欢唱！欢唱！

我们生动，我们自由，
我们雄浑，我们悠久。
一切的一，悠久。
一的一切，悠久。
悠久便是你，悠久便是我。
悠久便是他，悠久便是火。
火便是你。
火便是我。
火便是他。
火便是火。
翱翔！翱翔！
欢唱！欢唱！

我们欢唱，我们翱翔。
我们翱翔，我们欢唱。
一切的一，常在欢唱。
一的一切，常在欢唱。

是你在欢唱？是我在欢唱？
是他在欢唱？是火在欢唱？
欢唱在欢唱！
欢唱在欢唱！
只有欢唱！
只有欢唱！
欢唱！
　欢唱！
　　欢唱！

1920 年 1 月 20 日初稿
1928 年 1 月 3 日改削

 **思考与练习**

一、对比本诗和【延伸阅读】中的《采莲曲》，谈谈郭沫若诗歌创作的浪漫主义风格。

二、诗中除凤凰之外，其他禽鸟象征什么群体？

 延伸阅读

采 莲 曲
朱 湘

小船呀轻飘，
杨柳呀风里颠摇；
荷叶呀翠盖，
荷花呀人样娇娆。
日落，
微波，
金丝闪动过小河。
左行，
右撑，
莲舟上扬起歌声。

菡萏呀半开，
蜂蝶呀不许轻来，
绿水呀相伴，
清净呀不染尘埃。
溪间
采莲，
水珠滑走过荷钱。
拍紧，
拍轻，
桨声应答着歌声。

藕心呀丝长，
羞涩呀水底深藏；
不见呀蚕茧

丝多呀蛹裹中央？
　　溪头
　　　采藕，
女郎要采又夷犹。
　　波沉，
　　　波升，
波上抑扬着歌声。

　　莲蓬呀子多；
两岸呀榴树婆娑，
　　喜鹊呀喧噪，
榴花呀落上新罗。
　　溪中
　　　采蓬，
耳鬓边晕着微红。
　　风定，
　　　风生，
风飔荡漾着歌声。

升了呀月钩，
明了呀织女牵牛；
　　薄雾呀拂水，
凉风呀飘去莲舟。
　　花芳
　　　衣香
消溶入一片苍茫；
　　时静，
　　　时闻，
虚空里袅着歌音。

十四，十，二四。

（选自朱湘《草莽集》，开明书店1927年版）

一 句 话[①]

闻一多

闻一多(1899—1946),原名家骅,湖北浠水人。闻一多出身于书香门第,5岁入私塾启蒙,10岁到武昌就读于两湖师范附属高等小学,1912年考入北京清华留美预备学校(清华大学前身),此后在清华校园学习十年。1919年投入五四运动,开始创作新诗。1922年毕业后赴美留学,1925年回国。1928年后,他潜心研究中国古典文学和古代文化,先后在青岛大学、清华大学等校任教,抗战时期执教于西南联大。20世纪30年代后期至40年代,闻一多投身爱国运动,抗战胜利后任民盟中央执行委员,积极参加反内战、争自由的民主斗争。1946年7月11日,民盟负责人李公朴遭国民党特务暗杀,闻一多在7月15日云南大学举行的李公朴追悼大会上发表了著名的《最后一次演讲》,演讲结束后遭国民党特务暗杀。

闻一多的诗作不多,但是他的创作态度严谨,刻意求工,艺术个性鲜明。1923年出版第一本诗集《红烛》,1928年出版《死水》。首先,他的诗歌极具浪漫主义色彩,作品大多表现了火一般的激情;其次,他对现代格律诗进行了探索,倡导"三美"理论,并进行了理论实践;最后,他的诗歌具有凝重、含蓄、精练、严谨的风格。

有一句话说出就是祸,
有一句话能点得着火,
别看五千年没有说破,
你猜得透火山的缄默?
说不定是突然着了魔,
突然青天里一个霹雳
　　爆一声:
　　"咱们的中国!"

这话教我今天怎样说?
你不信铁树开花也可,
那么有一句话你听着:
等火山忍不住了缄默,

[①] 选自闻一多《闻一多全集·诗》,湖北人民出版社1993年版。

不要发抖，伸舌头，顿脚，

等到青天里一个霹雳

爆一声：

"咱们的中国！"

 思考与练习

1. 查找闻一多的《七子之歌》等其他诗作，赏析其诗歌创作的风格。
2. 党的二十大提出"青年强，则国家强。当代中国青年生逢其时，施展才干的舞台无比广阔，实现梦想的前景无比光明"，作为青年人的你，如何看待个人职业发展与时代发展、国家未来的关系？

 延伸阅读

一、新月派

新月派是19世纪20年代的重要诗歌流派，1926年4月《晨报副刊·诗镌》创刊，标志着新月诗派的形成。代表诗人有闻一多、徐志摩，重要诗人有朱湘、饶孟侃、卞之琳、林徽因等，这些作家大多数都曾留学欧美，受个人出身、欧美文化，以及"五四"后中国现实的深刻影响，不认同胡适"有什么话，说什么话；该怎么说，就怎么说的"诗学观，也不满意郭沫若的"绝端自由、绝端自主"的诗歌创作原则。他们努力使新诗由五四以来的散文化、自由化向规范化转变，提出了"本质的醇正""情感的节制""格律的严谨"的诗歌规范化措施。新月派诗人尝试用英国诗歌形式，如十四行诗，以及英国诗歌格式，如五步抑扬格创作新诗，同时自觉地吸收中国古典诗歌的格律艺术，使中西诗艺相融合，从而纠正了自由诗过于散漫而流于平淡、肤浅的弊端，为新诗发展探索出了一条新路径。

二、新格律诗理论——"三美"

闻一多是新格律诗派的理论奠基者，在对中外诗歌艺术广泛借鉴基础上，于1926年5月13日《晨报副刊·诗镌》发表了《诗的格律》一文，提出了著名的"三美"理论，"诗的实力不独包括音乐的美（音节）、绘画的美（辞藻），并且还有建筑的美（节的匀称和句的均齐）"。绘画美是指诗歌需用富丽的辞藻勾勒线条、描绘形象、创造意境，使诗中有画。建筑美是指诗歌因"节的匀称和句的均齐"在视觉上给人一种建筑的立体美感。音乐美是指诗歌借助于音尺、平仄和韵脚等获得节奏，在听觉上给人音感。

西 风 颂[①]

雪 莱

  雪莱(1792—1822),英国浪漫主义诗人、作家。雪莱对当时由教会所严格控制的大中学教育深感不满。在牛津大学就读不过半年,他便因为散发了自己所写的小册子《无神论的必然性》而被学校开除。这件事激怒了他顽固的父亲,家庭从此和他断绝了关系,只保留对他微薄的金钱接济,他的未婚妻也和他解除了婚约。从此,19岁的雪莱就成了被上层社会排挤的流浪儿。

  19世纪初叶,工业革命已经彻底改变了英国社会的面貌。社会迅速地分裂为贵族、资本家、极端富有者和赤贫的无产阶级,曾经比较稳固的中间阶层也不断分化,小工商业者或者上升,或者下降。社会进步的动力无疑落到了无产阶级的肩头。但此时的无产阶级本身还是比较薄弱的,政权还被强有力地掌握在贵族及资本家手里。在这种反动势力的统治下,工人运动尽管接二连三地出现,但由于历史条件的限制,都没有发展起来。不过,英国工人阶级改造世界的意愿和憧憬却始终存在着。基于这一憧憬,英国文学中的革命浪漫主义产生了。英国19世纪诗坛上有两颗巨星——雪莱和拜伦,他们在热情的诗歌中发出革命的号召,他们是革命浪漫主义者,也就是英国工人运动尚在雏形时期的代言人。恩格斯在《英国工人阶级状况》中说:"雪莱,天才的预言家雪莱,和满腔热情的、辛辣地讽刺现实社会的拜伦,他们的读者大多数是工人……"据马克思的女儿爱琳诺说,马克思曾称雪莱是"彻头彻尾的革命家"。

1

哦,狂暴的西风,秋之生命的呼吸!
  你无形,但枯死的落叶被你横扫,
有如鬼魅碰上了巫师,纷纷逃避:

黄的,黑的,灰的,红得象患肺痨[②],
  呵,重染疫疠的一群:西风呵,是你[③]
以车驾把有翼的种子催送到

  [①] 选自《雪莱抒情诗选》,查良铮译,人民文学出版社1958年版。 [②] 象:今作像。后文同。
[③] 疫疠(lì):瘟疫。

黑暗的冬床上,它们就躺在那里,
　象是墓中的死尸,冰冷,深藏,低贱,
直等到春天,你碧空的姊妹吹起

她的喇叭,在沉睡的大地上响遍,
　(唤出嫩芽,象羊群一样,觅食空中)
将色和香充满了山峰和平原:

不羁的精灵呵,你无处不运行;
破坏者兼保护者:听吧,你且聆听!

2

没入你的急流,当高空一片混乱,
　流云象大地的枯叶一样被撕扯
脱离天空和海洋的纠缠的枝干,

成为雨和电的使者:它们飘落
　在你的磅礴之气的蔚蓝的波面,
有如狂女的飘扬的头发在闪烁,

从天穹最遥远而模糊的边沿
　直抵九霄的中天,到处都在摇曳
欲来雷雨的卷发。对濒死的一年

你唱出了葬歌,而这密集的黑夜
　将成为它广大墓陵的一座圆顶,
里面正有你的万钧之力在凝结;

那是你的浑然之气,从它会迸涌
黑色的雨、冰雹和火焰:哦,你听!①

3

是你,你将蓝色的地中海唤醒,
　而它曾经昏睡了一整个夏天,
被澄彻水流的回旋催眠入梦②,

---

① 此处标点与后文统一。　② 澄彻:今作澄澈。

就在巴亚海湾的一个浮石岛边①,
　　它梦见了古老的宫殿和楼阁
在水天映辉的波影里抖颤,

而且都生满青苔,开满花朵,
　　那芬芳真迷人欲醉!呵,为了给你
让一条路,大西洋的汹涌的浪波

把自己向两边劈开,而深在渊底
　　那海洋中的花草和泥污的树林
虽然枝叶扶疏,却没有精力;

听到你的声音,它们已吓得发青:
一边颤栗,一边自动萎缩:哦,你听!

4

唉,假如我是一片枯叶被你浮起,
　　假如我是能和你飞跑的云雾,
是一个波浪,和你的威力同喘息,

假如我分有你的脉搏,仅仅不如
　　你那么自由,哦,无法约束的生命!
假如我能象在少年时,凌风而舞

便成了你的伴侣,悠游于太空
　　(因为呵,那时候,要想追你上云霄,
似乎并非梦幻),我就不致象如今

这样焦躁地要和你争相祈祷。
　　哦,举起我吧,当我是水波、树叶、浮云!
我跌在生活底荆棘上,我流血了!

这被岁月的重轭所制伏的生命
原是和你一样的:骄傲、轻捷而不驯。

---

① 巴亚海湾:在意大利那不勒斯附近,是古罗马的名胜,富豪者居留之地。

5

把我当作你的竖琴吧,有如树林:
　尽管我的叶落了,那有什么关系!
你巨大的合奏所振起的乐音

将染有树林和我的深邃的秋意:
　虽忧伤而甜蜜。呵,但愿你给予我
狂暴的精神!奋勇者呵,让我们合一!

请把我枯死的思想向世界吹落,
　让它象枯叶一样促成新的生命!
哦,请听从这一篇符咒似的诗歌,

就把我的话语,象是灰烬和火星
　从还未熄灭的炉火向人间播散!
让预言的喇叭通过我的嘴唇

把昏睡的大地唤醒吧!要是冬天
已经来了,西风呵,春日怎能遥远?

1819 年

思考与练习

一、简述"西风"的象征意义。
二、本诗反映了作者什么样的精神风貌?

延伸阅读

　　在抒情诗的领域里,雪莱一直被公认为英国最伟大的抒情诗人之一。优美而蓬勃的幻想、精力充沛的现实刻绘、浪漫的感情、自然而浑圆的艺术、音乐及形象的美——这成为诗人在旅居意大利时期所写的抒情诗篇的特点。《西风颂》可以说是这类诗歌的代表之作,它将永远是世界诗歌宝库中的一颗明珠。在这首诗里,诗人一方面以西风为中心,准确而有力地描绘了一系列自然现象,写出了树叶、流云、海洋等如何在西风的影响下发生变化;另一方面却以此象征了当时整个的现实:"枯死的落叶"岂不正是英国的反动势力?它们是"黄的,黑的,灰的,红得象患肺痨,呵,重染疫疬的一群",它们虽然看来人多势众,但"有翼的种子"——不胫而走的革命思想却暗藏在地下,只等春雷(春天的喇叭)一响,就会将它的色与香充满人间了。为什么会如此呢?这是因为那"破坏者兼保护者"的宇宙精神(用我们的词语,应该说是历史规律)主宰着一切,使旧的事物必须让位于新的,而西风就是这种精神的体现。诗中还说:在南国,虽然天气较暖,但地中海也能梦见古老的世界在波影里抖颤,因为西风总归是要来的。因此,诗人请求西风把他振奋起来,使他发出革命的歌唱:

请把我枯死的思想向世界吹落,
让它象枯叶一样促成新的生命!

这不正是诗人给自己一生留下的最正确的写照吗?革命思想的传播成了他毕生的使命。英国宪章派刊物在19世纪中叶就曾把雪莱的诗印发给广大的工人阶层阅读,从而促进了英国工人运动的发展。

飞 鸟 集（节选）①

泰戈尔

泰戈尔（1861—1941），全名罗宾德拉纳特·泰戈尔，印度近代文学家、诗人。1861年5月7日出生于加尔各答市一个地主资产阶级家庭，父亲是哲学家、诗人和宗教改革者，兄弟姐妹也多热心于社会改革和文学事业。他的家是当时加尔各答许多知识分子的聚集地，经常举行聚会，在一起讨论国家大事、举办朗读会或者演出话剧。这样的成长环境对泰戈尔的世界观、文艺观的形成产生了积极影响。他14岁就发表了爱国诗歌《献给印度教徒的庙会》，16岁发表长诗《诗人的故事》。1878年，泰戈尔被送到英国学习法律，但是他最终按照个人志趣选择学习英国文学和西方音乐。1880年，他提前回到印度，第二年出版了第一本诗集《黄昏之歌》。1884年到1901年，在家庭的庄园里，他目睹了农民的苦难生活、妇女的地位低下，这为他后期的诗歌创作奠定了基调。

泰戈尔曾于1924年访问中国，并对当时的中国诗坛产生了深远影响。冰心、宗白华等人学习泰戈尔的诗风进行创作，形成了"小诗派"。泰戈尔的作品有《心中的向往》《金帆船》《飞鸟集》《新月集》《吉檀迦利》等。

42

你微微地笑着，不同我说什么话，而我觉得，为了这个，我已等待得久了。

43

水里的游鱼是沉默的，陆地上的兽类是喧闹的，空中的飞鸟是歌唱着的；但是人类却兼有了海里的沉默，地上的喧闹，与空中的音乐。

64

谢谢火焰给你光明，但是不要忘了那执灯的人，他是坚忍地站在黑暗当中呢。

75

我们把世界看错了，反说他欺骗我们。

---

① 选自刘湛秋主编《泰戈尔文集》，安徽文艺出版社1997年版。本文译者郑振铎。

82

使生如夏花之绚烂,死如秋叶之静美。

167

世界以它的痛苦同我接吻,而要求歌声做报酬。

231

鸟翼上系上了黄金,这鸟便永不能再在天上翱翔了。

 思考与练习

一、根据课文,总结泰戈尔《飞鸟集》的特点。

二、针对泰戈尔对中国现代诗歌的影响,讨论"文学是世界的"这句话该怎么理解。

 延伸阅读

《吉檀迦利》(节选)

泰戈尔

冰心 译

1

你已经使我永生,这样做是你的欢乐。这脆薄的杯儿,你不断地把它倒空,又不断地以新生命来充满。

这小小的苇笛,你携带着它逾山越谷,从笛管里吹出永新的音乐。

在你双手的不朽的抚摩下,我的小小的心,消融在无边快乐之中,发出不可言说的词调。

你的无穷的赐予只倾入我小小的手里。时代过去了,你还在倾注,而我的手里还有余量待充满。

2

当你命令我歌唱的时候,我的心似乎要因着骄傲而炸裂,我仰望着你的脸,眼泪涌上我的眶里。

我生命中一切的凝涩与矛盾融化成一片甜柔的谐音——我的赞颂像一只欢乐的鸟,振翼飞越海洋。

我知道你欢喜我的歌唱。我知道只因为我是个歌者,才能走到你的面前。

我用我的歌曲的远伸的翅梢,触到了你的双脚,那是我从来不敢想望触到的。

在歌唱中的陶醉,我忘了自己,你本是我的主人,我却称你为朋友。

3

我不知道你怎样地唱,我的主人!我总在惊奇地静听。

你的音乐的光辉照亮了世界。你的音乐的气息透彻诸天。你的音乐的圣泉冲过一切阻挡的岩石,向前奔涌。

我的心渴望和你合唱,而挣扎不出一点声音。我想说话,但是言语不成歌曲,我叫不出来。呵,你使我的心变成了你的音乐的漫天大网中的俘虏,我的主人!

4

我生命的生命,我要保持我的躯体永远纯洁,因为我知道你的生命的摩抚,接触着我的四肢。

我要永远从我的思想中屏除虚伪,因为我知道你就是那在我心中燃起理智之火的真理。

我要从我心中驱走一切的丑恶,使我的爱开花,因为我知道你在我的心宫深处安设了座位。

我要努力在我的行为上表现你,因为我知道是你的威力,给我力量来行动。

5

请容我懈怠一会儿,来坐在你的身旁。我手边的工作等一下子再去完成。

不在你的面前,我的心就不知道什么是安逸和休息,我的工作变成了无边的劳役海中的无尽的劳役。

今天,炎暑来到我的窗前,轻嘘微语:群蜂在花树的宫廷中尽情弹唱。

这正是应该静坐的时光,和你相对,在这静寂和无边的闲暇里唱出生命的献歌。

6

摘下这朵花来,拿了去罢,不要迟延!我怕它会萎谢了,掉在尘土里。

它也许配不上你的花冠,但请你采折它,以你手采折的痛苦来给它光宠。我怕在我警觉之先,日光已逝,供献的时间过了。

虽然它颜色不深,香气很淡,请仍用这花来礼拜,趁着还有时间,就采摘罢。

(选自刘湛秋主编《泰戈尔文集》,安徽文艺出版社 1997 年版)

第二部分　散　　文

散 文 概 述

在中国古代文学中,散文与韵文、骈文相对,一般不追求押韵和句式工整的文学作品都属于散文的范畴,所以经史子集等中国古代典籍中的大量作品是散文。现代文学受到西方文学理论的影响,散文的概念范围变窄,排除了纯实用性文章,散文成为与诗歌、小说、戏剧并列的文体的名称。

一、散文分类

散文具有内容真实、形式灵活、语言生动的特点,一般按照表达方式分为记叙性散文、抒情性散文、议论性散文。

首先,记叙性散文是以记叙描述人物、事件、景物为主的散文,主要可以分为记事散文和写人散文,另外还有记游散文、状物散文。

记事散文多以事件发展为线索,所述的事件不要求情节完整,更不追求曲折变化,在叙事中倾注作者真挚的感情。这类散文可以叙述一个完整的故事,如《季氏将伐颛臾》《郑伯克段于鄢》,也可以选择几个片段,如《赵威后问齐使》。写人散文,全篇以人物为中心,在真实的基础上,进行某些剪裁加工,注重对人物进行写意式的描绘,往往抓住人物的性格特征作粗线条勾勒,侧重于表现人物的基本气质、性格和精神面貌,如《垓下之围》《先妣事略》。

其次,抒情性散文是以抒发作者主观情感和感受为主的散文。富有情感是所有散文的共同特征,但与其他散文相比,抒情散文情感更强、想象更丰富、语言更具有诗意。此类散文主要用象征、比兴、拟人等方法,通过对外在形象的描绘来传达作者的情思,因此借景抒情和托物言志是这类散文最常用的手法。

最后,议论性散文是以发表议论为主的散文,主要用文学形象来说话,是一种文艺性的议论文。既有生动的形象,又有严密的逻辑。既要以情动人,又要以理服人,熔形、情、理于一炉,合政论与文艺于一体。此类散文在近现代作品中出现得最多,并衍生出杂文、演讲稿、随笔等新的分支。

其他散文形式还有传记、报告文学、小品等。由于此类作品往往与新闻相关,所以在这里不多做解释。

二、中国散文概述

殷商甲骨文上的某些卜辞可以视为散文片段。

先秦散文的出现和发展,得力于中国特有的史官传统。周王朝及各路诸侯均设有太史之职,"左史记言,右史记事,事为《春秋》,言为《尚书》"(《汉书·艺文志》)。《尚书》和《春秋》属于王室记录。

春秋战国之际,私家著述之风使得先秦散文走向繁荣。这个时期,哲学家辈出,百家争鸣,流派纷呈,学术思想空前活跃,散文艺术得到全面发展,代表作有《老子》《墨子》《国语》《左传》《论语》等。

秦朝武功赫赫,征服各诸侯,统一天下,文治方面却逊色不少。李斯的作品代表着秦朝最高的文学成就。他的文学成就主要在散文上,代表作有《谏逐客书》《上秦二世书》《上书言赵高》《泰山刻石》等。

汉朝时期,历史散文发展成熟。司马迁的《史记》是两汉时期的最高成就。其他著名散文作家的作品还有班固的《汉书》、贾谊的《过秦论》、晁错的《论贵粟疏》。

魏晋南北朝中的建安时期,散文成就最高的是曹氏三父子。曹操的《求贤令》《求逸才令》,曹丕的《又与吴质书》《典论·论文》,曹植的《求自试表》都是非常优秀的作品。阮籍、嵇康、王弼、何晏都是当时的散文大家。李密的《陈情表》、王羲之的《兰亭集序》、陆机的《辩亡论》、范晔的《后汉书》、郦道元的《水经注》、杨衒之的《洛阳伽蓝记》都是当时流传下来的佳篇名作。

唐朝时期,文坛一直倡导和推行散文(古文)、反对骈体(时文)。这种散文革新在贞元、元和时期到达了高潮。韩愈、柳宗元不仅创作了大量优秀散文,还影响和带动了一批作家进行散文创作,从而掀起了"古文运动"。晚唐时,骈体文再度流行于文坛,但同时也出现了皮日休、陆龟蒙、罗隐等创作讽刺现实的散文作家。著名作品有韩愈的《师说》《张中丞传后叙》《祭十二郎文》,有"古今至文"之称的柳宗元的《封建论》、魏徵的《论政事疏》、李白的《上韩荆州书》等。

宋朝时期,文坛领袖欧阳修再次掀起"古文运动",继承唐代韩愈的主张,提倡"文以明道",把文学创作与儒家思想进行结合。他的文学成就以散文最高。这个时期,"唐宋八大家"并称,其中苏轼的文学成就最高。此外,北宋历史学家司马光主持编纂的《资治通鉴》具有很高的文学和史学价值。

明朝初年,宋濂提倡"师古",著有《师古斋箴并序》。明朝中后期的文坛上,时间跨度最长、阵营最大的文学流派是以李梦阳、何景明为首的"前七子"和王世贞为首的"后七子"为代表的复古派,"后七子"对文坛影响最大。在前后七子之间的是唐宋派,唐宋派继承唐宋古文传统,并把"心学"融入散文的艺术精神,在明清散文史上具有承上启下的作用,代表作家是王慎和归有光。明朝后期崛起的公安派以李贽个性解放和离经叛道的异端思想为核心,标举"独抒性灵,不拘格套"的旗帜,对复古派进行了荡涤。其后竟陵派企图兼容复古派与公安派之长而弃其所短,使文学在抒发性灵的同时能济之以传统,结果却把文学引入了闭塞的小道。在明后期的思想解放和文学革新运动中,小品文取得了巨大成就,以轻灵便捷的形式承载着晚明人洒脱自由的精神世界和丰富多彩的人生,表现了清真淡雅的审美趣味,如袁中道的《西山十记》、王思任的《谑庵文饭小品》、张岱的《陶庵梦忆》。

清朝初期,作家们经历了时代巨变,散文题材内容加强了社会性,艺术风格淳雅厚重。其中,顾炎武、黄宗羲、王夫之主张经世致用,文章尖锐深刻,还有"古文三大家"之称的侯方域、魏禧、汪琬。而后的"桐城派"以明代归有光为阶梯,深入探讨唐宋古文传统中的理与法,试图对写作进行规范。"桐城派"的理论奠基人是方苞,他的作品有《左忠毅公逸事》《狱中杂记》。姚鼐完善了"桐城派"的理论,可谓立派之祖。

近代文学的开山之人是杰出的思想家、文学家龚自珍。19世纪末,梁启超提出"文界革命"的口号,主张突破文体创作模式。

"五四"新文化运动时期,涌现了一大批文学社团、文学刊物和文学家。文学研究会于1921年1月4日在北京成立,是新文学运动中成立最早、影响和贡献最大的文学社团之一,由郑振铎、沈雁冰、郭绍虞、朱希祖、瞿世英、蒋百里、孙伏园、耿济之、王统照、叶绍钧、许地山等人发起。其宗旨是"研究介绍世界文学,整理中国旧文学,创造新文学",肯定现实主义,倡导"为人生"的文学。创造社于1921年6月8日由郭沫若、成仿吾、郁达夫、张资平、田汉、郑伯奇等赴日留学的中国新文化运动的健将在日本东京帝国大学第二改盛馆的郁达夫寓所中成立。创造社具有浓厚的浪漫主义倾向,倡导"为艺术而艺术"。此外,鲁迅其人及其作品在当时很有影响。

20世纪50年代,中共中央在文艺界实行"百花齐放,百家争鸣"的方针,出现了众多优秀作品,同时,纪实性通讯、报告文学、特写占据一定分量。当时的散文主要有两大主题:一是歌颂新时代,二是颂扬朝鲜战场上的英雄行为。此时主要作家有巴金、刘白羽、魏巍、杨朔等,其中魏巍和杨朔的影响力最大。

20世纪80年代,文学界出现了一系列反思"文化大革命"的作品,散文多以描述知识分子心路历程为主要内容。如巴金的《怀念萧珊》、杨绛的《干校六记》、陈白尘的《云梦断忆》等。

20世纪80年代之后,散文呈现出多元化发展状态。如余秋雨的"文化散文"、张中行的"学者散文"、张承志的"宗教散文"、唐敏的"女性散文"。这些作品开拓了散文的创作题材,探索了散文新的语言、形式、结构。

三、散文鉴赏基本方法

散文是除诗歌、戏剧、小说之外的重要文学体裁,包括杂文、随笔、特写等。散文取材自由广泛,写法不拘一格,可启一牖以观宇宙,也可纳须弥于芥子,或缘事而发,或触景抒怀,表达对社会的认识、对生活的体验、对自然的感悟。散文鉴赏是一种具有审美特质的艺术认识,其认识过程始终伴随着鉴赏者的情感反应,始终活跃着鉴赏者的理性活动。阅读散文时,我们应从以下几个方面开始:

首先,欣赏散文的语言美。优秀的散文作家总是用精粹的语言表达文章的诗情画意、熔炼思想的精辟深邃,达到言简意赅、文约事丰的效果。鉴赏散文的语言,就是鉴赏作者锻字炼句的语言运用功夫。

其次,欣赏散文的意境美。意境是文学作品将客观生活和主观感情相融合后形成的艺术境界,散文多是凭借意境的美去打动和感染读者。大凡优美的散文,无不在山水光影、人情世事的精微描述中,融入作者深邃的思想和浓厚的感情。读者读之如临其境或亲历其事,从而受到熏陶和启迪。

再次,欣赏散文的艺术构思。由于散文取材广泛,在结构上稍显"松散",但在"松散"的结构下却体现着作者严密的思路。散文的主旨要么揭示本质,言近旨远,发人深思;要么见解独到,不落窠臼,能够"小中见大,平中出奇"。因此,读者要把握住"形散神不散"的艺术构思,寻求作者最想要表达的主旨。

最后,学习散文的表现技巧。象征、对比、比喻、拟人、虚实相生、动静制宜是散文常用的表现技巧。阅读散文后,分析其中用到的表现手法、思维方式、修辞手法以及其他艺术手法,会对个人的写作有很大的帮助。

郑伯克段于鄢①

《左传》

《左传》是为注解《春秋》而作的一部编年体史书,全称《春秋左氏传》或《左氏春秋》,与《公羊传》《穀梁传》合称"春秋三传"。《左传》既是古代汉族史学名著,也是文学名著。《左传》是中国第一部叙事详细的编年史著作,作者相传是春秋末年鲁国史官左丘明,记叙范围起自鲁隐公元年(前722),迄于鲁哀公二十七年(前510),是研究中国古代社会特别是春秋时期社会变革的重要历史文献。书中对春秋时期各诸侯之间的争霸战争,各诸侯国内部争权夺利的斗争以及各诸侯国的经济、文化和一些重要自然现象都作了比较真实的记载,在一定程度上反映了那个时代的历史面貌。

《左传》在文学和语言上都有很大的成就。它善于用简练的语言记述复杂的历史事件(特别是大规模的战争),也善于用写实的手法,比如通过人物的语言、动作来表现人物,外交辞令方面的语言也十分出色,对后代文学、史学和语言的发展有较大影响。

春秋时期,周王室逐渐衰微,各诸侯国之间经常发生互相兼并的战争。各国内部贵族之间争夺权势的斗争加剧。本文记叙的就是春秋初期发生在郑国的一个历史事件。

　　初②,郑武公娶于申③,曰武姜④,生庄公及共叔段。庄公寤生⑤,惊姜氏,故名曰寤生,遂恶之⑥。爱共叔段,欲立之。亟请于武公⑦,公弗许。

　　及庄公即位,为之请制⑧。公曰:"制,岩邑也⑨,虢叔死焉⑩。佗邑唯命⑪。"请京,使居之,谓之京城大叔。

---

① 选自杨伯峻《春秋左传注》,中华书局2009年版。　② 初:当初,这是回述往事时的说法。　③ 娶于申:从申国娶妻。申,春秋时国名,姜姓。　④ 曰武姜:叫武姜。武姜,郑武公之妻,"姜"是她娘家的姓,"武"是她丈夫武公的谥号。　⑤ 寤(wù)生:难产的一种,胎儿的脚先生出来。寤,通"牾",逆,倒着。　⑥ 遂恶(wù)之:因此厌恶他。恶,厌恶。　⑦ 亟(qì)请于武公:屡次向武公请求。亟,屡次。于,介词,向。　⑧ 制:地名,即虎牢,河南省荥(xíng)阳县西北。　⑨ 岩邑:险要的城邑。　⑩ 虢(guó)叔死焉:东虢国的国君死在那里。虢,指东虢,古国名,为郑国所灭。焉,介词兼指示代词,相当于"于是""于此"。　⑪ 佗邑唯命:别的地方,听从您的吩咐。佗,同"他",指示代词,别的,另外的。唯命,只听从您的命令。

祭仲曰①："都城过百雉②，国之害也。先王之制：大都，不过参国之一；中，五之一；小，九之一。③今京不度④，非制也，君将不堪⑤。"公曰："姜氏欲之，焉辟害⑥？"对曰："姜氏何厌之有⑦？不如早为之所，无使滋蔓⑧！蔓，难图也⑨。蔓草犹⑩不可除，况君之宠弟乎？"公曰："多行不义，必自毙⑪，子姑待之。"

既而大叔命西鄙、北鄙贰于己⑫。公子吕曰："国不堪贰，君将若之何？欲与大叔，臣请事之；若弗与，则请除之，无生民心⑬。"公曰："无庸，将自及。⑭"大叔又收贰以为己邑⑮，至于廪延。子封曰："可矣。厚将得众⑯。"公曰："不义，不暱⑰。厚将崩⑱。"

大叔完、聚⑲，缮甲、兵⑳，具卒、乘㉑，将袭郑，夫人将启之。公闻其期，曰："可矣。"命子封帅车二百乘㉒以伐京。京叛大叔段。段入于鄢。公伐诸鄢㉓。五月辛丑，大叔出奔共㉔。

书曰："郑伯克段于鄢。"段不弟㉕，故不言弟；如二君，故曰克㉖；称郑伯，讥失教也；谓之郑志㉗。不言出奔，难之也。

遂寘㉘姜氏于城颍，而誓之曰："不及黄泉㉙，无相见也！"既而悔之。

颍考叔为颍谷封人㉚，闻之，有献于公㉛。公赐之食㉜。食舍肉㉝。公问之。对曰："小人有母，皆尝小人之食矣；未尝君之羹㉞，请以遗之㉟。"公曰："尔有母遗，繄我独无㊱！"颍考叔曰："敢问何谓也㊲？"公语之故，且告之悔。对曰："君何患焉？若阙㊳地及泉，隧而相见㊴，其谁曰不然？"公从之。公入而赋："大隧之中，其乐也融融。"姜出而赋：

---

① 祭(zhài)仲：郑国的大夫。　② 都城过百雉(zhì)：都邑的城墙超过了三百丈。都，《左传·庄公二十八年》中有"凡邑有宗庙先君之主曰都"，指次于国都而高于一般邑等级的城市。雉，古代城墙长一丈，宽一丈，高一丈为一堵，三堵为一雉，即长三丈。　③ 大都，不过参(sān)国之一：大城市的城墙不超过国都城墙的三分之一。参，同"三"。中，五之一：中等城市城墙不超过国都城墙的五分之一。小，九之一：小城市的城墙不超过国都城墙的九分之一。　④ 不度：不合法度。　⑤ 不堪：受不了，控制不住的意思。　⑥ 焉辟害：哪里能逃避祸害。辟，"避"的古字。　⑦ 何厌之有：有何厌。有什么满足，宾语前置。何，疑问代词作宾语定语。之，代词，复指前置宾语。　⑧ 无使滋蔓(zī màn)：不要让他滋长蔓延。无，通"毋"。　⑨ 图：除掉。　⑩ 犹：尚且。　⑪ 多行不义，必自毙：多做不义的事，必定自己垮台。毙，本义倒下去，垮台。汉以后才有"死"义。　⑫ 既而：固定词组，不久。命西鄙、北鄙贰于己：命令原属庄公的西部和北部的边境城邑同时也臣属于自己。鄙，边邑。贰，两属。　⑬ 生民心：使动用法，使民生二心。　⑭ 无庸：不用。"庸""用"通用，一般出现于否定式。将自及：将自己赶上灾难。及，本义为追赶上。　⑮ 收贰以为己邑：把两属的地方收为自己的领邑。贰，指原来贰属的西鄙北鄙。以为，"以之为"的省略。　⑯ 厚将得众：势力雄厚，就能得到更多的百姓。众，指百姓。　⑰ 暱(nì)：同"昵"，亲近。　⑱ 厚将崩：势力再雄厚，将要崩溃。　⑲ 完、聚：修治(城郭)，聚集(百姓)。完，修葺(qì)。　⑳ 缮：修理。甲，铠甲。兵：兵器。　㉑ 具卒、乘(shèng)：准备步兵和兵车。　㉒ 帅车二百乘：率领二百辆战车。帅，率领。古代每辆战车配备甲士三人，步卒七十二人。　㉓ 公伐诸鄢：庄公攻打共叔段在鄢邑。诸，之于，合音词。　㉔ 出奔共：出逃到共国(避)难。奔，逃亡。　㉕ 不弟：不守为弟之道。意思是说共叔段不遵守做弟弟的本分。　㉖ 如二君，故曰克：兄弟俩如同两个国君一样争斗，所以用"克"字。克，战胜。　㉗ 谓之郑志：赶走共叔段是出于郑庄公的本意。志，意愿。　㉘ 寘：通"置"，放置，放逐。　㉙ 黄泉：地下的泉水，喻墓穴，指死后。　㉚ 颍考叔：郑国大夫。封人：管理边界的地方长官。　㉛ 有献：有进献的东西。　㉜ 赐之食：赏给他吃的。　㉝ 食舍肉：吃的时候把肉放置一边不吃。　㉞ 羹：带汁的肉。《尔雅·释器》："肉谓之羹。"　㉟ 遗(wèi)之：赠送给她。　㊱ 繄(yī)我独无：我却单单没有啊！繄，句首语气助词。　㊲ 敢问何谓也：冒昧地问问你说的是什么意思呢？敢，表敬副词，冒昧。　㊳ 阙：通"掘"，挖。　㊴ 隧而相见：挖个地道，在那里见面。隧，这里用作动词，指挖隧道。

"大隧之外,其乐也洩洩①。"遂为母子如初。

君子曰②:"颍考叔,纯孝也,爱其母,施及③庄公。《诗》曰:'孝子不匮,永锡尔类④。'其是之谓乎!"

 思考与练习

一、给下面加点字注音。
1. 庄公寤生
2. 遂恶之
3. 亟请于武公
4. 大都,不过参国之一
5. 不义,不暱
6. 请以遗之

二、解释下面加点字的意思。
1. 亟请于武公
2. 虢叔死焉
3. 不义,不暱
4. 请以遗之
5. 何厌之有
6. 大叔完、聚,缮甲、兵

三、思考题:关于庄公与姜氏最后关系"遂为母子如初"你是如何理解的?

 延伸阅读

《左传》有鲜明的政治与道德倾向。其观念较接近于儒家,强调等级秩序与宗法伦理,重视长幼尊卑之别,同时表现出"民本"思想,因此也是研究先秦儒家思想的重要历史资料。

《左传》文章优美,其记事文对于极复杂之事项,如五大战役,纲领提挈得极严谨而分明,情节叙述得极委曲而简洁,可谓极技术之能事;其记言文渊懿美茂,而生气勃勃,后此亦殆未有其比;又其文虽时代甚古,然无佶屈聱牙之病,颇易诵习。故专以学文为目的,《左传》亦应在精读之列也。

(选自梁启超《要籍解题及其读法·读〈左传〉法之二》)

---

① 洩洩(yì):快乐舒畅的样子。 ② 君子:道德高尚的人。《左传》作者常用这种方式发表评论。
③ 施(yì)及:延及。 ④ 孝子不匮,永锡尔类:语出《诗经·大雅·既醉》,孝子的美德是永无穷尽的,人们应该世代相传。匮,尽。锡,通"赐",给予。

鞌 之 战①（节选）

《左传》

晋、楚邲之战后，晋国盟主地位开始动摇。晋景公消除内乱，平定赤狄，国力有所恢复。鲁成公二年（前589）春，齐国占领了鲁国北部边境的龙邑，接着向南攻打巢丘。卫穆公派孙良夫救鲁，在新筑开战，卫军败。孙良夫、臧宣叔赴晋求援，晋景公为显示盟主之威，派郤克、士燮、乐书等帅众参战。晋军在莘追上齐军，在鞌（今济南西）交锋，经过激战，晋军大获全胜，齐军从徐观退守至临淄。晋军追至丘舆，向马陉进逼。齐顷公派国佐向晋求和，晋人不许，后鲁、卫为齐求情，晋许议和，双方在爰娄结盟。此后，晋重振国势，复霸中原。本篇节选的部分重点叙述了晋军的同仇敌忾，而齐师则因为骄傲以至溃败，描写了双方统帅齐顷公、郤克以及双方主要参战人员逢丑父、解张、郑丘缓等人鲜明的个性，在细节方面极富戏剧性和故事性。

癸酉②，师陈③于鞌。邴夏御齐侯④，逢丑父为右⑤。晋解张御郤克⑥，郑丘缓⑦为右。齐侯曰："余姑翦灭此而朝食⑧。"

不介马⑨而驰之。郤克伤于矢，流血及屦⑩，未绝鼓音，曰："余病⑪矣！"

张侯⑫曰："自始合⑬，而矢贯余手及肘，余折以御，左轮朱殷⑭，岂敢言病。吾子忍之！"

缓曰："自始合，苟⑮有险，余必下推车，子岂识之⑯？——然子病矣！"

张侯曰："师之耳目，在吾旗鼓，进退从之。此车一人殿⑰之，可以集事⑱，若之何其以病败君之大事也⑲？擐甲执兵⑳，固即死也㉑。病未及死，吾子勉之！"

---

① 选自杨伯峻《春秋左传注》，中华书局1990年版。鞌之战是《左传》中著名的战役之一，这里只录全文的一部分。文中表现了由于齐师骄傲、晋军同仇敌忾，造成了齐在这场战争中的溃败。鞌，齐地名，在今济南附近。成公二年即公元前589年。　② 癸酉：成公二年的六月十七日。　③ 师：齐晋的军队。陈：列阵。　④ 邴（Bǐng）夏：齐大夫。御：驾车。　⑤ 逢（páng）丑父：齐大夫。右：车右之职。　⑥ 解张：晋大夫。郤（xì）克：即郤献子，晋大夫，此次战役中的晋军主帅。　⑦ 郑丘缓：晋人。　⑧ 姑：姑且。翦灭：消灭。朝食：吃早饭。　⑨ 不介马：马不披盔甲。介，盔甲，此处作动词。　⑩ 屦（jù）：鞋子。　⑪ 病：伤势很重。　⑫ 张侯：即解张。　⑬ 始合：开始交战。　⑭ 左轮朱殷：血流至左边车轮，染成红黑色。朱殷，红黑色。　⑮ 苟：如果。　⑯ 岂：难道。识：知道。　⑰ 殿：镇守。　⑱ 集事：成事。集，完成。　⑲ 若之何：为什么。以：因为。君：国君。　⑳ 擐（huàn）：穿。兵：武器。　㉑ 固：本来。即：就。

左并辔①,右援枹而鼓②,马逸③不能止,师从之④。齐师败绩。逐之,三周华不注⑤。韩厥梦子舆谓己曰⑥:"旦辟左右。"

故中御⑦而从齐侯。邴夏曰:"射其御者,君子⑧也。"

公曰:"谓之君子而射之,非礼也。"

射其左,越⑨于车下。射其右,毙于车中,綦毋张⑩丧车,从韩厥,曰:"请寓乘⑪。"从左右,皆肘之⑫,使立于后。韩厥俛定其右⑬。

逢丑父与公易位。将及华泉⑭,骖䋸⑮于木而止。丑父寝于轏⑯中,蛇出于其下,以肱击之⑰,伤而匿之⑱,故不能推车而及⑲。韩厥执絷马前⑳,再拜稽首,奉觞加璧以进㉑,曰:"寡君使群臣为鲁卫请,曰:'无令舆师陷入君地。'下臣不幸,属㉒当戎行,无所逃隐。且惧奔辟而忝两君㉓,臣辱戎士,敢告不敏㉔,摄官承乏㉕。"

丑父使公下㉖,如华泉取饮。郑周父御佐车㉗,宛茷㉘为右,载齐侯以免。韩厥献丑父,郤献子将戮之。呼曰:"自今无有代其君任患㉙者,有一于此,将为戮乎!"

郤子曰:"人不难㉚以死免其君,我戮之不祥。赦之,以劝㉛事君者。"乃免之。

思考与练习

一、解释下面句子加点字词。

1. 韩厥梦子舆谓己曰:"旦辟左右。"
2. 余姑翦灭此而朝食
3. 韩厥俛定其右
4. 不介马而驰之
5. 射其左,越于车下;射其右,毙于车中

---

① 左并辔:御者原本双手执辔,这时将辔并于左手。 ② 右:右手。援枹(fú):拿过鼓槌。鼓:击鼓。 ③ 逸:狂奔。 ④ 从:跟随。之:代指解张所乘战车。 ⑤ 周:环绕。华不(fū)注:山名,在今山东济南东北。 ⑥ 韩厥:晋大夫。子舆:韩厥之父。 ⑦ 中御:因韩厥梦其父之应避开车之左右。韩厥为司马,应在车左,主射。 ⑧ 君子:谓韩厥执辔之仪态如君子。 ⑨ 越:坠落。 ⑩ 綦(qí)毋(wú)张:晋大夫,姓綦毋,名张。 ⑪ 请寓乘:请求寄乘韩厥之车。寓,寄。 ⑫ 肘:动词,指韩厥以肘推綦毋张,让他不要立于车左或者车右的位置。 ⑬ 俛(fǔ):同"俯",俯身,低头。定其右:指韩厥俯身挡住车右的尸体使之不致坠下,所以齐顷公和逢丑父调换位置时,韩厥未能发现。 ⑭ 华泉:华不注山下之泉。 ⑮ 骖(cān):古战车用三马驾车,左右两旁之马名骖。䋸(guà):阻碍。 ⑯ 轏(zhàn):竹木之车。轏,同"栈"。 ⑰ 肱:大臂。之:代指蛇。 ⑱ 伤而匿之:谓逢丑父战前为蛇所伤而隐瞒。伤,受伤。匿,隐瞒。 ⑲ 推车:言逢丑父因伤不能像郑丘缓那样用臂推车前进。及:追上。指逢丑父被韩厥追上。 ⑳ 执絷(zhí)马前:当时礼仪,军帅见敌国君主,手执绊马绳上前进见。絷,绊马绳。 ㉑ 奉:同"捧"。觞:酒器。进:奉献。 ㉒ 属:适,恰好。 ㉓ 辟:同"避"。忝:辱没。两君:指晋君与齐君。 ㉔ 敢:表敬副词。不敏:不聪明,当时惯用的谦辞。 ㉕ 摄:代理。承乏:谦辞,表示由于缺乏人手,只能由自己承担此职。 ㉖ 丑父使公下:逢丑父暗示齐顷公下车逃走。公,齐顷公。 ㉗ 郑周父:齐大夫。佐车:副车。 ㉘ 宛茷(fèi):齐大夫。 ㉙ 任患:担当危险,指逢丑父代齐顷公而被韩厥所俘。 ㉚ 难:形容词用作动词,相当于"以(以死免其君)为难事"。 ㉛ 劝:勉励。

6. 从左右,皆肘之
7. 骖絓于木而止
8. 赦之,以劝事君者

二、翻译下面句子。

1. 左并辔,右援枹而鼓,马逸不能止,师从之
2. 且惧奔辟而忝两君,臣辱戎士,敢告不敏,摄官承乏
3. 人不难以死免其君,我戮之不祥。赦之,以劝事君者

延伸阅读

曹　刿　论　战
《左传》

　　十年春,齐师伐我。公将战,曹刿请见。其乡人曰:"肉食者谋之,又何间焉?"刿曰:"肉食者鄙,未能远谋。"乃入见。问:"何以战?"公曰:"衣食所安,弗敢专也,必以分人。"对曰:"小惠未遍,民弗从也。"公曰:"牺牲玉帛,弗敢加也,必以信。"对曰:"小信未孚,神弗福也。"公曰:"小大之狱,虽不能察,必以情。"对曰:"忠之属也。可以一战。战则请从。"

　　公与之乘,战于长勺。公将鼓之。刿曰:"未可。"齐人三鼓。刿曰:"可矣。"齐师败绩。公将驰之。刿曰:"未可。"下视其辙,登轼而望之,曰:"可矣。"遂逐齐师。

　　既克,公问其故。对曰:"夫战,勇气也。一鼓作气,再而衰,三而竭。彼竭我盈,故克之。夫大国,难测也,惧有伏焉。吾视其辙乱,望其旗靡,故逐之。"

（选自杨伯峻《春秋左传注》,中华书局1990年版）

勾践灭吴①

《国语》

《国语》为国别体史书,分别记录了西周末年至春秋时期周、鲁、齐、晋、郑、楚、吴、越八国史事。记事起于周穆王,终于鲁悼公,约为公元前 967—前 453 年。《国语》所记,侧重于记言。相传其作者为左丘明。司马迁说:"左丘失明,厥有《国语》"(《史记·太史公自序》),班固也说"《国语》十三篇,左丘明撰"(《汉书·艺文志》)。但从西晋、唐至今,有许多学者表示怀疑。《国语》各部分思想倾向不同,文风驳杂,且详略迥异,与《左传》相差较大,不像出于一人之手,很可能是根据当时流传的各国史料窜编而成,其成书时代也可能略早于《左传》。三国吴韦昭的注本是今存最早的注本。

本篇出自《国语·越语上》。越王勾践兵败会稽,求成于吴,吴王夫差听从伯嚭之言,答应讲和,遂使越国获得了休养生息、东山再起的机会。之后勾践听从谋臣范蠡、文种的谋略,表面上臣服于吴,暗地里却卧薪尝胆,励精图治,等待机会。勾践在国内举贤与能、以德抚民,人心归附,国力迅速恢复,数年后最终灭吴雪耻,文章对越王勾践、吴王夫差、谋臣范蠡、文种,以及忠臣伍子胥、奸佞伯嚭的个性特征都有形象的刻画,是《国语》中叙事写人的名篇。

越王句践栖于会稽之上②,乃号令于三军曰:"凡我父兄昆弟及国子姓③,有能助寡人谋而退吴者,吾与之共知④越国之政。"大夫种⑤进对曰:"臣闻之贾人⑥,夏则资⑦皮,冬则资絺⑧,旱则资舟,水则资车,以待乏⑨也。夫虽无四方之忧⑩,然谋臣与爪牙之士⑪,不可不养而择也。譬如蓑笠,时雨既至,必求之。今君王既栖于会稽之上,然后乃求谋臣,无乃后乎⑫?"句践曰:"苟得闻子大夫之言,何后之有?"执其手而与之谋。

遂使之行成于吴⑬,曰:"寡君句践乏无所使,使其下臣种,不敢彻声闻于天王⑭,私于下执事⑮曰:'寡君之师徒⑯不足以辱君矣,愿以金玉、子女赂君之辱⑰。请句践女女

---

① 选自袁行霈主编《中国文学作品选》,中华书局 2007 年版。 ② 句:同"勾"。会稽:即会稽山,在今浙江绍兴东南。 ③ 国子姓:越国子民。 ④ 共知:共治。 ⑤ 种(zhǒng):文种,越大夫。 ⑥ 贾(gǔ)人:商人。 ⑦ 资:积攒。 ⑧ 絺(chī):质地精细的葛布。 ⑨ 乏:缺乏。 ⑩ 四方之忧:边境上的忧患,指别国入侵。 ⑪ 爪牙之士:指勇猛善战之武将。 ⑫ 无乃后乎:不是太晚了吗? ⑬ 之:指文种。行成:求和。成,和解,讲和。 ⑭ 彻:达。天王:指吴王夫差。 ⑮ 私:私语,低声相求。下执事:指吴王手下执事之人。 ⑯ 寡君:谦称,指句践。师徒:军队。赂:答谢。 ⑰ 辱:春秋时的外交辞令,此指吴王屈尊伐越。

于王①,大夫女女于大夫,士女女于士。越国之宝器毕从②,寡君帅越国之众,以从君之师徒,唯君左右之③。'若以越国之罪为不可赦也,将焚宗庙,系妻孥④,沉金玉于江。有带甲五千人,将以致死,乃必有偶⑤,是以带甲万人事君也,无乃即伤君王之所爱乎⑥?与其杀是人也,宁其得此国也,其孰利乎?"

夫差将欲听与之⑦成,子胥⑧谏曰:"不可。夫吴之与越也,仇雠⑨敌战之国也;三江⑩环之,民无所移⑪。有吴则无越,有越则无吴,将不可改于是矣。员闻之,陆人居陆,水人居水。夫上党之国⑫,我攻而胜之,吾不能居其地,不能乘其车。夫越国,吾攻而胜之,吾能居其地,吾能乘其舟。此其利也,不可失也已⑬,君必灭之。失此利也,虽悔之,必无及已。"

越人饰美女八人纳之太宰嚭⑭,曰:"子苟⑮赦越国之罪,又有美于此者将进⑯之。"太宰嚭谏曰:"嚭闻古之伐国者,服之而已。今已服矣,又何求焉。"夫差与之成而去之。

句践说⑰于国人曰:"寡人不知其力之不足也,而又与大国执雠⑱,以暴露百姓之骨于中原,此则寡人之罪也。寡人请更⑲。"于是葬死者,问伤者,养生者,吊有忧⑳,贺有喜,送往者,迎来者,去民之所恶,补民之不足。然后卑事㉑夫差,宦士㉒三百人于吴,其身亲为夫差前马㉓。

句践之地,南至于句无㉔,北至于御儿㉕,东至于鄞㉖,西至于姑蔑㉗,广运㉘百里。乃致其父母昆弟而誓之曰:"寡人闻,古之贤君,四方之民归之,若水之归下也。今寡人不能,将帅二三子夫妇以蕃㉙。"令壮者无取㉚老妇,令老者无取壮妻。女子十七不嫁,其父母有罪;丈夫二十不取,其父母有罪。将免㉛者以告,公令医守之。生丈夫,二壶酒,一犬;生女子,二壶酒,一豚。生三人,公与之母㉜;生二子,公与之饩㉝。当室者㉞死,三年释其政㉟;支子㊱死,三月释其政。必哭泣葬埋之,如其子。令孤子、寡妇、疾疹㊲、贫病者,纳宦其子㊳。其达士,洁其居,美其服,饱其食,而摩厉之于义㊴。四方之士来者,必庙礼之㊵。句践载稻与脂㊶于舟以行,国之孺子之游者㊷,无不餔㊸也,无不

---

① "请句践女"句:越国请求以句践之女为吴王之婢妾。第一个"女"为名词,第二个"女"为动词,指嫁为婢妾。 ② 毕从:全部呈献。从,跟随,引申为进献。 ③ 左右:任意处置。之:代指越国军队。 ④ 系:捆绑。妻孥(nú):妻子儿女。 ⑤ 乃必有偶:指五千甲士拼命,力量加倍,一个顶两个。 ⑥ 无乃:表示反问句语气。所爱:指吴国军队。 ⑦ 之:代指文种。 ⑧ 子胥:伍子胥,名员,吴国大夫。其祖世为楚臣,楚平王听谗言杀其父兄,因投奔吴国。 ⑨ 仇雠:同义连用,敌对。 ⑩ 三江:指吴淞江、钱塘江、浦阳江。 ⑪ 民无所移:二国百姓无处迁移,非吴即越。 ⑫ 上党之国:指齐、鲁、晋、郑等中原多陆少水之国。上,高。党,处所。 ⑬ 已:句末语气词,同"矣"。 ⑭ 太宰嚭(pǐ):即伯嚭,本为楚伯州犁之孙,前515年楚令尹子常听信谗言逐伯氏之族,伯嚭遂至吴。吴用为大夫,后为太宰。太宰,天官之长,辅助君王治理国家。 ⑮ 子:尊称,这里指伯嚭。苟:如果。 ⑯ 进:奉献。 ⑰ 说:解说。 ⑱ 执雠:结仇。 ⑲ 更:改正。 ⑳ 吊:吊唁。有忧:家有死丧之事者。 ㉑ 卑事:低声下气地侍候。 ㉒ 宦士:宦竖,奴仆。 ㉓ 前马:马前为先导之人,即马前卒。 ㉔ 句无:地名,在今浙江诸暨。 ㉕ 御儿:在今浙江嘉兴桐乡。 ㉖ 鄞(yín):在今浙江鄞州。 ㉗ 姑蔑:在今浙江衢州。 ㉘ 广运:东西为广,南北为运。 ㉙ 蕃:繁殖人口。 ㉚ 取:"娶"的古体字。 ㉛ 免:同"娩",分娩。 ㉜ 母:乳母。 ㉝ 饩(xì):食物。 ㉞ 当室者:指嫡长子。 ㉟ 释其政:免除其徭役。政,通"征"。 ㊱ 支子:庶子。 ㊲ 疾疹:泛指患病之人。 ㊳ 纳宦其子:将其子交官府抚养。 ㊴ 摩厉:同"磨砺",商议讨论。义:指治国之道。 ㊵ 庙礼之:在庙堂之上接见各国来越之士以示礼遇。 ㊶ 脂:油。 ㊷ 孺子:小孩。游者:流浪无家者。 ㊸ 餔(bū):意为"使……吃"。

歠①也，必问其名。非其身之所种则不食，非其夫人之所织则不衣。十年不收于国②，民俱有三年之食。

国之父兄请曰："昔者夫差耻③吾君于诸侯之国，今越国亦节④矣，请报之。"句践辞曰："昔者之战也，非二三子之罪也，寡人之罪也。如寡人者，安与⑤知耻？请姑无庸⑥战。"父兄又请曰："越四封⑦之内，亲吾君也，犹父母也。子而思报父母之仇，臣而思报君之雠，其有敢不尽力者乎？请复战！"句践既许之，乃致其众而誓之曰："寡人闻古之贤君，不患其众之不足也，而患其志行之少耻也。今夫差衣水犀之甲⑧者亿有三千，不患其志行之少耻也，而患其众之不足也。今寡人将助天灭之。吾不欲匹夫之勇也，欲其旅进旅退⑨也。进则思赏，退则思刑，如此则有常赏⑩。进不用命，退则无耻，如此则有常刑⑪。"果行⑫，国人皆劝⑬。父勉其子，兄勉其弟，妇勉其夫，曰："孰是君也，而可无死乎？"是故败吴于囿⑭，又败之于没⑮，又郊败之⑯。

夫差行成，曰："寡人之师徒，不足以辱君矣。请以金玉、子女赂君之辱！"句践对曰："昔天以越予吴，而吴不受命⑰；今天以吴予越，越可以无听天之命而听君之令乎！吾请达王甬句东，吾与君为二君乎。"夫差对曰："寡人礼先壹饭⑱矣。君若不忘周室，而为敝邑宸宇⑲，亦寡人之愿也。君若曰：'吾将残汝社稷，灭汝宗庙。'寡人请死，余何面目以视于天下乎！"越君其次⑳也，遂灭吴。

思考与练习

一、找出下面句子中的通假字，并解释。
1. 南至于句无
2. 将帅二三子夫妇以蕃
3. 令壮者无取老妇
4. 将免者以告
5. 三年释其政
6. 而摩厉之于义
7. 无不餔也，无不歠也
8. 其有敢不尽力者乎

① 歠（chuò）：饮。　② "十年"句：十年不向百姓收税。收，征税。　③ 耻：动词，意谓蒙受耻辱。　④ 节：气节。　⑤ 与：又，还。　⑥ 姑：姑且。无庸：不用。　⑦ 四封：指四境。封，疆界。　⑧ 衣：动词，穿。水犀之甲：水犀牛皮制成的铠甲。　⑨ 旅进旅退：即同进同退，令行禁止。旅，俱。　⑩ 常赏：法定的赏赐。　⑪ 常刑：依法惩处。　⑫ 果行：军队出发。果，实也。　⑬ 劝：互相勉励。　⑭ 囿（yòu）：即笠泽，在今太湖一带。　⑮ 没：春秋时吴国地名，不详所在。　⑯ 郊：句中做状语，意谓在郊外。　⑰ 不受命：不接受天命，指吴未灭越。　⑱ 礼先壹饭：犹言"有一饭之礼在先"，指夫差曾在会稽允许句践求和。　⑲ 宸宇：屋檐。　⑳ 次：驻扎，占领。

二、请对下面句子中的词类活用进行说明。
1. 又郊败之
2. 必庙礼之
3. 今夫差衣水犀之甲者亿有三千
4. 昔者夫差耻吾君于诸侯之国
5. 洁其居,美其服,饱其食

召公谏厉王弭谤
《国语》

厉王虐,国人谤王。召公告曰:"民不堪命矣!"王怒,得卫巫,使监谤者。以告,则杀之。国人莫敢言,道路以目。王喜,告召公曰:"吾能弭谤矣,乃不敢言。"召公曰:"是障之也。防民之口,甚于防川。川壅而溃,伤人必多,民亦如之。是故为川者决之使导;为民者宣之使言。故天子听政,使公卿至于列士献诗,瞽献曲,史献书,师箴,瞍赋,矇诵,百工谏,庶人传语,近臣尽规,亲戚补察,瞽史教诲,耆艾修之,而后王斟酌焉,是以事行而不悖。民之有口也,犹土之有山川也,财用于是乎出;犹其有原隰衍沃也,衣食于是乎生。口之宣言也,善败于是乎兴。行善而备败,所以阜财用衣食者也。夫民虑之于心而宣之于口,成而行之,胡可壅也?若壅其口,其与能几何?"王弗听,于是国人莫敢出言。三年乃流王于彘。

(选自陈桐生译注《战国策》,中华书局2013年版)

冯谖客孟尝君①

《战国策》

　　《战国策》作者不明,非一时一人之作,后经西汉刘向整理、编订成书。《战国策》是国别体史书,记载了西周、东周及秦、齐、楚、赵、魏、韩、燕、宋、卫、中山各国之事。记事年代起于战国初年,止于秦灭六国,约240年的历史。全书分为12策,33卷,共497篇,主要记述了战国时期游说之士的政治主张和言行策略。

　　《战国策》作为历史文献,为我们研究战国时代的社会斗争提供了资料。同时,它也是一部著名的散文集。其文章议论风发、语言生动、人物逼真,善于用寓言、故事来说明抽象的道理,所以对后世的文学语言有很大影响。

　　战国时期,列国纷争,宗法制度遭到破坏,诸侯国王和贵族等领主势力受到削弱。他们迫切需要大量的拥护者和谋划者,于是王侯将相争相养士,从而出现了"士"这一特殊阶层。这段时期,风行养士(食客)之风,尤以四公子为甚。四公子即齐国的孟尝君,赵国的平原君,魏国的信陵君,楚国的春申君。这些士大多是能辩善谋,有一定的政治见解,或有一技之长,甚至身怀绝技者。"食客三千"已经成了那个时代的特点。士,依附于君主,不断献计献策,帮助君主扩大政治影响、巩固权位。这些人中,龙蛇混存,既有鸡鸣狗盗之徒,也不乏具有非凡胆识的人才。本文主角冯谖就属后者。本文通过描写冯谖的故事,展现了战国时代士的才干和智慧,也反映了当时的政治面貌。

　　齐人有冯谖者,贫乏不能自存②,使人属孟尝君③,愿寄食门下。孟尝君曰:"客何好④?"曰:"客无好也。"曰:"客何能⑤?"曰:"客无能也。"孟尝君笑而受之,曰:"诺⑥。"左右以君贱之也⑦,食以草具⑧。

　　居有顷⑨,倚柱弹⑩其剑,歌曰:"长铗归来乎!食无鱼。"左右以告⑪。孟尝君曰:"食之,比门下之客。"居有顷,复弹其铗,歌曰:"长铗归来乎!出无车。"左右皆笑之,以告。孟尝君曰:"为之驾,比门下之车客⑫。"于是,乘其车,揭其剑,过其友曰:"孟尝君客

---

①选自何建章《战国策注释》,中华书局1990年版。　②贫乏:穷困。自存:自己养活自己。　③属:通"嘱",嘱托,求告。　④何好:有什么爱好。　⑤何能:有什么才能。　⑥诺:答应的声音。　⑦左右:指孟尝君身边的办事人。以:因为。贱:贱视,看不起,形容词作动词用。之:他,代冯谖。也:用在表原因的介宾短语之后,表句读上的停顿。　⑧食(sì):给……吃。草具:粗劣的食物。　⑨居有顷:过了不久。　⑩弹(tán):用指头敲击。　⑪以告:把冯谖弹剑唱歌的事报告孟尝君。　⑫车客:能乘车的食客。孟尝君将门客分为三等:上客食鱼、乘车;中客食鱼;下客食菜。

我。"后有顷,复弹其剑铗,歌曰:"长铗归来乎!无以为家。"左右皆恶①之,以为贪而不知足。孟尝君问:"冯公有亲乎?"对曰:"有老母。"孟尝君使人给其食用,无使乏。于是,冯谖不复歌。

后孟尝君出记②,问门下诸客:"谁习计会③,能为文收责于薛者乎④?"冯谖署曰:"能。"孟尝君怪之,曰:"此谁也?"左右曰:"乃歌夫'长铗归来'者也。"孟尝君笑曰:"客果⑤有能也,吾负⑥,未尝⑦见也。"请而见之,谢曰:"文倦于事⑧,愦于忧⑨,而性懧⑩愚,沉于国家之事,开罪于先生。先生不羞⑪,乃有意欲为收责于薛乎?"冯谖曰:"愿之。"于是,约车治装⑫,载券契⑬而行。辞曰:"责毕收,以何市而反⑭?"孟尝君曰:"视吾家所寡有⑮者。"

驱而之薛,使吏召诸民当偿者,悉来合券⑯。券遍合⑰,起,矫命⑱以责赐诸民,因烧其券,民称万岁。

长驱到齐⑲,晨而求见。孟尝君怪其疾也⑳,衣冠而见之,曰:"责毕收乎?来何疾也!"曰:"收毕矣。""以何市而反?"冯谖曰:"君云'视吾家所寡有者'。臣窃计㉑,君宫中积珍宝,狗马实外厩,美人充下陈㉒。君家所寡有者以义耳!窃以为君市义。"孟尝君曰:"市义奈何?"曰:"今君有区区之薛,不拊爱子其民㉓,因而贾利之㉔。臣窃矫君命,以责赐诸民,因烧其券,民称万岁。乃臣所以为君市义也。"孟尝君不说㉕,曰:"诺,先生休矣㉖!"

后期年㉗,齐王㉘谓孟尝君曰:"寡人不敢以先王㉙之臣为臣。"孟尝君就国于薛㉚。未至百里,民扶老携幼,迎君道中。孟尝君顾谓冯谖:"先生所为文市义者,乃今日见之。"冯谖曰:"狡兔有三窟,仅得免其死耳。今君有一窟,未得高枕而卧也。请为君复凿二窟。"孟尝君予车五十乘,金五百斤,西游于梁㉛,谓惠王曰:"齐放其大臣孟尝君于诸侯㉜,诸侯先迎之者富而兵强。"于是梁王虚上位㉝,以故相㉞为上将军;遣使者,黄金千斤、车百乘,往聘孟尝君。冯谖先驱,诫孟尝君曰:"千金,重币也;百乘,显使。齐其闻之矣。"梁使三反㉟,孟尝君固辞不往也。

齐王闻之,君臣恐惧,遣太傅赍㊱黄金千斤,文车二驷㊲,服剑㊳一,封书谢㊴孟尝君

---

① 恶:厌恶。 ② 出记:出文告。 ③ 习:熟悉。计会:算账之类的事情。 ④ 为文:给我。文,孟尝君自称。责:通"债"。薛:孟尝君的领地。 ⑤ 果:果真,果然。 ⑥ 负:对不起。之:他,代"客"(冯谖)。 ⑦ 未尝:不曾。 ⑧ 倦于事:为国事劳碌。 ⑨ 愦(kuì)于忧:因于思虑而心中昏乱。 ⑩ 懧(nuò):同"懦",怯弱。 ⑪ 不羞:不因受怠慢为辱。羞,意动用法,认为⋯⋯是羞辱。 ⑫ 约车治装:预备车子,治办行装。 ⑬ 券契:债务契约,两方各保存一份,可以合验。 ⑭ 何市而反:买些什么东西回来。市,买。反,返回。 ⑮ 寡有:少有,缺少。 ⑯ 合券:指合验借据。 ⑰ 遍合:都核对过。 ⑱ 矫命:假托(孟尝君的)命令。 ⑲ 长驱:一直赶车快跑,中途不停留。 ⑳ 怪其疾:因为他回得这么快而感到奇怪。怪,以⋯⋯为怪。 ㉑ 窃:私自,谦辞。计:考虑。 ㉒ 充下陈:列队站满。 ㉓ 拊爱:即抚爱。子其民:视民如子,形容特别爱护百姓。 ㉔ 贾(gǔ)利之:以商人手段向百姓谋取暴利。 ㉕ 说:同"悦",高兴。 ㉖ 休矣:算了,罢了。 ㉗ 期(jī)年:满一年。 ㉘ 齐王:齐湣王。 ㉙ 先王:指齐宣王,齐湣王的父亲。 ㉚ 就国于薛:到自己封地薛去。 ㉛ 梁:魏国都大梁(今河南开封)。 ㉜ 放:弃,免。于:给⋯⋯机会。 ㉝ 虚上位:空出最高的职位(宰相)。 ㉞ 故相:原来的宰相。 ㉟ 反:同"返"。 ㊱ 赍(jī):拿东西送人。 ㊲ 文车:雕刻或绘画着花纹的车。驷:四匹马拉的车,与"乘"同义。 ㊳ 服剑:佩剑。 ㊴ 谢:道歉。

曰:"寡人不祥①,被于宗庙之祟②,沉于谄谀之臣,开罪于君,寡人不足为也③,愿君顾④先王之宗庙,姑反国统万人乎⑤!"冯谖诫孟尝君曰:"愿请先王之祭器⑥,立宗庙于薛⑦。"庙成,还报孟尝君曰:"三窟已就,君姑高枕为乐矣。"

孟尝君为相数十年,无纤介⑧之祸者,冯谖之计也。

思考与练习

一、给下面加点字注音。
1. 谁习计会,能为文收责于薛者乎
2. 文倦于事,愦于忧,而性懧愚
3. 后期年
4. 遣太傅赍黄金千斤
5. 无纤介之祸者

二、解释下面加点字或词的意思。
1. 揭其剑,过其友
2. 请而见之,谢曰
3. 冯谖先驱
4. 寡人不祥

三、思考题。
1. 由《冯谖客孟尝君》思考战国时期"重士"和"以民为本"的时代风气。
2. 冯谖的行为对我们有什么启示?

延伸阅读

古人对孟尝君的评价

吾尝过薛,其俗闾里率多暴桀子弟,与邹、鲁殊。问其故,曰:"孟尝君招致天下任侠,奸人入薛中盖六万余家矣。"世之传孟尝君好客自喜,名不虚矣。

(司马迁《史记·孟尝君列传》)

世皆称孟尝君能得士,士以故归之,而卒赖其力以脱于虎豹之秦。嗟呼!孟尝君特鸡鸣狗盗之雄耳,岂足以言得士?不然,擅齐之强,得一士焉,宜可以南面而制秦,尚何

---

① 不祥:不善、不好。 ② 被于宗庙之祟:受到祖宗神灵的处罚。 ③ 不足:不值得。为:帮助,卫护。 ④ 顾:顾念。 ⑤ 姑:姑且,暂且。反国:返回齐国国都临淄。反,同"返"。统:统率,治理。万人:指全国人民。 ⑥ 愿:希望。请:指向齐王请求。祭器:宗庙里用于祭祀祖先的器皿。 ⑦ 立宗庙于薛:孟尝君与齐王同族,故请求分给先王传下来的祭器,在薛地建立宗庙,将来齐即不便夺毁其国,如果有他国来侵,齐亦不能不相救。这是冯谖为孟尝君所定的安身之计,为"三窟"之一。 ⑧ 纤(xiān)介:细微。

取鸡鸣狗盗之力哉？鸡鸣狗盗之出其门,此士之所以不至也。（王安石《读孟尝君传》）

君不见薛公在齐当路时,三千豪士相追随。邑封万户无自入,椎牛酾酒不为赀。门下纷纷如市人,鸡鸣狗盗亦同尘。一朝失势宾客落,唯有冯驩西入秦。

（司马光《孟尝君歌》）

赵威后问齐使①

《战国策》

　　赵威后是赵惠文王的王后,赵孝成王的母后,又称孝威太后,姓名不详。惠文王去世后,她一度临朝听政。史书对她执政时期的作为有两段非常生动的记载:一是"触龙言说赵太后";二是"齐王使使者问赵威后"。赵威后重视民生,因其体恤百姓而威信大增。她虽然年事已高,但对国家治理有着最朴素的理解。她仅仅从国家对个别人才的褒贬任用上就指出众多治国、为人之道。这篇文章就是记叙赵威后接见齐国使者的一次谈话,通过双方的问答,委婉地批评了齐国政治失当,赞扬了"以民为本"的治国思想。

　　齐王使使者问赵威后②,书未发③,威后问使者曰:"岁亦无恙耶④?民亦无恙耶?王亦无恙耶?"使者不说⑤,曰:"臣奉使使威后⑥,今不问王而先问岁与民,岂先贱而后尊贵者乎?"威后曰:"不然,苟无岁,何以有民?苟无民,何以有君?故有问舍本而问末者耶?"

　　乃进而问之曰:"齐有处士曰钟离子⑦,无恙耶?是其为人也,有粮者亦食,无粮者亦食⑧;有衣者亦衣,无衣者亦衣⑨。是助王养其民也,何以至今不业也⑩?叶阳子无恙乎⑪?是其为人,哀鳏⑫寡,恤孤独⑬,振⑭困穷,补不足。是助王息⑮其民者也,何以至今不业也?北宫之女婴儿子无恙耶⑯?彻其环瑱⑰,至老不嫁,以养父母。是皆率民而出于孝情者也⑱,胡为至今不朝也⑲?此二士弗业,一女不朝,何以王齐国、子万民乎⑳?於陵(子仲)尚存乎㉑?是其为人也,上不臣于王,下不治其家,中不索交诸侯㉒。此率民

---

①选自何建章《战国策注释》,中华书局1990年版。　②齐王:战国时齐王建,齐襄王之子。赵威后:战国时赵惠文王妻。前266年,惠文王死,其子孝成王立,因年幼由威后执政。　③发:启封。　④岁亦无恙耶:年成还好吧?岁,年成。亦,《语助词,无义。无恙,无忧,犹言"平安无事"。　⑤说:通"悦"。　⑥奉使使威后:奉命出使到威后这里来。　⑦处士:古代称有才德而隐居不仕的人。钟离子:齐国处士。钟离,复姓。子,古时对男子的尊称。　⑧食(sì):拿食物给人吃。　⑨衣(yì):拿衣服给人穿。　⑩不业:不是他做官以成就功业。　⑪叶(shè)阳子:齐国处士。叶阳,复姓。　⑫鳏(guān):老而无妻。　⑬恤:抚恤。独:老而无子。　⑭振:通"赈",救济。　⑮息:繁育。　⑯北宫之女婴儿子:北宫氏的女子婴儿子。北宫,复姓。"婴儿子"是人名。　⑰彻:通"撤",除去。环:指耳环、臂环一类的饰物。瑱:一种玉制的耳饰。　⑱皆率民而出于孝情者也:这些都是带领百姓行孝的行为。　⑲不朝:不使她上朝。古时夫人受封而有封号者为"命妇",命妇即可入朝。此句意即,为什么至今不封婴儿子为命妇,使她得以上朝见君呢?　⑳万民:以万民为子女,犹言"为民父母"。　㉑於(wū)陵(子仲):齐国的隐士。於陵,齐邑名,故城在今山东长山县西南。　㉒索:求。

而出于无用者,何为至今不杀乎?"

思考与练习

一、给下面加点字注音。
1. 齐王使使者问赵威后
2. 有粮者亦食,无粮者亦食;有衣者亦衣,无衣者亦衣
3. 哀鳏寡,恤孤独,振困穷,补不足
4. 於陵(子仲)尚存乎

二、解释下面加点字或词的意思。
1. 书未发,威后问使者曰
2. 岁亦无恙耶
3. 使者不说
4. 是助王息其民者也

三、思考题。
1. 本文告诉我们什么道理?
2. 本文提到的民本思想对现代有什么启示?

延伸阅读

皇祖有训,民可近,不可下,民惟邦本,本固邦宁。予视天下愚夫愚妇一能胜予,一人三失,怨岂在明,不见是图。予临兆民,懔乎若朽索之驭六马,为人上者,奈何不敬?

(《尚书·五子之歌》)

皋陶曰:"天聪明,自我民聪明;天明畏,自我民明威。达于上下,敬哉有土。"

(《尚书·皋陶谟》)

君,舟也;人,水也。水能载舟,亦能覆舟。　(《贞观政要》卷一《政体第二》)

为政之道,以顺民心为本,以厚民生为本,以安而不扰为本。

(程颐《代吕晦叔应诏疏》)

中华优秀传统文化源远流长、博大精深,是中华文明的智慧结晶,其中蕴含的天下为公、民为邦本、为政以德、革故鼎新、任人唯贤、天人合一、自强不息、厚德载物、讲信修睦、亲仁善邻等,是中国人民在长期生产生活中积累的宇宙观、天下观、社会观、道德观的重要体现,同科学社会主义价值观主张具有高度契合性。　(党的二十大报告)

子路、曾皙、冉有、公西华侍坐①

《论语》

《论语》是孔子门人及其再传弟子辑成的语录体著作。书中辑录了孔子及其弟子的言行,内容广泛,多半涉及人类社会生活问题,是研究孔子学说的基本资料。孔子(前551—前479),名丘,字仲尼,春秋时鲁国(今山东曲阜)人,思想家、教育家,儒家学派的创始人。他出身于没落的贵族世家,曾短期在鲁国做官,又周游许多诸侯国,想推行自己的政治主张,却一直未被采纳。后来,他致力于教育工作和整理古典文献。相传他的弟子有三千多人。

本文选自《论语·先进》,描写孔子与学生进行的一次有关志向抱负问题的讨论。孔子循循善诱,引导启发学生各抒己见,畅所欲言。篇末的评论表现出他对学生个性及才能的了解。本文成功地描写了孔子和蔼可亲、诲人不倦的形象。四位弟子的个性也跃然纸上:子路勇于作为,性格直率;冉有、公西华态度谦虚,说话谨慎,一个侧重政治经济,一个侧重外交礼仪;而曾点则优游自适,令人神往。本文既写言谈,又传神情;既写出了不同的人物风貌,又点染出师生间和谐的气氛。

子路、曾皙、冉有、公西华侍坐,子曰:"以吾一日长乎尔②,毋吾以③也。居④则曰'不吾知⑤也',如或知尔,则何以哉?"

子路率尔⑥而对曰:"千乘之国,摄⑦乎大国之间,加之以师旅⑧,因之以饥馑⑨,由也为之,比及⑩三年,可使有勇,且知方⑪也。"夫子哂之。

"求!尔何如?"对曰:"方六七十、如五六十,求也为之,比及三年,可使足民。如其礼乐,以俟君子。"

"赤!尔何如?"对曰:"非曰能之,愿学焉。宗庙之事⑫、如会同⑬,端章甫⑭,愿为小相⑮焉。"

---

① 选自《十三经注疏》整理委员会整理、李学勤主编《十三经注疏:论语注疏》,北京大学出版社1999年版。子路:即仲由(前542—前480),字子路,又字季路,春秋时鲁国人。曾皙:即曾点(生卒年不详),字皙,春秋时期鲁国人,曾参之父。冉有:即冉求(前522年—?),字子有,亦称冉有,春秋时期鲁国人。公西华:即公西赤(前509年或前519年—?),字子华,又称公西华。以上四人皆为孔子学生。 ② 以:介词,因为。乎:于。尔:你们。 ③ 毋吾以:"以"同"已",此处是停止、受拘束的意思。 ④ 居:平常。 ⑤ 知:了解。 ⑥ 率尔:轻率急忙的样子。 ⑦ 摄:含有局促、受制约的意思。 ⑧ 师旅:侵略军队。 ⑨ 饥:谷不熟。馑:菜不熟。 ⑩ 比及:等到。 ⑪ 方:道义。 ⑫ 宗庙之事:指祭祀。 ⑬ 会同:会,指诸侯会盟。同,指诸侯共同面见天子。 ⑭ 端章甫:端是礼服,章甫是礼帽。 ⑮ 小相:相是协助行礼的官员,相当于现在所说的司仪。小是谦逊的说法。

"点！尔何如？"鼓瑟希①，铿②尔舍瑟而作，对曰："异乎三子者之撰③。"

子曰："何伤乎？亦各言其志也。"

曰："莫④春者，春服既成，冠者⑤五六人，童子六七人，浴乎沂⑥，风乎舞雩⑦，咏而归。"夫子喟然叹曰："吾与⑧点也！"

三子者出，曾皙后。曾皙曰："夫三子者之言何如？"子曰："亦各言其志也已矣。"

曰："夫子何哂由也？"曰："为国以礼，其言不让，是故哂之。"

"唯求则非邦也与？""安见方六七十，如五六十而非邦也者？"

"唯赤则非邦也与？""宗庙会同，非诸侯而何？赤也为之小，孰能为之大？"

 思考与练习

一、解释下面加点字或词。
1. 以吾一日长乎尔，毋吾以也
2. 居则曰"不吾知也"
3. 摄乎大国之间
4. 比及三年
5. 且知方也
6. 舍瑟而作
7. 异乎三子者之撰
8. 吾与点也
9. 为国以礼，其言不让

二、总结本文中的词语活用。

三、试分析子路、曾皙、冉有、公西华的性格。

 延伸阅读

史记·孔子世家赞

太史公曰：《诗》有之"高山仰止，景行行止。"虽不能至，然心向往之。余读孔氏书，想见其为人。适鲁，观仲尼庙堂车服礼器，诸生以时习礼其家，余祗回留之不能去云。天下君王至于贤人众矣，当时则荣，没则已焉。孔子布衣，传十余世，学者宗之。自天子王侯，中国言六艺者折中于夫子，可谓至圣矣！

---

① 希：朱熹《朱子集注》云"间歇也"。 ② 铿：放下瑟的声音。一说是结束乐曲的尾声。 ③ 撰：此处指想法、内容。 ④ 莫：同"暮"。 ⑤ 冠者：已经行过冠礼的成年人。 ⑥ 沂：水名，源自今山东沂源县田庄水库上源东支牛角山北麓。 ⑦ 舞雩：在当时鲁国都城城南的沂水边上，是祭天求雨的高坛。 ⑧ 与(yù)：赞成，同意。

史记·孔子世家(节选)

孔子迁于蔡三岁,吴伐陈。楚救陈,军于城父。闻孔子在陈蔡之闲,楚使人聘孔子。孔子将往拜礼,陈蔡大夫谋曰:"孔子贤者,所刺讥皆中诸侯之疾。今者久留陈蔡之闲,诸大夫所设行皆非仲尼之意。今楚,大国也,来聘孔子。孔子用于楚,则陈蔡用事大夫危矣。"于是乃相与发徒役围孔子于野。不得行,绝粮。从者病,莫能兴。孔子讲诵弦歌不衰。子路愠见曰:"君子亦有穷乎?"孔子曰:"君子固穷,小人穷斯滥矣。"

子贡色作。孔子曰:"赐,尔以予为多学而识之者与?"曰:"然。非与?"孔子曰:"非也。予一以贯之。"

孔子知弟子有愠心,乃召子路而问曰:"诗云'匪兕匪虎,率彼旷野'。吾道非邪?吾何为于此?"子路曰:"意者吾未仁邪?人之不我信也。意者吾未知邪?人之不我行也。"孔子曰:"有是乎!由,譬使仁者而必信,安有伯夷、叔齐?使知者而必行,安有王子比干?"

子路出,子贡入见。孔子曰:"赐,诗云'匪兕匪虎,率彼旷野'。吾道非邪?吾何为于此?"子贡曰:"夫子之道至大也,故天下莫能容夫子。夫子盖少贬焉?"孔子曰:"赐,良农能稼而不能为穑,良工能巧而不能为顺。君子能修其道,纲而纪之,统而理之,而不能为容。今尔不修尔道而求为容。赐,而志不远矣!"

子贡出,颜回入见。孔子曰:"回,诗云'匪兕匪虎,率彼旷野'。吾道非邪?吾何为于此?"颜回曰:"夫子之道至大,故天下莫能容。虽然,夫子推而行之,不容何病,不容然后见君子!夫道之不修也,是吾丑也。夫道既已大修而不用,是有国者之丑也。不容何病,不容然后见君子!"孔子欣然而笑曰:"有是哉颜氏之子!使尔多财,吾为尔宰。"

于是使子贡至楚。楚昭王兴师迎孔子,然后得免。

(选自司马迁《史记》,中华书局 2014 年版)

季氏将伐颛臾①

《论语》

孔子思想的主要内容是提倡礼乐和仁义。礼乐是孔子提出的维护社会秩序的规范，仁义是他提倡的立身处世的道德标准。"仁"是这一思想体系的核心。所谓"仁"就是爱人，就是推己及人的同情心。这种道德观念的提出，表现了对人的重视和对人际关系的新认识，有缓和矛盾、维护统一的一面，也有同情庶民的一面。"仁"表现在政治上就是"为政以德"。孔子创立的儒家学说，影响极为深远。他公开讲学授徒的活动，促进了我国古代文化教育的发展。他通过自己丰富的教学实践，总结了不少有益的经验。孔子在整理和保存我国古代的文献方面作出了巨大的贡献。

季氏将伐颛臾，冉有、季路见②于孔子，曰："季氏将有事③于颛臾。"

孔子曰："求！无乃尔是过与④？夫颛臾，昔者先王以为东蒙主⑤，且在邦域之中矣⑥，是社稷⑦之臣也。何以伐为⑧？"

冉有曰："夫子欲之，吾二臣者皆不欲也。"

孔子曰："求，周任⑨有言曰：'陈力就列⑩，不能者止。'危而不持，颠⑪而不扶，则将焉用彼相⑫矣？且尔言过矣。虎兕出于柙⑬，龟玉毁于椟中⑭，是谁之过与？"

冉有曰："今夫颛臾固而近于费⑮，今不取，后世必为子孙忧。"

孔子曰："求，君子疾夫舍曰欲之而必为之辞⑯。丘也闻，有国有家者⑰，不患贫而患不均，不患寡而患不安。盖均无贫，和无寡，安无倾⑱。夫如是，故远人不服则修文德

---

① 选自金良年《论语译注》，上海古籍出版社2004年版。 ② 冉有、季路：二人当时为季氏的家臣。见：谒见。 ③ 有事：指军事行动。 ④ 无乃……与：固定格式，表示一种推测语气，可译为"恐怕……吧"。无乃，猜度语气副词，大概。过：动词，责备。全句意思是，恐怕应该责备你吧。 ⑤ 先王：周的先王。东蒙：山名，即蒙山。主：主管祭祀的人。 ⑥ 邦域之中：指在鲁国国境之内。 ⑦ 社稷(shè jì)：国家。 ⑧ 何以……为：固定格式，表示反问语气，可译为"为什么要……呢"。为，语气助词。 ⑨ 周任：古代的一位史官。 ⑩ 陈力：把自己的力量摆出来，这里作"量力"解。就列：任职。列，位次，职位。 ⑪ 颠：跌倒，扑倒。 ⑫ 相：辅助，帮助，特指搀扶盲人走路的人。 ⑬ 兕(sì)：独角犀牛。柙(xiá)：关猛兽的笼子。 ⑭ 龟：龟板，用于占卜。玉：玉器。椟(dú)：匣子。 ⑮ 今夫(fú)：句首语气词，表示要发议论。固：指城墙坚固。费(bì，一说为fèi)：季氏的封地，即今山东费县。 ⑯ 疾：痛恨、厌恶。夫：指示代词，那。舍：舍弃。 ⑰ 国：诸侯统治的行政区域。家：卿大夫统治的行政区域。 ⑱ "盖均无贫"三句：钱财分配合理，上下各得其分，就没有贫穷了；上下和睦，人民愿意归附，就没有人口少的现象了；国家安定，就没有倾覆的危险了。盖，副词，表委婉地论断原因。倾，倾覆。

以来之①,既来之,则安之②。今由与求也相③夫子,远人不服而不能来也,邦分崩离析而不能守也,而谋动干戈于邦内。吾恐季孙之忧不在颛臾,而在萧墙之内也④。"

思考与练习

一、请给以下加点字注音。
1. 季氏将伐颛臾
2. 是社稷之臣
3. 虎兕出于柙

二、解释下面加点的字或词。
1. 冉有、季路见于孔子
2. 季氏将有事于颛臾
3. 无乃尔是过与
4. 则将焉用彼相矣
5. 且尔言过矣
6. 虎兕出于柙
7. 是谁之过与
8. 不患贫而患不均,不患寡而患不安
9. 既来之,则安之
10. 由与求也相夫子
11. 而谋动干戈于邦内

三、思考题。
1. 从本文看,孔子的治国安邦之道是什么?
2. 本文中,孔子为什么一直追问冉有,而不追问子路呢?结合你读过的《论语》知识作些分析。
3. 结合本文谈谈你如何理解党的二十大报告中"完善分配制度"的相关内容。

延伸阅读

孔子与中华文化

孔子整理"六经",对三皇、五帝、三王、五伯以来的文化进行了综合,所谓集大成也。

---

① 来:使动用法,归附。 ② 安:使之安,使动用法。 ③ 相:辅佐。 ④ 萧墙之内:指鲁国宫廷内部。鲁哀公当时与专权的季孙氏之间存在很深的矛盾,所以孔子认为季孙的忧患不在颛臾,而在于鲁君。萧墙,国君宫门内的照壁。

国学大师柳翼谋以孔子为"中国文化之中心":"其前数千年之文化,赖孔子而传;其后数千年之文化,赖孔子而开;无孔子,则无中国文化"。钱穆亦认为"孔子为中国历史上第一大圣人。在孔子以前,中国历史文化当已有2 500年以上之积累,而孔子集其大成。在孔子以后,中国历史文化又复有2 500年以上之演进,而孔子开其新统。在此5 000多年,中国历史进程之指示,中国文化理想之建立,具有最深影响最大贡献者,殆无人堪与孔子相比伦。"宋儒朱熹曾叹曰:"天不生仲尼,万古如长夜"(《朱子语类·卷九十三》)。孙中山曾说:"这才是真正的民生主义,就是孔子所希望之大同世界。"

逍 遥 游①

《庄子》

  《庄子》现存三十三篇,其中内篇七篇,外篇十五篇,杂篇十一篇。一般认为,内篇是庄子所作,外篇、杂篇是庄子的门人或后学者所作,不能完全代表庄子的思想。
  庄子(约前369—前286),名周,战国时期哲学家。庄子是继老子之后先秦(战国)道家学派的主要代表人物,后世将二人并称为"老庄"。
  与老子一样,庄子认为"道"是"先天生地",而一切事物都在变化,因此追求一种"天地与我并生,万物与我为一"的主观精神境界。庄子的文章,想象丰富,变化多端,具有浓厚的浪漫主义色彩,并采用寓言故事形式,富有幽默讽刺的意味,对后世文学语言有很大影响。其超常的想象和变幻莫测的寓言故事,构成了庄子特有的奇特的想象世界,"意出尘外,怪生笔端"。
  本篇是《庄子》全书首篇。逍遥,即闲放不拘,怡适自得的意思。本篇的题意,传统有两种观点:西晋郭象《庄子注》认为,天地之间,事物有大小之不同,人的修养也有高低深浅之,然而各求"物任其性,事称其能,各当其分",就是逍遥至乐,不宜用人为的方法勉强分出优劣胜负。东晋支遁《逍遥论》则认为逍遥游就是无拘无束,心意自得。鲲鹏斥鴳,虽有大小之辨,都是"有所待"而后行,不能说怡然自得。只有泯灭物我之见,做到无己、无功、无名,与自然融合为一体,然后继可以乘天地之正,御六气之辩,无所待而游于无穷,精神上获得彻底解脱。

  北冥②有鱼,其名为鲲。鲲之大,不知其几千里也。化而为鸟,其名为鹏。鹏之背,不知其几千里也。怒而飞,其翼若垂天之云。是鸟也,海运则将徙于南冥。南冥者,天池也。
  《齐谐》者,志③怪者也。《谐》之言曰:"鹏之徙于南冥也,水击三千里,抟扶摇④而上者九万里,去以六月息者也。"野马⑤也,尘埃也,生物之以息相吹也。天之苍苍,其正色邪?其远而无所至极邪?其视下也,亦若是则已矣!
  且夫水之积也不厚,则其负大舟也无力。覆杯水于坳堂⑥之上,则芥为之舟,置杯焉则胶,水浅而舟大也。风之积也不厚,则其负大翼也无力。故九万里,则风斯在下矣,

---

  ① 选自《庄子注疏》,中华书局 2011 年版。 ② 冥:海。 ③ 志:记。 ④ 抟(tuán)扶摇:此处为"鸟类向高空盘旋飞翔"之意。抟,环绕。扶摇,旋风。 ⑤ 野马:游气。此言青春之时,阳气发动,遥望薮泽之中,气息犹如奔马,故谓之野马。 ⑥ 坳(ào)堂:堂上的低坳之处。

而后乃今培风①;背负青天,而莫之夭阏②者,而后乃今将图南。

蜩③与学鸠④笑之曰:"我决⑤起而飞,抢榆枋⑥,时则不至,而控于地而已矣,奚⑦以之九万里而南为?"适⑧莽苍者,三飡⑨而反,腹犹果然⑩;适百里者,宿舂粮⑪;适千里者,三月聚粮。之二虫,又何知!

小知不及大知,小年不及大年。奚以知其然也?朝菌不知晦朔,蟪蛄⑫不知春秋,此小年也。楚之南有冥灵⑬者,以五百岁为春,五百岁为秋;上古有大椿⑭者,以八千岁为春,八千岁为秋,此大年也。而彭祖乃今以久特闻⑮,众人匹之,不亦悲乎!

汤之问棘也是已⑯。穷发之北,有冥海者,天池也。有鱼焉,其广数千里,未有知其修⑰者,其名为鲲。有鸟焉,其名为鹏,背若太山,翼若垂天之云,抟扶摇羊角而上者九万里,绝云气,负青天,然后图南,且⑱适南冥也。斥鷃笑之曰⑲:"彼且奚适也!我腾跃而上,不过数仞⑳而下,翱翔蓬蒿之间,此亦飞之至也,而彼且奚适也?"此小大之辩也。

故夫知效一官,行比一乡,德合一君,而征一国者㉑,其自视也,亦若此矣。而宋荣子㉒犹然笑之。且举世誉之而不加劝㉓,举世而非之而不加沮,定乎内外之分,辩乎荣辱之境,斯已矣。彼其于世,未数数然也。虽然,犹有未树㉔也。

夫列子御风而行,泠然善也,旬㉕有五日而后反。彼于致㉖福者,未数数然也。此虽免乎行,犹有所待者也。

若夫乘天地之正而御六气之辩㉗,以游无穷者,彼且恶乎待哉!故曰:至人无己,神人无功,圣人无名。

尧让天下于许由㉘,曰:"日月出矣而爝火㉙不息;其于光也不亦难乎!时雨降矣而犹浸灌,其于泽也不亦劳乎!夫子立而天下治,而我犹尸之,吾自视缺然,请致天下。㉚"

许由曰:"子治天下,天下既已治也,而我犹代子,吾将为名乎?名者,实之宾也。吾将为宾乎?鹪鹩巢于深林,不过一枝;偃鼠㉛饮河,不过满腹。归休乎君,予无所用天下为!庖人㉜虽不治庖,尸祝不越樽俎而代之矣㉝。"

肩吾问于连叔曰:"吾闻言于接舆㉞,大而无当,往而不反。吾惊怖其言。犹河汉而无极也;大有径庭㉟,不近人情焉。"连叔曰:"其言谓何哉?""曰:'藐姑射之山㊱,有神人

---

① 培风:乘风。　② 夭阏(è):阻碍。夭,折。阏,遏,止。　③ 蜩(tiáo):蝉。　④ 学鸠:斑鸠。　⑤ 决:卒疾之貌。　⑥ 抢(qiāng):冲撞。枋(fāng):树名。　⑦ 奚:何。　⑧ 适:往,到。　⑨ 飡(cān):同"餐"。　⑩ 果然:吃饱的样子。　⑪ 宿舂粮:舂捣粮食,为一宿之用。　⑫ 蟪蛄(huì gū):寒蝉,即知了。　⑬ 冥灵:木名,一说为大海灵龟。　⑭ 大椿:传说中的神树。　⑮ 彭祖:传说中的长寿人物,寿长八百岁。　⑯ 汤:帝喾之后,姓子名履,字天乙,殷商开基之主。棘:汤时贤人。　⑰ 修:长。　⑱ 且:将。　⑲ 斥:小泽。鷃(yàn):鷃雀,鹑的一种。　⑳ 仞:古代八尺为一仞。　㉑ 而:通"能"。征:取信,使动用法。　㉒ 宋荣子:子,有德之称。荣氏,宋人。　㉓ 举:皆。劝:勉励。　㉔ 树:立。　㉕ 旬:十日。　㉖ 致:得。　㉗ 六气:一说是"阴阳风雨晦明",一说是"天地四时"。辩:变。　㉘ 尧:帝喾之子,儒家视为上古时代理想中的圣明君王。许由:传说中的贤人、隐士。　㉙ 爝(jué)火:小火。　㉚ 治:正。尸:主。致:与。　㉛ 偃鼠:鼹鼠。　㉜ 庖人:掌管庖厨的人。　㉝ 尸:太庙中神主。祝:祭祀官员。樽:酒器。俎:肉器。　㉞ 接舆:陆通,字接舆,楚之狂人,隐士。　㉟ 径庭:激过之言,直往不顾。　㊱ 藐:远。姑射(yè)之山:《山海经》记载,姑射山在寰海之外,有神圣之人。

居焉。肌肤若冰雪,绰约若处子,不食五谷,吸风饮露,乘云气,御飞龙,而游乎四海之外。其神凝①,使物不疵疠②而年谷熟。'吾以是狂而不信也。"连叔曰:"然。瞽者③无以与乎文章之观,聋者无以与乎钟鼓之声。岂唯形骸有聋盲哉,夫知亦有之!是其言也,犹时女④也。之人也,之德也,将旁礴万物以为一,世蕲⑤乎乱,孰⑥弊弊焉以天下为事!之人也,物莫之伤,大浸稽⑦天而不溺,大旱金石流、土山焦而不热。是其尘垢秕糠⑧,将犹陶铸尧舜者也,孰肯以物为事!"

宋人资⑨章甫而适诸越,越人断发文身,无所用之。

尧治天下之民,平海内之政,往见四子藐姑射之山,汾水之阳,窅然⑩丧其天下焉。

惠子⑪谓庄子曰:"魏王贻我大瓠之种⑫,我树之成而实五石。以盛水浆,其坚不能自举也。剖之以为瓢,则瓠落⑬无所容。非不呺然⑭大也,吾为其无用而掊⑮之。"

庄子曰:"夫子固拙于用大矣!宋人有善为不龟手⑯之药者,世世以洴澼絖⑰为事。客闻之,请买其方百金。聚族而谋曰:我世世为洴澼絖,不过数金,今一朝而鬻⑱技百金,请与之。客得之,以说吴王。越有难⑲,吴王使之将,冬,与越人水战,大败越人,裂地而封之。能不龟手一也,或以封,或不免于洴澼絖,则所用之异也。今子有五石之瓠,何不虑以为大樽⑳,而浮乎江湖,而忧其瓠落无所容,则夫子犹有蓬之心㉑也夫!"

惠子谓庄子曰:"吾有大树,人谓之樗㉒。其大本拥肿㉓而不中绳墨,其小枝卷曲而不中规矩,立之涂,匠者不顾。今子之言,大而无用,众所同去也。"庄子曰:"子独不见狸狌㉔乎?卑身而伏,以候敖者;东西跳梁,不辟高下;中于机辟,死于罔罟㉕。今夫斄牛㉖,其大若垂天之云,此能为大矣,而不能执鼠。今子有大树,患其无用,何不树之于无何有之乡、广莫之野,彷徨㉗乎无为其侧,逍遥㉘乎寝卧其下?不夭斤斧,物无害者。无所可用,安所困苦哉!"

思考与练习

一、指出以下句子中加点词语的活用用法。

1. 水击三千里

---

① 凝:静。 ② 疵疠(cī lì):疾病。 ③ 瞽(gǔ)者:盲人。 ④ 时:是。女:通"汝"。 ⑤ 蕲(qí):同"祈",祈求。 ⑥ 孰:谁,哪个。 ⑦ 稽:至。 ⑧ 尘垢秕(bǐ)糠:散为尘,腻为垢,谷不熟为秕,谷皮为糠。此指道之粗者。 ⑨ 资:货。 ⑩ 窅(yǎo)然:寂寥,深远。 ⑪ 惠子:惠施,宋人,在梁国为相。 ⑫ 贻:赠送。大瓠(hù):大葫芦。 ⑬ 瓠落:形容极大。 ⑭ 呺(xiāo)然:虚大。 ⑮ 掊(pǒu):打破。 ⑯ 龟手:皲手。 ⑰ 洴(píng)澼(pì):漂洗。絖(kuàng):棉絮。 ⑱ 鬻(yù):卖。 ⑲ 难:发难。 ⑳ 虑:绳络捆缚。樽:像酒樽一样,用绳捆缚,可渡江湖。 ㉑ 蓬之心:比喻心如茅草那样堵塞不通。 ㉒ 樗(chū):主要有臭椿的意思,臭椿与柞树,比喻无用之材,多用于自谦之辞,也作樗材。 ㉓ 拥肿:臃瘿,树木外部隆起的瘤状物。 ㉔ 狌:野猫。 ㉕ 罔罟(wǎng gǔ):渔猎的网具。罔,同"网"。 ㉖ 斄(lí)牛:牦牛。 ㉗ 彷徨:纵任。 ㉘ 逍遥:自得。

2. 而后乃今将图南
3. 德合一君，而征一国者
4. 虽然，犹有未树也
5. 举世而非之而不加沮

二、下列句子中的通假字有哪些。

1. 北冥有鱼，其名曰鲲
2. 适苍莽者，三飡而反
3. 小知不及大知，小年不及大年
4. 此大小之辩也
5. 德合一君，而征一国者

三、翻译下列句子。

1. 鹏之徙于南冥也，水击三千里，抟扶摇而上者九万里，去以六月息者也。
2. 背负青天，而莫之夭阏者，而后乃今将图南。
3. 且举世誉之而不加劝，举世而非之而不加沮，定乎内外之分，辩乎荣辱之境，斯已矣。

 延伸阅读

庖 丁 解 牛
《庄子》

庖丁为文惠君解牛，手之所触，肩之所倚，足之所履，膝之所踦，砉然向然，奏刀騞然，莫不中音。合于桑林之舞，乃中经首之会。

文惠君曰："嘻，善哉！技盖至此乎？"

庖丁释刀对曰："臣之所好者道也，进乎技矣。始臣之解牛之时，所见无非牛者。三年之后，未尝见全牛也。方今之时，臣以神遇而不以目视，官知止而神欲。依乎天理，批大郤，导大窾，因其固然。技经肯綮之未尝，而况大軱乎！良庖岁更刀，割也；族庖月更刀，折也。今臣之刀十九年矣，所解数千牛矣，而刀刃若新发于硎。彼节者有间，而刀刃者无厚；以无厚入有间，恢恢乎其于游刃必有余地矣，是以十九年而刀刃若新发于硎。虽然，每至于族，吾见其难为，怵然为戒，视为止，行为迟。动刀甚微，謋然已解，如土委地。提刀而立，为之四顾，为之踌躇满志，善刀而藏之。"

文惠君曰："善哉，吾闻庖丁之言，得养生焉。"

秋　　水(节选)①

《庄子》

　　"秋水"就是秋天的雨水,是本篇开头两个字,用作篇名。全文较长,中心思想是论说判断、认识的相对性。文章认为事物的大小、多少、虚盈、始终、贵贱以及生死等都是相对的,其变化是不定的。这符合辩证法,但文章宣扬的能使人明了事物变化的"道",却是唯心的。

　　全文可分七节。第一节以河伯和海若的对话为主要表述方式。这是全篇的主要部分,共有七问七答。这里选了开头两段,即第一回问答,主要描写了河伯的自以为多和海若的未尝自多,二者形成鲜明对比,并用海若的口吻,描绘了海的大和天地的无穷,批判了自以为多的思想。

　　秋水时至,百川灌河。泾流②之大,两涘渚涯③之间,不辩④牛马。于是焉河伯欣然自喜,以天下之美为尽在己。顺流而东行,至于北海,东面而视,不见水端。于是焉河伯始旋⑤其面目,望洋向若而叹曰⑥:"野语有之曰:'闻道百,以为莫己若者⑦。'我之谓也。且夫我尝闻少仲尼之闻而轻伯夷之义者⑧,始吾弗信。今我睹子之难穷也⑨,吾非至于子之门则殆矣,吾长见笑于大方之家⑩。"

　　北海若曰:"井蛙不可以语于海者,拘于墟也⑪;夏虫⑫不可以语于冰者,笃于时也⑬;曲士⑭不可以语于道者,束于教也⑮。今尔出于涯涘,观于大海,乃知尔丑,尔将可与语大理矣。天下之水,莫大于海。万川归之,不知何时止而不盈⑯;尾闾⑰泄之,不知何时已而不虚⑱;春秋不变,水旱不知。⑲此其过江河之流⑳,不可为量数㉑。而吾

---

　　① 选自曹础基、黄兰发点校《庄子》,中华书局2011年版。　② 泾流:畅通的水流。泾,通。　③ 涘(sì):岸,水边。渚(zhǔ)洲,水中小块土地。涯:际也。　④ 不辩:分辨不清。辩,通"辨"。　⑤ 旋:掉转。　⑥ 望洋:叠韵连绵词,仰视的样子。若:海神的名字,即下文的北海若。　⑦ 闻道百,以为莫己若:听到一百种道理就以为没有谁能比得上自己。百,泛指事物之多。若,像,比得上。　⑧ 闻:前一个是动词,听说的意思;后一个是名词,指见闻,学问。伯夷之义:指伯夷和他的兄弟叔齐不食周粟,饿死在首阳山之事。　⑨ 子:尊称北海若。穷:尽,这里是到达尽头的意思。　⑩ 大方之家:指很有道德修养的人。方,道。　⑪ 拘:拘束,局限。墟:指所居之地。　⑫ 夏虫:只生存在夏天的昆虫。　⑬ 笃于时:为季节所限制。笃,固定,限制。　⑭ 曲士:指孤陋寡闻的人。曲,局部,指认识上的片面与偏见。　⑮ 束:来缚,限制。教:指曲士所受的教育。　⑯ 止:指河水停止流入。不盈:指海水不满盈。　⑰ 尾闾:相传为海底泄水之处。　⑱ 已:止,指停止泄水。虚:指海水空虚。　⑲ "春秋"两句:海水不因春秋季节的变化而有所变化(指增减),也不受陆地上水灾旱灾的影响。　⑳ 过:超过。流:指流水。　㉑ 不可为量数:不能用一般的数字来计算。

未尝以此自多①者,自以比形于天地②,而受气于阴阳③,吾在天地之间,犹小石小木之在大山也。方存乎见少④,又奚以⑤自多!计四海之在天地之间也,不似礨空之在大泽乎⑥?计中国之在海内,不似稊米之在大仓乎⑦?号物之数谓之万,人处一焉;人卒九州,谷食之所生,舟车之所通,人处一焉;此其比万物也,不似豪末⑧之在于马体乎?五帝之所连⑨,三王之所争,仁人之所忧,任士⑩之所劳,尽此矣⑪!伯夷辞之以为名⑫,仲尼语之以为博⑬。此其自多也,不似尔向之自多于水乎⑭?"

思考与练习

一、解释下面句中"之""于""以""为"字的用法。
(一)"之"
1."闻道百,以为莫己若者。"我之谓也
2.且夫我尝闻少仲尼之闻
3.五帝之所连,三王之所争,仁人之所忧,任士之所劳,尽此矣
4.伯夷辞之以为名,仲尼语之以为博
(二)"于"
1.顺流而东行,至于北海
2.今我睹子之难穷也,吾非至于子之门
3.吾长见笑于大方之家
4.天下之水,莫大于海
5.不似尔向之自多于水乎
(三)"以"
1.以天下之美为尽在己
2.而吾未尝以此自多者
3.伯夷辞之以为名
(四)"为"
1.闻道百,以为莫己若者
2.此其过江河之流,不可为量数
3.伯夷辞之以为名,仲尼语之以为博

---

① 自多:自满,自我夸耀。 ② 比形于天地:从天地那里具有了形态。比,通"庇",寄,依附。 ③ 受气于阴阳:从阴阳那里接受了生气。 ④ 方存乎见少:刚刚有了所见甚少的想法。存,存念,有……想法。 ⑤ 奚以:凭什么。奚,何。 ⑥ 似礨(lěi)空之在大泽:像蚁穴在旷野里。礨空,小孔,指蚁穴。 ⑦ 稊(tí)米:小米粒。大(tài)仓:储粮的大仓库。 ⑧ 豪末:比喻极其细微。豪,通"毫"。 ⑨ 连:续,指禅让帝位。 ⑩ 任士:指以天下为己任的能人。 ⑪ 尽此矣:都是如此而已。 ⑫ 辞之:指代天下。以为名:以此取得名声。 ⑬ 语之:指游说天下。以为博:以此显示渊博。 ⑭ 不似尔向之自多于水乎:不就像你河伯刚才对于河水(上涨)的自满一样吗?向,刚才。

二、思考题。

学习了这则寓言,请谈谈自己从中受到的启发和感受。

 延伸阅读

南华真经序

郭 象

夫庄子者,可谓知本矣,故未始藏其狂言。言虽无会,而独应者也。夫应而非会,则虽当无用;言非物事,则虽高不行。与夫寂然不动、不得已而后起者,固有间矣,斯可谓知无心者也。夫心无为,则随感而应,应随其时,言唯谨尔。故与化为体,流万代而冥物,岂曾设对独遘而游谈乎方外哉!此其所以不经而为百家之冠也。

然庄生虽未体之,言则至矣。通天地之统,序万物之性,达死生之变,而明内圣外王之道,上知造物无物,下知有物之自造也。其言宏绰,其旨玄妙。至至之道,融微旨雅,泰然遣放,〔放〕而不敖。故曰:不知义之所适,倡狂妄行,而蹈其大方。含哺而熙乎淡泊,鼓腹而游乎混茫。至仁极乎无亲,孝慈终于兼忘,礼乐复乎已能,忠信发乎天光。用其光则其朴自成。是以神器独化于玄冥之境而源深流长也。

故其长波之所荡,高风之所扇,畅乎物宜,适乎民愿。弘其鄙,解其悬,洒落之功未加,而矜夸所以散。故观其书,超然自以为已当,经崑峇,涉太虚,而游惚恍之庭矣。虽复贪婪之人,进躁之士,暂而揽其余芳,味其溢流,仿佛其音影,犹足旷然有忘形自得之怀,况探其远情而玩永年者乎!遂绵邈清遐,去离尘埃,而返冥极者也。

(选自曹础基、黄兰发点校《庄子》,中华书局 2011 年版)

齐桓晋文之事①

《孟子》

孟子(约前372—约前289),名轲,字子舆,战国时邹(在今山东)人。他受业于孔子的孙子子思的弟子,继承了孔子的政治思想体系,是继孔子之后儒家学派的一位大师。

孟子处于列国诸侯混战最激烈的年代,他提出了"民贵君轻"、对人民作一定的让步、反对掠夺性的战争等主张。他以"平治天下"为己任,游说诸侯,反对"霸道",提倡以"仁""义"为中心的所谓"仁政""王道"。他发展了孔子的"宗周"思想,希望在诸侯中选出一个能够王天下的君主。当时各国诸侯正热衷于征伐混战,认为他的主张迂阔不切实际,都不采纳,于是他退而与弟子著述,其著作就是流传到现在的《孟子》。孟子长于辩论,善用譬喻。他的文章气势磅礴,感情奔放,在先秦诸子散文中极为突出,对后世散文有很大的影响。

《孟子》在宋以前,只列于诸子之林,宋始列于经部。南宋朱熹又把它编入《四书》,并为之作集注,此后研究《孟子》的人也就渐渐多起来。《孟子》共七篇(各篇分上下)。现在通行的注本有《十三经注疏》(东汉赵岐注,宋孙奭疏),宋朱熹的《四书集注》和清焦循的《孟子正义》。

本篇选自《孟子·梁惠王上》,是孟子晚年到齐国和齐宣王的一次谈话记录。本文系统阐明了孟子行仁政而王天下的学说,就是"保民而王"。"保民"的出发点是"仁爱"之心,每个人都具备这种"仁爱"之心,只是一些人不愿意发扬光大并施及人民身上而已。实施仁政的具体办法,就是使人民有恒产,老有所养,幼有所教,安居乐业。文章曲折尽情,气盛言和,洋溢着沉雄豪宕、波澜壮阔的气势。

齐宣王②问曰:"齐桓、晋文之事③可得闻乎?"

---

① 选自杨伯峻《孟子译注》,中华书局2002年版。 ② 齐宣王:威王之子,姓田名辟疆,在位十八年(前320—前302)。其祖先为春秋时姜姓齐国的大夫,后放逐康公夺得齐国政权。齐宣王是田氏齐国的第四代君主。时齐国富强,崇尚学术,文学游说之士如环渊、慎到、邹衍等云集齐国,形成稷下学术中心。 ③ 齐桓、晋文之事:指用武力称霸天下的事业,即所谓"霸道"。齐桓公,名小白,春秋时期的第一位霸主,在位四十二年(前685—前643)。晋文公,名重耳,春秋时期第二位霸主,在位十五年(前636—前621)。

孟子对曰："仲尼之徒无道桓文之事者，是以后世无传焉，臣未之闻也。①无以，则王乎？②"

曰："德何如则可以王矣？"

曰："保③民而王，莫之能御④也。"

曰："若寡人者，可以保民乎哉？"

曰："可。"

曰："何由知吾可也？"

曰："臣闻之胡龁⑤曰：王坐于堂上，有牵牛而过堂下者，王见之，曰：'牛何之⑥？'对曰：'将以衅钟⑦。'王曰：'舍之！吾不忍其觳觫⑧，若无罪而就死地。'对曰：'然则废衅钟与？'曰：'何可废也，以羊易⑨之。'——不识有诸⑩？"

曰："有之。"

曰："是心足以王矣。百姓皆以王为爱⑪也，臣固知王之不忍也。"

王曰："然；诚有百姓者。齐国虽褊小⑫，吾何爱一牛？即不忍其觳觫，若无罪而就死地，故以羊易之也。"

曰："王无异⑬于百姓之以王为爱也。以小易大，彼恶⑭知之？王若隐⑮其无罪而就死地，则牛羊何择⑯焉？"

王笑曰："是诚何心哉？我非爱其财而易之以羊也，宜乎百姓之谓我爱也⑰。"

曰："无伤⑱也，是乃仁术也，见牛未见羊也。君子之于禽兽也，见其生，不忍见其死；闻其声，不忍食其肉。是以君子远庖厨也。"

王说⑲曰："《诗》云：'他人有心，予忖度之。'⑳夫子之谓也。夫我乃行之，反而求之，不得吾心㉑。夫子言之，于我心有戚戚㉒焉。此心之所以合于王者，何也？"

曰："有复㉓于王者曰：'吾力足以举百钧㉔，而不足以举一羽；明足以察秋毫之末㉕，而不见舆薪㉖。'则王许㉗之乎？"

曰："否！"

"今恩足以及禽兽，而功㉘不至于百姓者，独何与？然则一羽之不举，为不用力焉；

---

① "仲尼"三句：是说孔子及其门徒没有讲过齐桓、晋文的事情。但《论文·宪问》记载了孔子称赞齐桓公"九合诸侯"的事。孟子宣传王道，反对霸道，故不愿意提及桓、文之事。 ② "无以"两句：如果一定要讲，就讲王道吧。以，通"已"，停止。王（wàng），谓王天下之道，作动词用。 ③ 保：安定，爱护。 ④ 莫之能御：莫能御之。古汉语中否定句宾语前置。御，抵御。 ⑤ 胡龁（hé）：齐宣王的近臣。 ⑥ 之：往。 ⑦ 衅钟：古代的一种祭礼，杀牲取血，以涂钟鼓器物来祭神求福。 ⑧ 觳觫（hú sù）：恐惧战栗的样子。 ⑨ 易：换。 ⑩ 识：知道。诸："之乎"的合音。 ⑪ 爱：吝惜。 ⑫ 褊（biǎn）小：狭小。 ⑬ 异：奇怪。 ⑭ 恶（wū）：如何，怎么。 ⑮ 隐：同情，疼爱。 ⑯ 择：区别。 ⑰ "宜乎"句：百姓说我吝啬是应该的。 ⑱ 无伤：没有损害。引申为不要紧，没有什么妨碍。 ⑲ 说（yuè）：同"悦"。 ⑳ "他人"两句：见《诗经·小雅·巧言》，别人有什么心事，我能够猜测出来。忖度（cǔn duó）：估量，揣测。 ㉑ 不得吾心：想不明白当时是一种什么心理。 ㉒ 戚戚：心动的样子。 ㉓ 复：报告。 ㉔ 钧：古代的重量单位，一钧合三十斤。 ㉕ 秋毫之末：秋天鸟兽新生羽毛的末端，喻其细小。 ㉖ 舆薪：一车柴草。 ㉗ 许：相信，听信。 ㉘ 功：功德。

舆薪之不见,为不用明焉;百姓之不见保,为不用恩焉。故王之不王①,不为也,非不能也。"

曰:"不为者与不能者之形②何以异?"

曰:"挟太山以超北海③,语人曰:'我不能。'是诚不能也。为长者折枝④,语人曰:'我不能。'是不为也,非不能也。故王之不王,非挟太山以超北海之类也;王之不王,是折枝之类也。

"老吾老,以及人之老;幼吾幼,以及人之幼。天下可运于掌⑤。《诗》云:'刑于寡妻,至于兄弟,以御于家邦。'⑥言举斯心加诸彼而已⑦。故推恩足以保四海⑧,不推恩无以保妻子。古之人所以大过人⑨者,无他焉,善推其所为而已矣。今恩足以及禽兽,而功不至于百姓者,独何与?

"权⑩,然后知轻重;度⑪,然后知长短。物皆然,心为甚。王请度⑫之!

"抑⑬王兴甲兵,危士臣,构怨⑭于诸侯,然后快于心与?"

王曰:"否;吾何快于是?将以求吾所大欲也。"

曰:"王之所大欲可得闻与?"

王笑而不言。

曰:"为肥甘⑮不足于口与?轻暖不足于体与?抑为采⑯色不足视于目与?声音不足听于耳与?便嬖不足使令于前与⑰?王之诸臣皆足以供之,而王岂为是哉?"

曰:"否;吾不为是也。"

曰:"然则王之所大欲可知已,欲辟土地,朝秦楚⑱,莅中国而抚四夷也⑲。以若⑳所为求若所欲,犹缘木而求鱼㉑也。"

王曰:"若是其甚与?"

曰:"殆有㉒甚焉。缘木求鱼,虽不得鱼,无后灾。以若所求若所欲,尽心力而为之,后必有灾。"

曰:"可得闻与?"

曰:"邹㉓人与楚人战,则王以为孰胜?"

曰:"楚人胜。"

曰:"然则小固㉔不可以敌大,寡固不可以敌众,弱固不可以敌强。海内之地方千

---

① 王之不王(wàng):君王不实行王道。前一个"王"指君王,后一个"王"是动词,指实行王道。 ② 形:外在表现。 ③ 挟(xié):夹在胳膊底下。太山:泰山。超:跳过。北海:渤海。 ④ 折枝:鞠躬,屈体行礼。枝,通"肢"。 ⑤ 运于掌:运转在手掌上,比喻天下很容易治理。 ⑥ "刑于"三句:见《诗经·大雅·思齐》,先给妻子做出榜样,然后推及兄弟身上,再进一步用这种仁德治理家族和邦国。刑,同"型",示范。寡妻,国君的正妻。御,治理。家,卿大夫的采邑。邦,诸侯的封地。 ⑦ "言举"句:是说把这种仁心推广到他人身上。斯心,此心,指仁爱之心。 ⑧ 推恩:推广恩德。四海:指天下。 ⑨ 大过人:远远超过一般人。 ⑩ 权:秤锤,用作动词,称量。 ⑪ 度:尺子,用作动词,度量。 ⑫ 度(duó):考虑,衡量。 ⑬ 抑:还是,选择连词。 ⑭ 构怨:结仇。 ⑮ 肥甘:肥美香甜的食物。 ⑯ 采:同"彩"。 ⑰ 便嬖(pián bì):国君宠爱的近臣。使令:使唤。 ⑱ 朝秦楚:使秦楚来朝贡。 ⑲ "莅中国"句:威临中原而镇抚四方异族。 ⑳ 若:同"尔",你。一说同"偌",如此。 ㉑ 缘木而求鱼:攀缘树木去捉鱼。 ㉒ 殆:恐怕,可能。有:通"又"。 ㉓ 邹:春秋时的小国,在今山东。 ㉔ 固:一定,必然。

里①者九,齐集有其一②。以一服八,何以异于邹敌楚哉?盖亦反其本矣③。今王发政施仁④,使天下仕者皆欲立于王之朝,耕者皆欲耕于王之野,商贾皆欲藏于王之市⑤,行旅皆欲出于王之涂⑥,天下之欲疾⑦其君者,皆欲赴愬⑧于王。其若是,孰能御之?"

王曰:"吾惛⑨,不能进⑩于是矣。愿夫子辅吾志,明以教我。我虽不敏,请尝试之。"

曰:"无恒产而有恒心者⑪,惟士为能。若民,则无恒产,因无恒心。苟无恒心,放辟邪侈⑫,无不为已。及陷于罪,然后从而刑之⑬,是罔⑭民也。焉有仁人在位罔民而可为也?是故明君制⑮民之产,必使仰足以事父母,俯足以畜妻子⑯,乐岁终身饱⑰,凶年免于死亡;然后驱而之善⑱,故民之从之也轻⑲。

"今也制民之产,仰不足以事父母,俯不足以畜妻子,乐岁终身苦,凶年不免于死亡。此惟救死而恐不赡⑳,奚暇治礼义哉㉑?

"王欲行之,则盍反其本矣:五亩之宅,树之以桑,五十者可以衣帛矣。鸡豚狗彘之畜㉒,无失其时,七十者可以食肉矣㉓。百亩之田㉔,勿夺其时㉕,八口之家可以无饥矣。谨庠序之教㉖,申㉗之以孝悌之义,颁白者不负戴于道路矣㉘。老者衣帛食肉,黎民不饥不寒,然而不王者,未之有也。"

思考与练习

一、解释下面句子中加点的词。
1. 吾不忍其觳觫
2. 仰不足以事父母
3. 天下之欲疾其君者
4. 及陷于罪,然后从而刑之,是罔民也

二、指出下面句子中加点词语的活用现象,并解释。
1. 朝秦楚,莅中国而抚四夷

---

① 方千里:纵横各千里。 ② 齐集有其一:齐国土地合起来约一千里见方。 ③ 盖(hé):同"盍",何不。反本:返回来寻找根本办法。 ④ 发政施仁:发布政令施行仁爱。 ⑤ "商贾(gǔ)"句:商人都想把货物投放到大王的集市上。藏:储藏,囤积。 ⑥ 涂:通"途",道路。 ⑦ 疾:憎恨。 ⑧ 愬(sù):同"诉",申诉。 ⑨ 惛(hūn):同"昏",头脑昏乱。 ⑩ 进:达到,做到。 ⑪ 恒产:固定的产业,如田宅、树木、牲畜等。恒心:安居乐业的心。 ⑫ 放辟邪侈:放肆作乱,这里指违反礼仪的行为。放,放荡。辟,同"僻",与"邪"同义。侈,与"放"同义。 ⑬ 从:跟随,紧接着。刑:处罚。 ⑭ 罔:通"网",用作动词,张网使人陷入圈套,犹言"陷害"。 ⑮ 制:制定,规定。 ⑯ 畜妻子:养活妻子儿女。 ⑰ 乐岁:丰年。终身:全家人。 ⑱ 驱而之善:引导人们向善。 ⑲ 轻:容易。 ⑳ 不赡:不足。 ㉑ 奚:何。暇:闲暇。治:研究,讲究。 ㉒ 豚:小猪。彘:猪。 ㉓ 七十者可以食肉:我国古代很早就有较完整的养老制度。《礼记·王制》:"五十始衰,六十非肉不饱,七十非帛不暖"。 ㉔ 百亩之田:相传古代井田制,每个男丁可以分得一百亩田地。 ㉕ 勿夺其时:不要因徭役耽误农时。 ㉖ 谨:重视。庠(xiáng)序:古代学校名称。 ㉗ 申:重申,反复叮咛。 ㉘ 颁白:宋本作"斑白",指头发半白半黑。负:背上物品。戴:头上顶物。

2. 故王之不王,不为也,非不能也
3. 然后从而刑之
4. 五十者可以衣帛矣

三、找出下面句子中的通假字,写出并解释。
1. 行旅皆欲出于王之涂
2. 盖亦反其本矣
3. 刑于寡妻,至于兄弟,以御于家邦
4. 将以衅钟

延伸阅读

游事齐宣王,宣王不能用。适梁,梁惠王不果所言,则见以为迂远而阔于事情。当是之时,秦用商君,富国强兵,楚魏用吴起,战胜弱敌,齐威王宣王用孙子田忌之徒,而诸侯东面朝齐。天下方务于合从连衡,以攻伐为贤,而孟轲乃述唐虞三代之德,是以所如者不合。
　　　　　　　　　　　　　　　　　　(西汉·司马迁《史记·孟子荀卿列传》)

自孔子殁,缀文之士众矣。唯孟轲……博物洽闻,通达古今,其言有补于世。
　　　　　　　　　　　　　　　　　　(东汉·班固《汉书·楚元王传赞》)

孟轲好辩,孔道以明。　　　　　　　　　　　(唐·韩愈《进学解》)

孟子问齐王之大欲,历举轻暖肥甘,声音采色,《七》林之所启也,而或以为创之枚乘,忘其祖矣。　　　　　　　　　　　(清·章学诚《文史通义·诗教》)

本章文法似《公》《谷》,而浩然之气过之。 (清·范尔梅《孟子札记·齐桓晋文事》)

现代青年人,应该多读孟子,常读孟子;年年再读孟子一遍(万章、告子、尽心诸篇最好)。孟子一身都是英俊之气,与青年人之立志卒励工夫,是一种补剂。孟子专言养志与养气,志一则气动,气一则动志,是积极的。　　(林语堂《需说才志气欲》)

孟子不知究何居心,而偏不明示当时史实,或者有未见到处耶?
　　　　　　　　　　　　　　　　　　(郭沫若《中国思想史上之澎湃城》)

许行①

《孟子》

> 本篇选自《孟子·滕文公上》。本章中,许行等人出于对当时暴政的厌恶而提出恢复到原始共产社会的主张。孟子着重从社会分工的必然性和事物间的质的差别性批驳了许行之说。

有为神农之言者许行②,自楚之滕③,踵门④而告文公曰:"远方之人闻君行仁政,愿受一廛而为氓⑤。"

文公与之处⑥。

其徒数十人,皆衣褐⑦,捆屦、织席以为食⑧。

陈良之徒陈相与其弟辛负耒耜⑨而自宋之滕,曰:"闻君行圣人之政,是亦圣人也,愿为圣人氓。"

陈相见许行而大悦,尽弃其学而学焉⑩。

陈相见孟子,道许行之言曰:"滕君则诚贤君也;虽然⑪,未闻道⑫也。贤者与民并耕而食,饔飧而治⑬。今也滕有仓廪府库⑭,则是厉民而以自养也⑮,恶⑯得贤?"

孟子曰:"许子必种粟而后食乎?"

曰:"然。"

"许子必织布而后衣乎?"

曰:"否。许子衣褐。"

"许子冠⑰乎?"

曰:"冠。"

---

① 选自杨伯峻《孟子译注》,中华书局 2002 年版。 ② 为:研究。神农:传说中的"三皇"之一,因为相传是他开始教人民耕种的,所以叫神农。言:学说。先秦诸子中有一派是"农家",认为如果世上所有的人都从事耕作,天下就会不治而治,因此假托神农之言主张"君臣并耕"。许行即属于这一派。 ③ 滕:国名,在今山东。 ④ 踵:脚后跟,用作动词。踵门:指走到门上,即登门拜访。 ⑤ 廛(chán):一般百姓的住宅。氓(méng):指治下的民众。 ⑥ 与:给。处:名词,住所,这里即指"廛"。 ⑦ 衣(yī):动词,穿。褐:粗毛编制的衣服,当时贫苦人的衣服。 ⑧ 捆屦:即做鞋。捆,砸。屦(jù),用麻、葛等制成的单底鞋。编麻鞋和草鞋时要边编边砸,可以使鞋结实。以为食:以此为生。 ⑨ 耒耜(lěi sì):农具总称。 ⑩ "尽弃"句:第一个"学"字是名词,第二个"学"字是动词。 ⑪ 虽然:虽然这样。 ⑫ 道:名词,指许行所认为的古圣贤治国之道。 ⑬ 饔飧:动词,自己做饭。饔(yōng),早餐。飧(sūn),晚餐。治:治理天下。 ⑭ 仓廪:粮食库。府库:藏财帛的地方。 ⑮ 则是:那么这是。厉民:使人民困苦。自养:供养自己。 ⑯ 恶(wū):哪里。 ⑰ 冠:动词,戴帽子。

曰:"奚冠?"

曰:"冠素①。"

曰:"自织之与?"

曰:"否。以粟易之。"

曰:"许子奚为②不自织?"

曰:"害于耕。"

曰:"许子以釜甑爨③,以铁④耕乎?"

曰:"然。"

"自为之与?"

曰:"否。以粟易之。"

"以粟易械器者,不为厉陶冶⑤;陶冶亦以其械器易粟者,岂为厉农夫哉?且许子何不为陶冶,舍皆取诸其宫中而用之⑥?何为纷纷然与百工交易⑦?何许子之不惮烦⑧?"

曰:"百工之事固不可耕且为也。"

"然则治天下独可耕且为与?有大人之事,有小人之事。⑨且一人之身而百工之所为备⑩,如必自为而后用之,是率天下而路⑪也。故曰,或⑫劳心,或劳力;劳心者⑬治人,劳力者治于人⑭;治于人者食人,治人者食于人;天下之通义⑮也。

"当尧之时,天下犹未平,洪水横流,氾⑯滥于天下,草木畅茂,禽兽繁殖,五谷不登,禽兽偪⑰人,兽蹄鸟迹之道交于中国。尧独忧之,举舜而敷⑱治焉。舜使益掌火⑲,益烈⑳山泽而焚之,禽兽逃匿。禹疏九河㉑,瀹济漯而注诸海㉒,决汝汉㉓,排淮泗而注之江㉔,然后中国得而食也。当是时也,禹八年于外,三过其门而不入,虽欲耕,得乎?

"后稷教民稼穑㉕,树艺五谷;五谷熟而民人育㉖。人之有道也,饱食、暖衣、逸居而无教,则近于禽兽。圣人有㉗忧之,使契为司徒㉘,教以人伦㉙:父子有亲,君臣有义,夫

---

① 素:生丝织成的绢帛,不染色。 ② 奚为:为什么。 ③ 釜(fǔ):锅。甑(zèng):陶制蒸食器具。爨(cuàn):炊,烧火做饭。 ④ 铁:铁制农具。 ⑤ 陶:烧制陶器。冶:冶炼铁器。"陶、冶"这里指制造釜甑和铁制农具的匠人。 ⑥ "舍皆取"句:(一切东西)都只从自己家里拿来用。舍,什么。宫,室。 ⑦ 纷纷然:忙碌的样子。百工:从事各种工艺生产的人。 ⑧ 不惮烦:不怕麻烦。 ⑨ "有大人"二句:在《孟子》中,"大人"与"君子"同义,指统治者;"小人"与"野人"同义,指被统治者。 ⑩ 所为:所做的东西。备:具备。这句话是说,一个人的生活要具备各行各业所生产的东西。 ⑪ 路:疲劳,羸弱。 ⑫ 或:代词,有人。 ⑬ 劳心者:指上文"大人"。 ⑭ 劳力者:指上文"小人"。治于人:被人治。 ⑮ 通义:一般的道理。 ⑯ 氾:同"泛"。 ⑰ 偪(bī):同"逼",这里是威胁的意思。 ⑱ 敷:治。 ⑲ 益:舜的臣。掌火:掌管火。 ⑳ 烈:动词,烧。 ㉑ 疏:开通。九河:相传是禹在黄河下游为了疏浚黄河而开凿的九条支流。 ㉒ 瀹(yuè):疏通。济漯(tà):都是水名。注:使……流入。诸:之于。海:指今黄海。 ㉓ 决:打开缺口,导引水流。汝:汝水,在今河南,东流入淮河。汉:汉水。 ㉔ 排:排除,指排除水道淤塞。淮:淮河。泗:泗水,古代泗水在今江苏淮阴附近入淮,今泗水流入运河,只是古代泗水的上游。江:长江,这里可能是记述错误。 ㉕ 后稷:名弃,周的始祖。"稷"本是主管农事的官名,尧任命弃为稷,周人因称弃为后稷("后"是"君"的意思)。稼穑:农业上种叫"稼",收叫"穑"。 ㉖ 育:生养,这里有得以生存、繁殖的意思。 ㉗ 有:通"又"。这里是承"尧独忧之"而言。 ㉘ 契(xiè):尧的臣子,商的始祖。司徒:官名,掌管教育等事。 ㉙ 人伦:古代社会所规定的人与人之间的正常关系。

妇有别，长幼有叙，朋友有信。放勋①曰：'劳之来之②，匡③之直之，辅之翼④之，使自得⑤之，又从而振德⑥之。'圣人之忧民如此，而暇耕乎？

"尧以不得舜为己忧，舜以不得禹、皋陶⑦为己忧。夫以百亩之不易为己忧者，农夫也。分人以财谓之惠，教人以善谓之忠，为天下得人者谓之仁。是故以天下与人易，为天下得人难。孔子曰：'大哉尧之为君！惟天为大，惟尧则⑧之，荡荡乎民无能名焉⑨！君哉舜也！巍巍乎有天下而不与焉⑩！'尧舜之治天下，岂无所用其心哉？亦不用于耕耳。

"吾闻用夏变夷者，未闻变于夷者也。⑪陈良，楚产⑫也，悦周公、仲尼之道，北学于中国。北方之学者，未能或之先也⑬。彼所谓豪杰⑭之士也。子之兄弟事之数十年，师死而遂倍⑮之！昔者孔子没⑯，三年之外，门人治任⑰将归，入揖于子贡，相向而哭，皆失声，然后归。子贡反，筑室于场⑱，独居三年，然后归。他日，子夏、子张、子游以有若⑲似圣人，欲以所事孔子事之，强曾子⑳。曾子曰：'不可；江汉以濯之㉑，秋阳以暴㉒之，皜皜乎不可尚已㉓。'今也南蛮鴃舌㉔之人，非先王之道，子倍子之师而学之，亦异于曾子矣。吾闻出于幽谷迁于乔木者㉕，未闻下乔木而入于幽谷者。《鲁颂》曰：'戎狄是膺，荆舒是惩。'㉖周公方且㉗膺之，子是之学㉘，亦为不善变矣。"

"从许子之道，则市贾不贰㉙，国中无伪；虽使五尺之童适㉚市，莫之或欺。布帛长短同，则贾相若；麻缕丝絮轻重同，则贾相若；五谷多寡同，则贾相若；屦大小同，则贾相若。"

曰："夫物之不齐，物之情㉛也；或相倍蓰㉜，或相什百，或相千万。子比而同之㉝，是乱天下也。巨屦小屦同贾，人岂为之哉？从许子之道，相率而为伪者也，恶能治国家？"

---

① 放勋：尧的号。 ② 劳：慰劳。来：使……来（来归顺）。 ③ 匡：正，使……正直，即纠正。 ④ 翼：保护。 ⑤ 自得：自得其善性。 ⑥ 振：通"赈"，救济。德：动词，指对人民施恩惠。 ⑦ 皋陶(gāo yáo)：舜的法官。相传禹和皋陶曾帮助舜治理天下。 ⑧ 则：动词，效法。 ⑨ 荡荡乎：广大辽阔的样子。名：动词，用言语来称赞形容。 ⑩ 巍巍乎：高大的样子。不与(yù)：不相干，与，参与。 ⑪ 夏：指当时中原各国（这些国家当时文化较发达）。变夷：使夷同化。变于夷：被夷同化。 ⑫ 楚产：出生于楚地的人。 ⑬ 或：有人。之："先"的宾语，指陈良。先：动词，超过。 ⑭ 豪杰：才能出众的人。 ⑮ 倍：通"背"，背叛。 ⑯ 没：通"殁"，死。 ⑰ 治任：收拾行李。任，担子，指行李。 ⑱ 场：墓前供祭祀用的场地。 ⑲ 有若：有子。 ⑳ 强曾子：勉强曾子（也这样做）。 ㉑ 以：借此，用。濯(zhuó)：洗。"江汉"是"以"的宾语，下句结构同此。 ㉒ 暴(pù)：晒，后来写作"曝"。 ㉓ 皜(hào)：光明洁白。不可尚：指任何人达不到孔子的境界。尚，通"上"。 ㉔ 鴃(jué)：鸟名，又名伯劳，叫的声音不好听。孟子用"鴃舌"来比喻许行的话难听。 ㉕ 出于幽谷迁于乔木：语出《诗经·小雅·伐木》，《诗经》中是形容鸟，孟子则用来比喻人改邪归正。 ㉖ "《鲁颂》曰"句：引自《诗经·鲁颂·閟宫》。膺：击。荆：楚国别名。舒：南方小国，从属于楚。惩：抵抗，抵挡。 ㉗ 方且：将要。 ㉘ 是：指戎狄荆蛮。"是"是"学"的宾语，提前用"之"复指。 ㉙ 贾(jià)：价格。贰：同"二"。 ㉚ 适：到……去。 ㉛ 情：自然之理。 ㉜ 蓰(xǐ)：五倍。 ㉝ 比：平列，同等看待。同：等同起来，划一。

 思考与练习

一、找出下面句子中的通假字。
1. 圣人有忧之
2. 长幼有叙
3. 劳之来之
4. 师死而遂倍之
5. 子倍子之师而学之
6. 孔子没
7. 皜皜乎不可尚已
8. 则市贾不二

二、解释下面句子中的加点字。
1. 愿受一廛而为氓
2. 独可耕且为与
3. 或劳心，或劳力
4. 五谷不登
5. 兽蹄鸟迹之道，交于中国
6. 国中无伪
7. 莫之或欺
8. 或相倍蓰，或相什百，或相千万
9. 子比而同之

 延伸阅读

孟子·陈仲子

民彝万古在乾坤，人道宁同鹿作奔。
纵使披毛兼辟谷，何能一日立人间。

孟子·求放心

陈　普

放豚无迹竟西奔，着意追求孰用功。
惟必操存能主敬，依然不离这腔中。

劝 学①（节选）

荀 子

荀子（约前313—前238），名况，战国末期赵国人，思想家，时人尊称为荀卿，汉人避宣帝讳（宣帝名询），称为孙卿。他虽属于儒家学派，但也受到各家的影响，是先秦诸子的集大成者。他反对迷信，认为鬼神是不存在的。他主张要顺乎自然规律，也要发挥人的主观能动作用。在对自然界的认识方面，他是一位朴素的唯物论者。

荀子是性恶论者，他认为人性本恶，但后天的客观环境可以使它改变，所以他特别强调学习。他主张法后王，在政治上主张用礼、法和术来维持社会秩序。因此可以说，荀子已经超脱了儒家思想的束缚，他的学说对以后的法家思想的发展有一定的影响。

《荀子》一书现存三十二篇，本篇是《荀子》的第一篇。劝学，即鼓励学习。本篇较为系统地阐述了学习的理论和方法。荀子认为，学习可以增长知识才干，修养品德，全身远祸；正确的学习态度是持之以恒，专心致志；要学习儒家经典，同时要善于向贤者求教，也要善于教人；学习要善始善终，切忌半途而废，以期达到完全而纯粹的精神境界。

君子曰：学不可以已②。青，取之于蓝③，而青于蓝；冰，水为之，而寒于水。木直中绳④，𫐓⑤以为轮，其曲中规⑥，虽有槁暴⑦，不复挺⑧者，𫐓使之然也。故木受绳⑨则直，金就砺⑩则利，君子博学而日参省⑪乎己，则知⑫明而行无过矣。

故不登高山，不知天之高也；不临深溪，不知地之厚也；不闻先王之遗言，不知学问之大也。干、越、夷、貉之子，生而同声，长而异俗，教使之然也。《诗》曰："嗟尔君子，无恒安息。靖共尔位，好是正直。神之听之，介尔景福。"⑬神莫大于化道，福莫长于无祸。

吾尝终日而思矣，不如须臾⑭之所学也；吾尝跂⑮而望矣，不如登高之博见也。登高而招，臂非加长也，而见者远；顺风而呼，声非加疾也，而闻者彰。假舆马者，非利足

---

① 选自《荀子集解》卷一，中华书局1988年版。劝：鼓励。　② 君子：有道德有学问的人。已：停止。　③ 青：靛青，一种染料。蓝：植物名，叶子可提取靛青。　④ 中（zhòng）：符合，适合。绳：指匠人用来取直的墨线。　⑤ 𫐓（róu）：通"煣"，用火烤木材使其弯曲。　⑥ 规：圆规，测圆的工具。　⑦ 有：通"又"。槁暴（gǎo pù）：晒干。暴，同"曝"。　⑧ 挺：直。　⑨ 受绳：经过墨绳校正。　⑩ 金：指代金属的刀剑之类。砺：磨刀石。　⑪ 参：检验。一说同"叁"。省（xǐng）：考察，反省。　⑫ 知：同"智"，见识。　⑬ "《诗》曰"句：见《诗经·小雅·小明》。　⑭ 须臾：极短的时间。　⑮ 跂（qǐ）：踮起脚后跟。

也,而致千里;假舟楫者,非能水也,而绝江河。君子生①非异也,善假于物也。

南方有鸟焉,名曰蒙鸠,以羽为巢,而编之以发,系之苇苕②,风至苕折,卵破子死。巢非不完也,所系者然也。西方有木焉,名曰射干③,茎长四寸,生于高山之上,而临百仞之渊,木茎非能长也,所立者然也。蓬生麻中,不扶而直;白沙在涅④,与之俱黑。兰槐之根是为芷⑤,其渐之滫⑥,君子不近,庶人不服⑦。其质非不美也,所渐者然也。故君子居必择乡,游必就士⑧,所以防邪辟而近中正也。

物类之起,必有所始。荣辱之来,必象其德⑨。肉腐出虫,鱼枯生蠹⑩。怠慢忘身⑪,祸灾乃作⑫。强自取柱⑬,柔自取束。邪秽在身,怨之所构⑭。施薪若一⑮,火就燥也,平地若一,水就湿也⑯。草木畴⑰生,禽兽群焉,物各从其类也。是故质的张⑱而弓矢至焉;林木茂而斧斤⑲至焉;树成荫而众鸟息焉,醯酸而蚋聚焉⑳。故言有招祸也,行有招辱也,君子慎其所立乎㉑!

积土成山,风雨兴焉;积水成渊,蛟龙生焉;积善成德,而神明自得㉒,圣心备焉㉓。故不积跬步㉔,无以至千里;不积小流,无以成江海。骐骥㉕一跃,不能十步;驽马十驾㉖,功在不舍。锲而舍之,朽木不折;锲而不舍,金石可镂。蚓无爪牙之利,筋骨之强,上食埃土,下饮黄泉,用心一也。蟹六跪㉗而二螯,非蛇鳝之穴无可寄托者,用心躁㉘也。是故无冥冥之志者,无昭昭之明;无惛惛之事者,无赫赫之功。行衢道㉙者不至,事两君者不容。目不能两视㉚而明,耳不能两听而聪。螣蛇无足而飞,鼫鼠五技而穷㉛。《诗》曰:"尸鸠㉜在桑,其子七兮。淑人君子,其仪一兮。其仪一兮,心如结兮。"故君子结于一也。

思考与练习

一、解释下面句子中的加点字。
1. 劝学
2. 取之于蓝

---

① 生:同"性",生性,天性。 ② 苕(tiáo):芦苇的穗。 ③ 射(yè)干:植物名,白花长茎,生于高地。 ④ 涅:黑泥。 ⑤ 兰槐:香草名。是:指示代词,复指根。 ⑥ 渐:浸。之:指芷。滫(xiǔ):臭水。 ⑦ 服:佩戴。 ⑧ 游:有目的地旅行。就:接近,这里指结交。士:贤人。 ⑨ 象其德:等于说依照个人的德性。象,同"像"。 ⑩ 蠹(dù):蛀虫。 ⑪ 忘身:忘记了自身的利害。 ⑫ 作:起。 ⑬ 柱:通"祝",折断。 ⑭ 构:集结,造成。 ⑮ 施:铺陈。若一:像一样。 ⑯ 湿(shī):通"湿",指潮润之地。 ⑰ 畴(chóu):同"俦",类。 ⑱ 质:箭靶。的:箭靶正中的圆心。张:张挂。 ⑲ 斤:横刃的小斧。 ⑳ 醯(xī):醋。蚋(ruì),同"蚋",蚊子类的小昆虫。 ㉑ 所立:立身之根据,指学习的方法和内容。 ㉒ 而:连词,这里当"则"字讲。神明:指人的智慧。得:获得。 ㉓ 圣心:圣人的思想。备:具备。 ㉔ 跬步:半步。古人称迈一次脚为"跬",迈两次脚为"步"。 ㉕ 骐骥(qí jì):良马名。 ㉖ 驽(nú)马:劣马。驾:马行一日的路程。 ㉗ 跪:腿。 ㉘ 躁:浮躁,不专一。 ㉙ 衢(qú)道:四通的路,这里指歧路。 ㉚ 两视:同时看两样东西。 ㉛ 鼫(shí)鼠:一种形状像兔子的鼠类。五技:能飞不能上屋,能啄不能穷木,能游不能渡谷,能穴不能掩身,能走不能先人。穷:陷入困境。 ㉜ 尸鸠:布谷鸟。

3. 其曲中规
4. 金就砺则利
5. 君子博学而日参省乎己
6. 神之听之
7. 而闻者彰
8. 假舆马者
9. 而绝江河
10. 其渐之滫

二、翻译下面句子。

1. 神莫大于化道
2. 神之听之，介尔景福
3. 假舟楫者，非能水也，而绝江河
4. 以羽为巢，而编之以发，系之苇苕
5. 事两君者不容

延伸阅读

子产不毁乡校

《左传》

郑人游于乡校，以论执政。然明谓子产曰："毁乡校何如？"子产曰："何为？夫人朝夕退而游焉，以议执政之善否。其所善者，吾则行之；其所恶者，吾则改之，是吾师也，若之何毁之？我闻忠善以损怨，不闻作威以防怨。岂不遽止？然犹防川。大决所犯，伤人必多，吾不克救也。不如小决使道，不如吾闻而药之也。"然明曰："蔑也今而后知吾子之信可事也。小人实不才，若果行此，其郑国实赖之，岂唯二三臣？"

仲尼闻是语也，曰："以是观之，人谓子产不仁，吾不信也。"

（选自杨伯峻《春秋左传注》，中华书局1990版）

谏逐客书①

李 斯

  李斯(？—前208)，楚国上蔡(今河南上蔡西)人，秦代政治家、文学家。李斯早年为郡小吏，后从荀子学习帝王之术。学成之后，入秦为官，做了吕不韦的舍人，后成为秦王嬴政的客卿。秦王嬴政十年，他上书谏逐客，为秦王采纳，后升任廷尉。李斯在秦灭六国事业中发挥了重大作用，秦统一天下后，他拜为丞相，主张实行郡县制，焚烧民间收藏的《诗》《书》等诸子学说，禁止私学，参与制定法律，统一车轨、文字、度量衡制度。李斯的政治主张，对中国和世界产生了深远的影响，奠定了中国两千多年封建专制的基本格局。

  李斯在文学上以散文见长。其文上承战国荀卿，下启汉初邹阳、枚乘，不仅谋篇布局构思严密，而且重实质、富文采。在短暂、寂寥的秦代文坛上，李斯可算是一枝独秀，所谓"秦之文章，李斯一人而已"。

  臣闻吏议逐客②，窃以为过矣③。昔穆公求士，西取由余于戎④，东得百里奚于宛⑤，迎蹇叔于宋⑥，来⑦邳豹公孙支于晋。此五子者，不产于秦，穆公用之，并⑧国二十，遂霸西戎。孝公用商鞅之法，移风易俗，民以殷盛⑨，国以富强，百姓乐用，诸侯亲服，获楚魏之师，举地千里，至今治强。惠王用张仪之计，拔三川之地，西并巴蜀，北收上郡，南取汉中，包九夷⑩，制鄢、郢，东据成皋之险，割膏腴之壤，遂散六国之从⑪，使之西面事秦，功施到今⑫。昭王得范雎，废穰侯，逐华阳，强公室，杜私门，蚕食⑬诸侯，使秦

---

  ① 选自《文选》，上海古籍出版社1986年版。 ② 逐客：驱逐客卿。客卿是当时各国诸侯授给外来人士的官职。 ③ 过：过错。 ④ 由余：春秋时晋国人，逃亡西戎，奉戎王之命出使秦国。穆公屡次使人设法招致他归秦，以客礼待之。入秦后，受到秦穆公重用，帮助秦国攻灭西戎众多小国，称霸西戎。戎：古代中原人多称西边少数部族为戎。 ⑤ 百里奚：原为虞国大夫。晋灭虞被俘，沦为奴仆。逃亡到宛，被楚人所执。秦穆公用五张黑公羊皮将其赎出，任用为上大夫，故称"五羖大夫"，是辅佐秦穆公称霸的重臣。 ⑥ 蹇(jiǎn)叔：百里奚的好友，经百里奚推荐，秦穆公把他从宋国请来，委任为上大夫。 ⑦ 来：招致，招揽。 ⑧ 并：吞并。 ⑨ 殷盛：指百姓众多而且富裕。殷，多，众多。 ⑩ 包：这里有并吞的意思。九夷：此指楚国境内西北部的少数部族。 ⑪ 六国之从：六国合纵的同盟。六国，指韩、魏、燕、赵、齐、楚六国。从，通"纵"。 ⑫ 施(yì)：蔓延，延续。 ⑬ 蚕食：比喻像蚕吃桑叶那样逐渐吞食侵占。

成帝业。此四君者,皆以客之功。由此观之,客何负于秦哉!向使四君却客而弗纳①,疏士而弗用,是使国无富利之实,而秦无强大之名也。

今陛下致昆山之玉②,有随和之宝③,垂明月之珠④,服太阿之剑⑤,乘纤离之马⑥,建翠凤之旗⑦,树灵鼍⑧之鼓。此数宝者,秦不生一焉,而陛下悦⑨之,何也?必秦国之所生然后可,则夜光之璧不饰朝廷,犀象之器⑩不为玩好,郑、魏之女不充后庭,而骏良駃騠不实外厩⑪,江南金锡不为用,西蜀丹青不为采⑫。所以饰后宫充下陈娱心意悦耳目者⑬,必出于秦然后可,则是宛珠之簪⑭,傅玑之珥⑮,阿缟⑯之衣,锦绣之饰,不进于前;而随俗雅化⑰、佳冶窈窕⑱赵女不立于侧也。

夫击瓮叩缶⑲,弹筝搏髀⑳,而歌呼呜呜快耳者,真秦之声也;郑卫桑间韶虞武象者㉑,异国之乐也。今弃击瓮叩缶而就郑卫,退弹筝而取韶虞,若是者何也?快意当前,适观而已矣。今取人则不然,不问可否,不论曲直,非秦者去,为客者逐。然则是所重者在乎色乐珠玉,而所轻者在乎人民也。此非所以跨海内制诸侯之术也。

臣闻地广者粟多,国大者人众,兵强者则士勇。是以太山不让土壤㉒,故能成其大;河海不择细流,故能就其深;王者不却㉓众庶,故能明其德。是以地无四方,民无异国,四时充美,鬼神降福,此五帝三王之所以无敌也。今乃弃黔首以资敌国㉔,却宾客以业诸侯㉕,使天下之士退而不敢西向,裹足不入秦。此所谓藉寇兵而赍盗粮者也㉖。

夫物不产于秦,可宝者多;士不产于秦,而愿忠者众。今逐客以资敌国,损民以益仇㉗,内自虚而外树怨诸侯㉘,求国无危,不可得也。

---

① 向使:假使,倘若。纳:接纳。 ② 今陛下致昆山之玉:如今陛下得到了昆仑山的宝玉。陛下,对帝王的尊称。致,求得,收罗。昆山,昆仑山。 ③ 随和之宝:即所谓传说中的"随侯珠"和"和氏璧"。 ④ 明月:宝珠名。 ⑤ 太阿(ē):宝剑名,相传为春秋著名工匠欧冶子、干将所铸。 ⑥ 纤离:骏马名。 ⑦ 翠凤之旗:用翠凤羽毛作为装饰的旗帜。 ⑧ 鼍(tuó):亦称扬子鳄,皮可蒙鼓。 ⑨ 悦:喜悦,喜爱。 ⑩ 犀象之器:指用犀牛角和象牙制成的器具。 ⑪ 駃騠(jué tí):骏马名。外厩(jiù):宫外的马圈。 ⑫ 西蜀丹青:蜀地素以出产丹青矿石出名。丹,丹砂,可以制成红色颜料。青,可以制成青黑色颜料。采:彩色,彩绘。 ⑬ 充下陈:此泛指将财物、美女充买府库后宫。下陈,殿堂下陈放礼器、站立侍从的地方。 ⑭ 宛珠之簪:缀绕珍珠的发簪。宛,缠绕,或以"宛"为地名,指用宛地出产的珍珠所作装饰的发簪。 ⑮ 傅:附着,镶嵌。玑:不圆的珠子,此泛指珠子。珥(ěr):耳饰。 ⑯ 阿:细缯,一种轻细的丝织物。或以"阿"为地名,指齐国东阿(在今山东),以产绢著称。缟(gǎo):未经染色的绢。 ⑰ 随俗雅化:随合时俗而雅致不凡。 ⑱ 佳冶窈窕:美好的佳丽。窈窕(yǎo tiǎo):体态美好的样子。 ⑲ 瓮(wèng):陶制的容器,古人用来打水。缶(fǒu):一种口小腹大的陶器。秦人将瓮、缶作为打击乐器。 ⑳ 搏髀(bì):拍打大腿,以此掌握音乐唱歌的节奏。搏,击打,拍打。髀,大腿。 ㉑ 郑:指郑国故地的音乐。卫:指卫国故地的音乐。桑间:桑间为卫国濮水边上地名,有男女聚会唱歌的风俗。此指卫国濮水之滨的音乐。韶:歌颂虞舜的舞乐。虞:当为歌颂商汤的舞乐。武:歌颂周武王的舞乐。象:歌颂周文王的舞乐。 ㉒ 太山:泰山。让:辞让,拒绝。 ㉓ 却:推却,拒绝。 ㉔ 黔首:泛指百姓。无爵平民不能服冠,只能以黑巾裹头,故称黔首,秦始皇统一六国后正式称百姓为黔首。资:资助,供给。 ㉕ 业:从业,从事,侍奉。 ㉖ 赍(jī)盗粮:把武器粮食供给寇盗。赍,送,送给。 ㉗ 损民以益仇:减少本国的人口而增加敌国的人力。益,增益,增多。 ㉘ 外树怨诸侯:指宾客被驱逐后必投奔其他诸侯,从而构树新怨。

思考与练习

一、请给以下加点字注音。
1. 使之西面事秦,功施到今
2. 骏良駃騠不实外厩
3. 佳冶窈窕
4. 藉寇兵而赍盗粮

二、解释下面加点字词的意思。
1. 来邳豹公孙支于晋
2. 举地千里,至今治强
3. 使之西面事秦,功施到今
4. 此数宝者,秦不生一焉,而陛下悦之
5. 藉寇兵而赍盗粮
6. 今逐客以资敌国,损民以益仇

三、思考题。
1. 作者用"太山不让土壤""河海不择细流"作比喻来说明什么道理?
2. 《谏逐客书》中的人才观对当今社会有何启示?

延伸阅读

李斯列传(节选)

李斯者,楚上蔡人也。年少时,为郡小吏,见吏舍厕中鼠食不絜,近人犬,数惊恐之。斯入仓,观仓中鼠,食积粟,居大庑之下,不见人犬之忧。于是李斯乃叹曰:"人之贤不肖譬如鼠矣,在所自处耳!"

乃从荀卿学帝王之术。学已成,度楚王不足事,而六国皆弱,无可为建功者,欲西入秦。辞于荀卿曰:"斯闻得时无怠,今万乘方争时,游者主事。今秦王欲吞天下,称帝而治,此布衣驰骛之时而游说者之秋也。处卑贱之位而计不为者,此禽鹿视肉,人面而能彊行者耳。故诟莫大于卑贱,而悲莫甚于穷困。久处卑贱之位,困苦之地,非世而恶利,自托于无为,此非士之情也。故斯将西说秦王矣。"

至秦,会庄襄王卒,李斯乃求为秦相文信侯吕不韦舍人。不韦贤之,任以为郎。李斯因此得说,说秦王曰:"胥人者,去其几也。成大功,在因瑕衅而遂忍之。昔者秦穆公之霸,终不东并六国者,何也?诸侯尚众,周德未衰,故五伯迭兴,更尊周室。自秦孝公以来,周室卑微,诸侯相兼,关东为六国,秦之乘胜役诸侯,盖六世矣。今诸侯服秦,譬若郡县。夫以秦之彊,大王之贤,由灶上骚除,足以灭诸侯,成帝业,为天下一统,此万世

之一时也。今怠而不急就，诸侯复彊，相聚约从，虽有黄帝之贤，不能并也。"秦王乃拜斯为长史，听其计，阴遣谋士赍持金玉以游说诸侯。诸侯名士可下以财者，厚遗结之；不肯者，利剑刺之。离其君臣之计，秦王乃使其良将随其后。秦王拜斯为客卿。

会韩人郑国来间秦，以作注溉渠，已而觉。秦宗室大臣皆言秦王曰："诸侯人来事秦者，大抵为其主游间于秦耳，请一切逐客。"李斯议亦在逐中。斯乃上《谏逐客书》。

(选自(西汉)司马迁《史记·李斯列传》，中华书局2013年版)

过秦论①

贾 谊

> 贾谊(前200—前168),洛阳(今属河南)人,西汉初年政论家、文学家,时称贾生。少有才名,年十八,以能诵《诗》《书》,善属文而称于郡中。贾谊二十余岁被召为博士,提出了一系列改革政治的主张,不久迁至太中大夫。汉文帝颇器重贾谊,欲以公卿之位,但是受到大臣周勃、灌婴、张相如、冯敬等人的排斥,被贬为长沙王太傅。在长沙滞留四年多,又被征回京城。后拜贾谊为梁怀王刘揖太傅。汉文帝十一年(前169),梁怀王刘揖坠马死,贾谊自伤没有尽到做太傅的责任,常哭泣,逾年而亡,年仅三十三岁。贾谊是西汉著名的辞赋家。据《汉书·艺文志》著录,其辞赋凡七篇。今存者以《史记》《汉书》本传所载《吊屈原赋》《鹏鸟赋》为最著名。

秦孝公据崤函之固②,拥雍州③之地,君臣固守以窥周室④,有席卷天下,包举⑤宇内,囊括四海之意,并吞八荒⑥之心。当是时也,商君⑦佐之,内立法度,务⑧耕织,修守战之备,外连衡而斗诸侯⑨。于是秦人拱手而取西河之外⑩。

孝公既没⑪,惠文、武、昭襄蒙⑫故业,因⑬遗策,南取汉中⑭,西举巴蜀,东割膏腴之地,北收要害之郡。诸侯恐惧,会盟而谋弱秦⑮,不爱⑯珍器重宝肥饶之地,以致⑰天下之士,合从缔交⑱,相与为一。当此之时,齐有孟尝,赵有平原,楚有春申,魏有信陵。⑲此四君者,皆明知⑳而忠信,宽厚而爱人,尊贤重士,约从离衡㉑,并韩、魏、燕、楚、齐、赵、宋、卫、中山之众。于是六国之士,有宁越、徐尚、苏秦、杜赫之属为之谋,齐明、周最、陈轸、召滑、楼缓、翟景、苏厉、乐毅之徒通其意,吴起、孙膑、带佗、倪良、王廖、田忌、廉

---

① 选自《文选》,张启成译注,中华书局2019年版。个别依部编版高中《语文》改。 ② 秦孝公:名渠梁,前361—前338年在位。崤函:崤山、函谷关。固:坚固。 ③ 雍州:古代九州之一,包括今甘肃、陕西和青海部分地区。 ④ 周室:东周王朝政权。 ⑤ 包举:像用布包裹东西一样全部占有。 ⑥ 八荒:八方荒远之地。四方及四隅称为"八方"。 ⑦ 商君:商鞅。卫国人,故又称卫鞅。入秦为相,封商,故有商鞅之称。 ⑧ 务:致力于。 ⑨ 外连衡而斗诸侯:对外实行连横政策,让各国之间彼此争夺。连衡,即连横,当时纵横家张仪所倡导的政策,使六国之间彼此不信任。 ⑩ 拱手而取西河之外:轻易收取了魏国在黄河以西的广大地区。拱手,古代礼仪,双手合抱,形容轻而易举的样子。 ⑪ 没:通"殁",死。 ⑫ 蒙:继承。 ⑬ 因:因袭。 ⑭ 汉中:今陕西南部,原属楚地,后为秦所占。 ⑮ 谋弱秦:密谋削弱秦国势力。弱,动词,削弱。 ⑯ 爱:爱惜。 ⑰ 致:招致。 ⑱ 合从缔交:即合纵结成同盟,联合六国共同抗秦。从,通"纵"。 ⑲ "齐有"四句:孟尝,孟尝君田文,任齐相。平原,平原君赵胜,任赵相。春申,春申君黄歇,任楚相。信陵,信陵君魏无忌,魏国公子。 ⑳ 明知:明智。 ㉑ 约从离衡:缔结六国联合的约定,破坏秦国的连横政策。

颇、赵奢之伦制其兵。①尝以十倍之地,百万之众,叩关②而攻秦。秦人开关而延敌③,九国之师逡巡④而不敢进。秦无亡矢遗镞⑤之费,而天下诸侯已困矣。于是从散约解,争割地而赂秦。秦有余力而制其弊⑥,追亡逐北⑦,伏尸百万,流血漂橹⑧;因利乘便⑨,宰割天下,分裂山河,强国请服,弱国入朝。延及孝文王、庄襄王⑩,享国⑪之日浅,国家无事。

及至始皇,奋六世之余烈,振长策而御宇内,吞二周⑫而亡诸侯,履至尊而制六合,执敲扑以鞭笞天下,威振四海。南取百越之地,以为桂林、象郡。⑬百越之君,俯首系颈⑭,委命下吏。乃使蒙恬⑮北筑长城而守藩篱,却⑯匈奴七百余里,胡人不敢南下而牧马⑰,士不敢弯弓而报怨。于是废先王之道⑱,焚百家之言,以愚黔首⑲。隳⑳名城,杀豪杰,收天下之兵聚之咸阳,销锋镝㉑,铸以为金人十二,以弱天下之民。然后践华㉒为城,因河为池㉓,据亿丈之城,临不测之渊㉔,以为固;良将劲弩㉕,守要害之处;信臣精卒,陈利兵而谁何㉖。天下已定,始皇之心,自以为关中之固,金城千里,子孙帝王万世之业也㉗。

始皇既没,余威震于殊俗。然陈涉瓮牖绳枢㉘之子,氓隶㉙之人,而迁徙之徒也㉚,才能不及中人㉛,非有仲尼、墨翟之贤,陶朱、猗顿之富㉜,蹑足行伍㉝之间,而倔㉞起阡陌之中,率疲弊之卒,将数百之众,转而攻秦,斩木为兵,揭竿为旗,天下云集响应,赢粮而景从㉟。山东㊱豪俊,遂并起而亡秦族矣。

且夫㊲天下非小弱也,雍州之地,崤函之固,自若㊳也。陈涉之位,非尊于齐、楚、燕、赵、韩、魏、宋、卫、中山之君;锄櫌棘矜㊴,非铦于钩戟长铩㊵也;谪戍㊶之众,非抗于

---

①"有宁越"句:句中四人均为当时著名的游说之士,协助六国壮大势力。"齐明"句:齐明等人也是六国重要谋士,在外交方面卓有成就。"吴起"句:句中提到的诸人均是六国军事方面的人才。 ②叩关:攻打函谷关。 ③延敌:迎击敌人。 ④九国之师:九国的军队。逡巡:迟疑不敢前进的样子。 ⑤亡矢遗镞:丢弃武器。矢,箭。镞(zú),箭头。 ⑥制其弊:利用九国的弱点加以控制。弊,通"弊"。 ⑦追亡逐北:追杀节节败退的敌人。亡,逃亡。北,败退。 ⑧流血漂橹:盾牌在血河中漂起来。橹,盾牌。 ⑨因利乘便:根据有利地势,抓紧机宜。 ⑩孝文王:昭襄王之子,即位三天就死了。庄襄王:孝文王之子,在位三年。 ⑪享国:执掌国政。 ⑫二周:周末周王朝分为东西二周。 ⑬百越:战国时,越人分布很广,建立许多小国,统称百越。桂林、象郡:秦国在南方设置的两个郡,在今广西一带。 ⑭系颈:用绳子系在脖颈上,表示降服。 ⑮蒙恬:秦名将,秦灭六国后,曾率三十万大军击退匈奴,并修筑长城。 ⑯却:击退。 ⑰牧马:放马。这里指匈奴入侵。 ⑱先王之道:指尧、舜以来治理天下的方法。 ⑲愚:使动用法,"使……愚"。黔首:秦时称百姓为黔首。 ⑳隳(huī):毁坏。 ㉑销锋镝:销毁兵器。 ㉒践华:据守华山。 ㉓因河为池:凭借黄河作为城池。 ㉔不测之渊:指黄河。 ㉕劲弩:强弓。这里指持强弓的士兵。 ㉖谁何:盘查行人。 ㉗万世之业:秦始皇曾下诏说"朕为始皇帝。后世以计数,二世三世,至于万世,传之无穷"。 ㉘瓮牖(yǒu)绳枢:以瓦瓮为窗户,用绳索系门户。极言其困穷。 ㉙氓(méng)隶:贫苦百姓。 ㉚迁徙之徒:指陈涉被征发去戍守边地。 ㉛中人:中等的人,即常人。 ㉜陶朱:春秋时越国范蠡功成身退,以经商致富,号陶朱公。猗(yī)顿:春秋时鲁国人,他到猗氏(地名)从事畜牧业致富。 ㉝蹑足行伍:在军队中行走奔跑的小兵。 ㉞倔:通"崛"。 ㉟赢粮而景从:背负粮食,像影子一样随从。赢,担负。景,同"影"。 ㊱山东:崤山以东。指东方诸国。 ㊲且夫:表递进的连词,更何况。 ㊳自若:像原来一样。 ㊴櫌(yōu):平整土地的农具。棘矜(qín):用棘木做的矛柄。 ㊵铦(xiān):锋利。钩戟:带钩的戟。长铩:长矛。 ㊶谪戍:因有罪而被贬去戍边。

九国之师;深谋远虑,行军用兵之道,非及乡时①之士也。然而成败异变,功业相反,何也?试使山东之国与陈涉度长絜大②,比权量力,则不可同年而语③矣。然秦以区区之地,致万乘之势④,序八州而朝同列⑤,百有余年矣。然后以六合为家,崤函为宫,一夫作难而七庙隳,身死人手⑥,为天下笑者,何也?仁义不施而攻守之势异也。

 思考与练习

一、翻译下面句子。
1. 当是时也,商君佐之,内立法度,务耕织,修守战之备,外连衡而斗诸侯
2. 秦无亡矢遗镞之费,而天下诸侯已困矣
3. 良将劲弩,守要害之处;信臣精卒,陈利兵而谁何
4. 仁义不施而攻守之势异也
二、试论述这篇史论的主要观点是什么。

 延伸阅读

《过秦论》题解

《史记·陈涉世家集解》引班固《奏章》曰:"太史迁取贾谊《过秦》上下篇以为《秦始皇本纪》《陈涉世家》下赞文。"据此而知,《过秦论》原本分为两篇。然今本《史记·秦始皇本纪》所载又分为三篇。第三篇"秦并海内,兼诸侯,南面称帝"句下,《集解》引徐广曰:"一本有此篇,无前者'秦孝公'已下,而又以'秦并兼诸侯山东三十余郡'继此末也。"似为后人所加。

"过秦",顾名思义,是总结批判秦国的过失、说明秦为什么灭亡。此文论秦之亡,由于"仁义不施",盖汉初人总结秦亡经验,多持此说,然文章之艺术感染力鲜有能及贾谊此论者。开篇首先铺叙了秦国如何走向强盛,诸侯又如何集中大批政治、军事人才和庞大兵力竭力想消灭秦国,反而被秦国击败。文中对这个过程加以渲染和夸大,绘声绘色,十分动人。尤其是开篇,用排比的句式写来,气势磅礴,强大无敌的秦国竟被一群手无利刃的农民一举推翻,原因是什么呢?作者的回答是"仁义不施,而攻守之势异也",即不知道根据天下大势的变化而改变基本的治世方略。文章纵横开阖,有气吞万里之势,为西汉第一鸿文。鲁迅在《汉文学史纲要》中说:"其《治安策》《过秦论》,与晁错之《贤良对策》《言兵事疏》《守边劝农疏》,皆为西汉鸿文,沾溉后人,其泽远矣。"如西晋左

① 乡时:以往。乡,通"向"。　② 试使:假使。度长絜大:较量长短大小。　③ 同年而语:相提并论。　④ 万乘之势:极言其多,形容帝王权力浩大。乘,量词,古时一车四马为一乘。　⑤ 朝同列:各国同列朝秦。　⑥ 身死人手:指秦王子婴被项羽杀死。

思《咏史诗》就自称"著论准《过秦》"。南朝宋范晔在《狱中与诸甥侄书》里对于自己编著《后汉书》颇为自负,称"循吏以下及六夷序论,笔势纵放,实天下之奇作。其中合者,往往不减《过秦》篇"。这些论述可以说明贾谊这篇散文在后人心目中的崇高地位。

(选自袁行霈《中国文学作品选》,中华书局2007年版,有改动)

鸿 门 宴①

司马迁

司马迁(前145或前135?—?),字子长,西汉史学家、文学家。其父司马谈,汉武帝时任太史令,学问渊博。他曾立志要写一部史书,但没来得及动笔就去世了。司马迁继承了他父亲的遗志,自幼刻苦学习,二十岁起便多次出游,这使他在知识、思想、观点以至语言等方面为写作《史记》做好了准备。他在三十八岁时继任太史令,动手整理史料,四十二岁时开始写《史记》。在《史记》"草创未就"时,他因为李陵投降匈奴一事辩护,触怒了汉武帝,遭受宫刑,精神上受到了极大的打击。他出狱后任中书令(由宦者担任的掌管文书奏事的官),余生用主要精力继续写《史记》。他把满腔的不平和愤慨,倾注《史记》的创作中,经过多年不懈的努力,终于完成了这部空前巨著。

《史记》是我国第一部纪传体的通史,它反映了我国汉以前政治、经济、文化各方面的发展过程。司马迁继承并发展了汉以前各种史书的优点,建立了全新的体系。全书包括十二本纪、十表、八书、三十世家和七十列传,共一百三十篇。"本纪"记载帝王的事迹和社会上的重大变化,"表"记载历代、列国关系和职官更迭,"书"记载典章制度、天文地理等,"世家"记载王侯外戚的事迹,"列传"记载事迹可传或行状可序的人物。其中,本纪、世家和列传以人物为中心叙述历史,是优秀的传记散文,有着高度的艺术成就和深刻的思想内容。

本文节选自《史记·项羽本纪》。《项羽本纪》突出描写了"巨鹿之战""鸿门宴""垓下之围"三个富有历史意义的场景,将项羽英勇善战、叱咤风云、所向无敌的英雄气概表现得惟妙惟肖;同时,作者也写出项羽刚愎自用、残酷暴烈、性格直率、短于心计的特征。司马迁对这样一位历史人物抱有深切的同情,使得当今读者,对于刘邦之所以得天下,项羽之所以失败,有了更加全面的认识。

行②略定秦地。函谷关有兵守关,不得入。又闻沛公③已破咸阳,项羽大怒,使当阳君等击关。项羽遂入,至于戏西④。沛公军霸上,未得与项羽相见。沛公左司马曹无伤使人言于项羽曰:"沛公欲王关中,使子婴为相,珍宝尽有之。"项羽大怒,曰:"旦日飨士卒⑤,为击破沛公军!"当是时,项羽兵四十万,在新丰鸿门,沛公兵十万,在霸上。范

---

① 选自司马迁《史记·项羽本纪》,中华书局2014年版。题目是编者加的。 ② 行:将要。 ③ 沛公:刘邦(前256—前195),字季,沛县(今属江苏)人。 ④ 戏西:戏水之西。 ⑤ 旦日:明日。飨:犒劳。

增说项羽曰:"沛公居山东①时,贪于财货,好美姬。今入关,财物无所取,妇女无所幸,此其志不在小。吾令人望其气,皆为龙虎,成五彩,此天子气也。急击勿失。"

楚左尹项伯②者,项羽季父也,素善留侯张良③。张良是时从沛公,项伯乃夜驰之沛公军,私见张良,具告以事④,欲呼张良与俱去,曰:"毋从俱死也。"张良曰:"臣为韩王送沛公,沛公今事有急,亡去不义,不可不语。"良乃入,具告沛公。沛公大惊,曰:"为之奈何?"张良曰:"谁为大王为此计者?"曰:"鲰⑤生说我曰:'距关,毋内诸侯,秦地可尽王也。'故听之。"良曰:"料大王士卒足以当⑥项王乎?"沛公默然,曰:"固不如也。且为之奈何?"张良曰:"请往谓项伯,言沛公不敢背⑦项王也。"沛公曰:"君安与项伯有故?"张良曰:"秦时与臣游,项伯杀人,臣活之⑧。今事有急,故幸来告良。"沛公曰:"孰与君少长⑨?"良曰:"长于臣。"沛公曰:"君为我呼入,吾得兄事之。"张良出,要⑩项伯。项伯即入见沛公。沛公奉卮酒为寿⑪,约为婚姻,曰:"吾入关,秋毫⑫不敢有所近,籍⑬吏民,封府库,而待将军。所以遣将守关者,备他盗之出入与非常⑭也。日夜望将军至,岂敢反乎!愿伯具言臣之不敢倍德也。"项伯许诺,谓沛公曰:"旦日不可不蚤自来谢项王。"沛公曰:"诺。"于是项伯复夜去,至军中,具以沛公言报项王。因言曰:"沛公不先破关中,公岂敢入乎?今人有大功而击之,不义也,不如因善遇之。"项王许诺。

沛公旦日从百余骑来见项王,至鸿门,谢曰:"臣与将军戮力⑮而攻秦,将军战河北,臣战河南,然不自意能先入关破秦,得复见将军于此。今者有小人之言,令将军与臣有郤⑯。"项王曰:"此沛公左司马曹无伤言之;不然,籍何以至此。"项王即日因留沛公与饮。项王、项伯东向坐。亚父南向坐。亚父者,范增也。沛公北向坐,张良西向侍。范增数目项王,举所佩玉玦以示之者三,项王默然不应。范增起,出召项庄,谓曰:"君王为人不忍,若入前为寿,寿毕,请以剑舞,因击沛公于坐,杀之。不者,若属⑰皆且为所虏!"庄则入为寿,寿毕,曰:"君王与沛公饮,军中无以为乐,请以剑舞。"项王曰:"诺。"项庄拔剑起舞,项伯亦拔剑起舞,常以身翼蔽沛公,庄不得击。于是张良至军门,见樊哙。樊哙曰:"今日之事何如?"良曰:"甚急!今者项庄拔剑舞,其意常在沛公也。"哙曰:"此迫矣。臣请入,与之同命。"哙即带剑拥盾入军门。交戟之卫士欲止不内⑱,樊哙侧其盾以撞,卫士仆地,哙遂入,披帷西向立,瞋目视项王,头发上指,目眦⑲尽裂。项王按剑而跽⑳曰:"客何为者?"张良曰:"沛公之参乘㉑樊哙者也。"项王曰:"壮士,赐之卮酒。"则与斗卮酒。哙拜谢,起,立而饮之。项王曰:"赐之彘肩。"则与一生彘肩。樊哙覆其盾于地,加彘肩上,拔剑切而啖之。项王曰:"壮士,能复饮乎?"樊哙曰:"臣死且不避,卮酒安足

---

① 山东:崤山以东。泛指东方六国之地。 ② 项伯:项羽的祖叔,名缠,字伯。 ③ 素善留侯张良:向来与张良关系很好。张良,字子房,刘邦的重要谋士。刘邦得天下后,封他为留侯。 ④ 具告以事:将项羽欲袭击沛公的事详细告诉张良。 ⑤ 鲰(zōu)生:浅陋无知的小人。 ⑥ 当:抵挡。 ⑦ 背:违背,背叛。 ⑧ 活之:救了他。 ⑨ 孰与君少长:项伯与你的年龄谁大谁小? ⑩ 要:邀请。 ⑪ 奉卮(zhī)酒为寿:端酒杯致辞祝颂。 ⑫ 秋毫:兽类秋天更新的新毛,比喻细微。 ⑬ 籍:动词,造籍。 ⑭ 非常:不是常态化的事情,这里指变故。 ⑮ 戮力:合力。戮,同"勠"。 ⑯ 有郤(xì):即有隙,有裂痕。 ⑰ 若属:你们这些人。 ⑱ 内:通"纳"。 ⑲ 眦(zì):眼眶。 ⑳ 跽(jì):半跪,挺直上身。 ㉑ 参乘:即骖(cān)乘,站在车右陪乘或担任警卫的人。

辞！夫秦王有虎狼之心，杀人如不能举，刑人如恐不胜，天下皆叛之。怀王与诸将约曰'先破秦入咸阳者王之'。今沛公先破秦入咸阳，毫毛不敢有所近，封闭宫室，还军霸上，以待大王来。故遣将守关者，备他盗出入与非常也。劳苦而功高如此，未有封侯之赏，而听细说①，欲诛有功之人。此亡秦之续耳，窃为大王不取也。"项王未有以应，曰："坐。"樊哙从良坐。坐须臾，沛公起如厕，因招樊哙出。

沛公已出，项王使都尉陈平②召沛公。沛公曰："今者出，未辞也，为之奈何？"樊哙曰："大行不顾细谨③，大礼不辞小让。如今人方为刀俎，我为鱼肉，何辞为？"于是遂去。乃令张良留谢。良问曰："大王来何操？"曰："我持白璧一双，欲献项王；玉斗一双，欲与亚父，会其怒，不敢献。公为我献之。"张良曰："谨诺。"当是时，项王军在鸿门下，沛公军在霸上，相去四十里。沛公则置车骑④，脱身独骑，与樊哙、夏侯婴、靳彊、纪信等四人持剑盾步走，从郦山下，道芷阳间行。沛公谓张良曰："从此道至吾军，不过二十里耳。度我至军中，公乃入。"沛公已去，闲至军中，张良入谢，曰："沛公不胜杯杓⑤，不能辞。谨使臣良奉白璧一双，再拜献大王足下；玉斗一双，再拜奉大将军足下。"项王曰："沛公安在？"良曰："闻大王有意督过⑥之，脱身独去，已至军矣。"项王则受璧，置之坐上。亚父受玉斗，置之地，拔剑撞而破之，曰："唉！竖子不足与谋！夺项王天下者，必沛公也。吾属今为之虏矣！"沛公至军，立诛杀曹无伤。

居数日，项羽引兵西屠咸阳，杀秦降王子婴，烧秦宫室，火三月不灭；收其货宝妇女而东。人或说项王曰："关中阻山河四塞⑦，地肥饶，可都以霸。"项王见秦宫室皆以烧残破，又心怀思欲东归，曰："富贵不归故乡，如衣绣夜行，谁知之者！"说者："人言楚沐猴而冠⑧耳，果然。"项王闻之，烹说者。

思考与练习

一、指出下面句子中的通假字，并解释。
1. 张良出，要项伯
2. 旦日不可不蚤自来谢项王
3. 交戟之卫士欲止不内

二、翻译下面句子。
1. 沛公奉卮酒为寿
2. 项庄拔剑起舞，项伯亦拔剑起舞，常以身翼蔽沛公，庄不得击
3. 如今人方为刀俎，我为鱼肉，何辞为

---

① 听细说：听信小人的谗言。 ② 陈平：时为项羽帐下都尉，后来成为刘邦的谋士。 ③ 大行：大事。细谨：细微末节。 ④ 置车骑：将随行车马人员等留下来。置，抛弃。 ⑤ 杯杓(sháo)：酒器，这里指代酒。 ⑥ 督过：谴责。 ⑦ 四塞：指东边的函谷关，南边的武关，西边的散关，北边的萧关。 ⑧ 沐猴而冠：猴子带上人的帽子，徒具人形而已。沐猴，猕猴。

 延伸阅读

垓 下 之 围

司马迁

项王军壁垓下,兵少食尽,汉军及诸侯兵围之数重。夜闻汉军四面皆楚歌,项王乃大惊曰:"汉皆已得楚乎?是何楚人之多也!"项王则夜起,饮帐中。有美人名虞,常幸从;骏马名骓,常骑之。于是项王乃悲歌慷慨,自为诗曰:"力拔山兮气盖世,时不利兮骓不逝。骓不逝兮可奈何,虞兮虞兮奈若何!"歌数阕,美人和之。项王泣数行下,左右皆泣,莫能仰视。

于是项王乃上马骑,麾下壮士骑从者八百余人,直夜溃围南出,驰走。平明,汉军乃觉之,令骑将灌婴以五千骑追之。项王渡淮,骑能属者百余人耳。项王至阴陵,迷失道,问一田父,田父绐曰:"左。"左,乃陷大泽中,以故汉追及之。项王乃复引兵而东,至东城,乃有二十八骑。汉骑追者数千人。项王自度不得脱。谓其骑曰:"吾起兵至今八岁矣,身七十余战,所当者破,所击者服,未尝败北,遂霸有天下。然今卒困于此,此天之亡我,非战之罪也。今日固决死,愿为诸君快战,必三胜之,为诸君溃围,斩将,刈旗,令诸君知天亡我,非战之罪也。"乃分其骑以为四队,四向。汉军围之数重。项王谓其骑曰:"吾为公取彼一将。"令四面骑驰下,期山东为三处。于是项王大呼驰下,汉军皆披靡,遂斩汉一将。是时,赤泉侯为骑将,追项王,项王瞋目而叱之,赤泉侯人马俱惊,辟易数里,与其骑会为三处。汉军不知项王所在,乃分军为三,复围之。项王乃驰,复斩汉一都尉,杀数十百人,复聚其骑,亡其两骑耳。乃谓其骑曰:"何如?"骑皆伏曰:"如大王言。"

于是项王乃欲东渡乌江。乌江亭长舣船待,谓项王曰:"江东虽小,地方千里,众数十万人,亦足王也。愿大王急渡。今独臣有船,汉军至,无以渡。"项王笑曰:"天之亡我,我何渡为!且籍与江东子弟八千人渡江而西,今无一人还,纵江东父兄怜而王我,我何面目见之?纵彼不言,籍独不愧于心乎?"乃谓亭长曰:"吾知公长者。吾骑此马五岁,所当无敌,尝一日行千里,不忍杀之,以赐公。"乃令骑皆下马步行,持短兵接战。独籍所杀汉军数百人。项王身亦被十余创,顾见汉骑司马吕马童,曰:"若非吾故人乎?"马童面之,指王翳曰:"此项王也。"项王乃曰:"吾闻汉购我头千金,邑万户,吾为若德。"乃自刎而死。王翳取其头,余骑相蹂践争项王,相杀者数十人。最其后,郎中骑杨喜、骑司马吕马童、郎中吕胜、杨武各得其一体。五人共会其体,皆是。故分其地为五:封吕马童为中水侯,封王翳为杜衍侯,封杨喜为赤泉侯,封杨武为吴防侯,封吕胜为涅阳侯。

太史公曰:吾闻之周生曰:"舜目盖重瞳子",又闻项羽亦重瞳子。羽岂其苗裔邪?何兴之暴也!夫秦失其政,陈涉首难,豪杰蜂起,相与并争,不可胜数。然羽非有尺寸,乘执起陇亩之中,三年,遂将五诸侯灭秦,分裂天下,而封王侯,政由羽出,号为"霸王",位虽不终,近古以来未尝有也。及羽背关怀楚,放逐义帝而自立,怨王侯叛己,难矣。自矜功伐,奋其私智而不师古,谓霸王之业,欲以力征经营天下,五年卒亡其国,身死东城,尚不觉寤而不自责,过矣。乃引"天亡我,非用兵之罪也",岂不谬哉!

孙子吴起列传①

司马迁

> 司马迁作《史记》时,善于突出人物的性格特征,通过人物的言行来表现人物。所用语言生动形象,繁简得当,往往只用寥寥数语就使读者如见其人,如闻其声。
>
> 本文记载了孙武、孙膑和吴起三位古代著名军事家的事迹,包括孙武"吴宫教战"、孙膑"围魏救赵"、马陵道之战,尤其详细叙述了吴起在魏、楚两国一展军事才能,使之富国强兵的经历,展现了这个人物性格的复杂性。全篇以兵法起,以兵法结尾,中间以兵法作主线贯穿始末。

孙子武者②,齐③人也。以兵法见于吴王阖庐。④阖庐曰:"子⑤之十三篇,吾尽观之矣,可以小试勒兵⑥乎?"对曰:"可。"阖庐曰:"可试以妇人乎?"曰:"可。"于是许之,出宫中美女,得百八十人。孙子分为二队,以王之宠姬二人各为队长,皆令持戟。令之曰:"汝知而⑦心与左右手背乎?"妇人曰:"知之。"孙子曰:"前,则视心;左,视左手;右,视右手;后,即视背。"妇人曰:"诺。"约束既布⑧,乃设鈇钺⑨,即三令五申之。于是鼓之右,妇人大笑。孙子曰:"约束不明,申令不熟,将之罪也。"复三令五申而鼓之左,妇人复大笑。孙子曰:"约束不明,申令不熟,将之罪也;既已明而不如法者,吏士⑩之罪也。"乃欲斩左右队长。吴王从台上观,见且⑪斩爱姬,大骇。趣使使⑫下令曰:"寡人已知将军能用兵矣。寡人非此二姬,食不甘味,愿勿斩也。"孙子曰:"臣既已受命为将,将在军,君命有所不受。"遂斩队长二人以徇⑬。用其次⑭为队长,于是复鼓之。妇人左右前后跪起皆中规矩绳墨⑮,无敢出声。于是孙子使使报王曰:"兵既整齐,王可试下观之,唯王所欲用之,虽赴水火犹可也。"吴王曰:"将军罢休就舍⑯,寡人不愿下观。"孙子曰:"王徒好其言,不能用其实。"于是阖庐知孙子能用兵,卒⑰以为将。西破强楚,入郢,北威⑱齐晋,显名诸侯,孙子与有力焉。

---

① 选自司马迁《史记》,中华书局2014年版。 ② 孙子武:即孙武,子是尊称。 ③ 齐:西周姜姓封国,在今山东、河北一带。 ④ 吴:西周姬姓封国,在今江苏、安徽一带。阖(hé)庐:即阖闾(lú),春秋末年吴国的国君,公元前514—前496年在位。 ⑤ 子:敬称,您。 ⑥ 小试:小规模的试演。勒兵:指挥军队。勒,约束,统率。 ⑦ 汝:你。而:你的。 ⑧ 约束:指纪律。布:公布,宣布。 ⑨ 鈇钺(fū yuè):同"斧钺",古代用以杀人的刑具。 ⑩ 吏士:下级吏官,指两个队长。 ⑪ 且:将要。 ⑫ 趣(cù):急促,赶快。使使:派遣使者。 ⑬ 徇:动词,巡行示众。 ⑭ 用其次:依次选用第二人。 ⑮ 规矩绳墨:指规则纪律。规矩,校正圆形和方形的两种工具。绳墨,木匠画直线用的工具。 ⑯ 就舍:回馆舍去。 ⑰ 卒:终于。 ⑱ 威:威胁。

孙武既死,后百余岁有孙膑①。膑生阿鄄②之间,膑亦孙武之后世子孙也。孙膑尝与庞涓③俱学兵法。庞涓既事魏,得为惠王④将军,而自以为能不及孙膑,乃阴⑤使召孙膑。膑至,庞涓恐其贤于己,疾⑥之,则以法刑断其两足而黥之⑦,欲隐勿见⑧。

齐使者如⑨梁,孙膑以刑徒阴见⑩,说齐使。齐使以为奇⑪,窃载与之齐。齐将田忌善而客待之⑫。忌数与齐诸公子驰逐重射⑬。孙子见其马足⑭不甚相远,马有上、中、下辈⑮。于是孙子谓田忌曰:"君弟⑯重射,臣能令君胜。"田忌信然之,与王及诸公子逐射千金。及临质⑰,孙子曰:"今以君之下驷⑱与彼上驷,取君上驷与彼中驷,取君中驷与彼下驷。"既驰三辈毕,而田忌一不胜而再胜⑲,卒得王千金。于是忌进孙子于威王⑳。威王问兵法,遂以为师。

其后魏伐赵,赵急,请救于齐。齐威王欲将㉑孙膑,膑辞谢曰:"刑余之人不可。"于是乃以田忌为将,而孙子为师㉒,居辎㉓车中,坐为计谋。田忌欲引兵之赵,孙子曰:"夫解杂乱纷纠者不控捲㉔,救斗者不搏撠㉕,批亢捣虚㉖,形格势禁㉗,则自为解耳。今梁赵相攻,轻兵锐卒必竭于外㉘,老弱罢㉙于内。君不若引兵疾走大梁,据其街路㉚,冲其方虚,彼必释赵而自救。是我一举解赵之围而收弊于魏㉛也。"田忌从之,魏果去邯郸,与齐战于桂陵,大破梁军。

后十三岁,魏与赵攻韩,韩告急于齐。齐使田忌将而往,直走大梁。魏将庞涓闻之,去韩而归,齐军既已过而西矣㉜。孙子谓田忌曰:"彼三晋之兵素悍勇而轻齐㉝,齐号为怯,善战者因其势而利导之㉞。兵法,百里而趣利者蹶上将,五十里而趣利者军半至㉟。使齐军入魏地为十万灶,明日为五万灶,又明日为三万灶。"庞涓行三日,大喜,曰:"我固知齐军怯,入吾地三日,士卒亡㊱者过半矣。"乃弃其步军,与其轻锐倍日并行㊲逐之。

---

① 孙膑:孙武后代,战国时杰出的军事家。名字未详,因其受过膑刑,后来便称为孙膑。本篇中具体记述了他所策划和指挥的"围魏救赵""马陵之战"等著名战役。 ② 阿(ē):在今山东。鄄(juàn):今山东鄄城。 ③ 庞涓:魏国人。 ④ 惠王:魏惠王。魏世为晋卿,韩、赵、魏三家分晋,魏始立国,是为魏文侯,都安邑。魏文侯之孙魏䓨始称王,迁都大梁(今河南开封),也称梁惠王。 ⑤ 阴:暗地里。 ⑥ 疾:通"嫉",嫉妒,记恨。 ⑦ "则以"句:谓假借罪名,处孙膑以刖(yuè)刑,并黥(qíng)其面。黥,古代一种刑罚,用刀刺刻面部,再涂之以墨。 ⑧ 见:同"现",显现,显露。 ⑨ 如:动词,到。 ⑩ 以刑徒阴见:以受刑罪人的身份偷偷地去见齐使者。 ⑪ 奇:奇才,难得之才。 ⑫ 田忌:齐国宗族。善:赞许。客待之:把他当作客人款待。 ⑬ 数:多次。驰逐:赛马。重射:下大的赌注。 ⑭ 马足:马的足力。 ⑮ 辈:等级。 ⑯ 弟:但,只管。 ⑰ 及临质:到临场比赛时。及,到。质,对,此指比赛。 ⑱ 驷:古代一辆车套四马,此处泛指马。 ⑲ 再胜:两次获得胜利。 ⑳ 进:推荐。威王:齐国国君,田姓,名因齐。 ㉑ 将:动词,任作将领。 ㉒ 师:军师。 ㉓ 辎车:一种有帷盖的车。 ㉔ "夫解"句:谓要想解开杂乱纠缠在一起的东西,就不能紧握着拳头。控捲(quán),紧握拳头。 ㉕ "救斗"句:谓劝诫斗殴者不能参与搏斗。撠(jǐ),刺。 ㉖ 批亢捣虚:避实就虚。批,撇开。亢,充满,指敌军兵力充实的地方。 ㉗ 形格势禁:谓受形势的阻碍或者限制。 ㉘ 轻兵锐卒:即"轻锐",指行动迅疾的精锐部队。竭:用尽,指精力衰尽。 ㉙ 罢:通"疲"。 ㉚ 据其街路:截断其交通要道。 ㉛ 收弊于魏:坐收魏军自弊之效。 ㉜ "齐军"句:齐国军队已经越过齐国国境而向西进入魏国领土。西,西进。 ㉝ 三晋:本指晋之韩、赵、魏,此主要指魏。素:向来。轻齐:轻视齐国。 ㉞ "善战"句:顺着事物的发展趋势而加以引导。即魏以齐为胆怯,齐便索性伪装胆怯逃跑,以诱魏上当。 ㉟ "百里"两句:作战时为了追逐胜利而一日追到百里以外,主将就要受到挫折;追到五十里以外,军队只能达到一半。趣,奔赴。蹶,失败,挫折。 ㊱ 亡:逃跑。 ㊲ 倍日并行:两天的路一天赶完。

孙子度其行①，暮当至马陵。马陵道陕②，而旁多阻隘，可伏兵，乃斫大树白③而书之曰"庞涓死于此树之下"。于是令齐军善射者万弩，夹道而伏，期曰"暮见火举而俱发"。庞涓果夜至斫木下，见白书，乃钻火烛之④。读其书未毕，齐军万弩俱发，魏军大乱相失⑤。庞涓自知智穷兵败，乃自刭，曰："遂成竖子之名！"齐因乘胜尽破其军，虏魏太子申⑥以归。孙膑以此名显天下，世传其兵法⑦。

  吴起者，卫人也，好用兵。尝⑧学于曾子，事鲁君。齐人攻鲁，鲁欲将吴起，吴起取⑨齐女为妻，而鲁疑之。吴起于是欲就名⑩，遂杀其妻，以明不与齐⑪也。鲁卒以为将。将而攻齐，大破之。
  鲁人或恶吴起曰⑫："起之为人，猜忍⑬人也。其少时，家累千金，游仕不遂，遂破⑭其家，乡党笑之，吴起杀其谤己者三十余人，而东出卫郭门⑮。与其母诀⑯，啮臂而盟曰⑰：'起不为卿相，不复入卫。'遂事曾子。居顷之，其母死，起终不归。曾子薄⑱之，而与起绝。起乃之鲁，学兵法以事鲁君。鲁君疑之，起杀妻以求将。夫鲁小国，而有战胜之名，则诸侯图鲁矣。且鲁卫兄弟之国也，而君用起，则是弃卫。"鲁君疑之，谢⑲吴起。
  吴起于是闻魏文侯贤，欲事之。文侯问李克曰："吴起何如人哉？"李克曰："起贪⑳而好色，然用兵司马穰苴不能过也。"于是魏文侯以为将，击秦，拔五城。
  起之为将，与士卒最下者同衣食。卧不设席，行不骑乘，亲裹赢粮㉑，与士卒分劳苦。卒有病疽㉒者，起为吮之。卒母闻而哭之。人曰："子卒也，而将军自吮其疽，何哭为？"母曰："非然㉓也。往年吴公吮其父，其父战不旋踵㉔，遂死于敌。吴公今又吮其子，妾不知其死所矣。是以哭之。"
  文侯以吴起善用兵，廉平㉕，尽能得士心，乃以为西河守，以拒秦、韩。
  魏文侯既卒，起事其子武侯。武侯浮㉖西河而下，中流㉗，顾而谓吴起曰："美哉乎山河之固，此魏国之宝也！"起对曰："在德不在险。昔三苗氏左洞庭，右彭蠡，德义不修，禹灭之。夏桀之居，左河济，右泰华，伊阙在其南，羊肠在其北，修政不仁，汤放㉘之。殷纣之国，左孟门，右太行，常山在其北，大河经其南，修政不德，武王杀之。由此观之，在德不在险。若君不修德，舟中之人尽为敌国也㉙。"武侯曰："善。"
  吴起为西河守，甚有声名。魏置相，相田文。吴起不悦，谓田文曰："请与子论功，可乎？"田文曰："可。"起曰："将三军，使士卒乐死，敌国不敢谋，子孰与起㉚？"文曰："不如

---

① 度其行：估计庞涓追兵的行程。 ② 陕：通"狭"，狭隘。 ③ 斫(zhuó)：砍。白：指砍去树皮露出白的木质。 ④ 钻火烛之：点火照明。 ⑤ 相失：彼此失去联系。 ⑥ 魏太子申：魏惠王之子，名申。 ⑦ 世传其兵法：孙膑的兵法后来失传，1973年山东临沂银雀山汉墓出土一批竹简，才重新被发现。 ⑧ 尝：曾经。 ⑨ 取：同"娶"。 ⑩ 就名：成就名声。就，完成。 ⑪ 不与齐：不亲附齐国。与，亲附。 ⑫ 或：有人。恶：诋毁，说坏话。 ⑬ 猜忍：多疑而残忍。 ⑭ 破：动词，使破产。 ⑮ 郭门：古代外城城门。 ⑯ 诀：诀别。 ⑰ 啮(niè)臂而盟：咬胳膊发誓。 ⑱ 薄：轻视，瞧不起。 ⑲ 谢：疏远，不信任。 ⑳ 贪：贪求成就名声。 ㉑ 赢粮：剩余的军粮。 ㉒ 病疽(jū)：患毒疮病。 ㉓ 非然：不是这样的，指不是因为其子受到将军的关爱而哭。 ㉔ 旋：旋转。踵：脚跟。 ㉕ 廉平：廉洁不贪，带人公正。 ㉖ 泛：泛舟。 ㉗ 中流：水流的中央。 ㉘ 放：放逐。 ㉙ "舟中"句：同舟共济的人，也会变成敌人。 ㉚ 子孰与起：您跟我比，哪一个更好？孰与，与……比，哪一个……。

子。"起曰:"治百官,亲万民,实府库,子孰与起?"文曰:"不如子。"起曰:"守西河而秦兵不敢东乡①,韩赵宾从②,子孰与起?"文曰:"不如子。"起曰:"此三者,子皆出吾下,而位加吾上,何也?"文曰:"主少国疑,大臣未附,百姓不信,方是之时,属③之于子乎?属之于我乎?"起默然良久,曰:"属之子矣。"文曰:"此乃吾所以居子之上也。"吴起乃自知弗如田文。

田文既死,公叔为相,尚④魏公主,而害⑤吴起。公叔之仆曰:"起易去也。"公叔曰:"奈何?"其仆曰:"吴起为人节廉而自喜名⑥也。君因先与武侯言曰:'夫吴起贤人也,而侯之国小,又与强秦壤界⑦,臣窃恐起之无留心也。'武侯即曰:'奈何?'君因谓武侯曰:'试延⑧以公主,起有留心则必受之。无留心则必辞矣。以此卜⑨之。'君因召吴起而与归,即令公主怒而轻⑩君。吴起见公主之贱⑪君也,则必辞。"于是吴起见公主之贱魏相,果辞魏武侯。武侯疑之而弗信也。吴起惧得罪,遂去,即之楚。

楚悼王素闻起贤,至则相楚。明法⑫审令,捐不急之官⑬,废公族疏远者⑭,以抚养战斗之士。要⑮在强兵,破驰说之言从横者。于是南平百越;北并陈蔡,却三晋;西伐秦。诸侯患楚之强。故楚之贵戚尽欲害吴起。及悼王死,宗室大臣作乱而攻吴起,吴起走⑯之王尸而伏之。击起之徒因射刺吴起,并中悼王。悼王既葬,太子立,乃使令尹尽诛射吴起而并中王尸者。坐射起而夷宗⑰死者七十余家。

太史公曰:世俗所称师旅⑱,皆道《孙子》十三篇,《吴起兵法》,世多有,故弗论,论其行事所施设⑲者。语曰⑳:"能行之者未必能言,能言之者未必能行。"孙子筹策庞涓明矣,然不能蚤㉑救患于被刑。吴起说武侯以形势不如德,然行之于楚,以刻暴少恩亡其躯㉒。悲夫!

思考与练习

一、指出下面句子中的通假字,并解释。

1. 膑至,庞涓恐其贤于己,疾之
2. 夫解杂乱纷纠者不控捲
3. 轻兵锐卒必竭于外,老弱罢于内
4. 马陵道陕,而旁多阻隘

---

① 东乡:动词,向东。乡,通"向",面对着。 ② 宾从:服从,归顺,指结成同盟。 ③ 属:通"嘱",委托,托付。 ④ 尚:古代臣娶君之女称为"尚"。 ⑤ 害:畏忌。 ⑥ 节廉而自喜名:有气节而又号名声。节,气节。廉,锋利,有棱角。 ⑦ 壤界:国土相连。 ⑧ 延:聘请,邀请。 ⑨ 卜:判断,推断。 ⑩ 轻:轻视,鄙薄。 ⑪ 贱:蔑视。 ⑫ 明法:使法规明确,依法办事。明,动词,使……明。 ⑬ 捐不急之官:淘汰裁剪无关紧要的冗员。捐,弃置。 ⑭ 废公族疏远者:停止末枝王族成员的按例共给。 ⑮ 要:致力于。 ⑯ 走:逃跑。 ⑰ 坐:因犯……罪。夷宗:灭族。夷,灭尽,杀绝。 ⑱ 称:称赞,称扬。师旅:古代军制以二千五百人为师,五百人为旅,因以师旅作为军队的通称。 ⑲ 施设:安排,设计。 ⑳ 语曰:常言道,俗话说。 ㉑ 蚤:通"早"。 ㉒ 刻:刻薄。少恩:少施恩惠。亡:葬送。

5. 守西河而秦兵不敢东乡

6. 方是之时,属之于子乎?属之于我乎

二、翻译下面句子。

1. 遂斩队长二人以徇

2. 忌数与齐诸公子驰逐重射

3. 夫解杂乱纷纠者不控捲,救斗者不搏撠,批亢捣虚,形格势禁,则自为解耳

4. 若君不修德,舟中之人尽为敌国也

5. 明法审令,捐不急之官,废公族疏远者,以抚养战斗之士

延伸阅读

管晏列传

司马迁

管仲夷吾者,颍上人也。少时常与鲍叔牙游,鲍叔知其贤。管仲贫困,常欺鲍叔,鲍叔终善遇之,不以为言。已而鲍叔事齐公子小白,管仲事公子纠。及小白立,为桓公,公子纠死,管仲囚焉。鲍叔遂进管仲。管仲既用,任政于齐,齐桓公以霸,九合诸侯,一匡天下,管仲之谋也。

管仲曰:"吾始困时,尝与鲍叔贾,分财利多自与,鲍叔不以我为贪,知我贫也。吾尝为鲍叔谋事而更穷困,鲍叔不以我为愚,知时有利不利也。吾尝三仕三见逐于君,鲍叔不以我为不肖,知我不遭时。吾尝三战三走,鲍叔不以我为怯,知我有老母也。公子纠败,召忽死之,吾幽囚受辱,鲍叔不以我为无耻,知我不羞小节而耻功名不显于天下也。生我者父母,知我者鲍子也。"

鲍叔牙既进管仲,以身下之。子孙世禄于齐,有封邑者十余世,常为名大夫。天下不多管仲之贤而多鲍叔能知人也。

管仲既任政相齐,以区区之齐在海滨,通货积财,富国强兵,与俗同好恶。故其称曰:"仓廪实而知礼节,衣食足而知荣辱,上服度则六亲固。四维不张,国乃灭亡。下令如流水之原,令顺民心。"故论卑而易行。俗之所欲,因而予之;俗之所否,因而去之。

其为政也,善因祸而为福,转败而为功。贵轻重,慎权衡。桓公实怒少姬,南袭蔡,管仲因而伐楚,责包茅不入贡于周室。桓公实北征山戎,而管仲因而令燕修召公之政。于柯之会,桓公欲背曹沫之约,管仲因而信之,诸侯由是归齐。故曰:"知与之为取,政之宝也。"

管仲富拟于公室,有三归、反坫,齐人不以为侈。管仲卒,齐国遵其政,常强于诸侯。后百余年而有晏子焉。

晏平仲婴者,莱之夷维人也。事齐灵公、庄公、景公,以节俭力行重于齐。既相齐,食不重肉,妾不衣帛。其在朝,君语及之,即危言;语不及之,即危行。国有道,即顺命;无道,即衡命。以此三世显名于诸侯。

越石父贤，在缧绁中。晏子出，遭之涂，解左骖赎之，载归。弗谢，入闺。久之，越石父请绝。晏子戄然，摄衣冠谢曰："婴虽不仁，免子于厄，何子求绝之速也？"石父曰："不然。吾闻君子诎于不知己而信于知己者。方吾在缧绁中，彼不知我也。夫子既已感寤而赎我，是知己；知己而无礼，固不如在缧绁之中。"晏子于是延入为上客。

晏子为齐相，出，其御之妻从门闲而窥其夫。其夫为相御，拥大盖，策驷马，意气扬扬甚自得也。既而归，其妻请去。夫问其故。妻曰："晏子长不满六尺，身相齐国，名显诸侯。今者妾观其出，志念深矣，常有以自下者。今子长八尺，乃为人仆御，然子之意自以为足，妾是以求去也。"其后夫自抑损。晏子怪而问之，御以实对。晏子荐以为大夫。

太史公曰：吾读管氏牧民、山高、乘马、轻重、九府，及晏子春秋，详哉其言之也。既见其著书，欲观其行事，故次其传。至其书，世多有之，是以不论，论其轶事。

管仲，世所谓贤臣，然孔子小之。岂以为周道衰微，桓公既贤，而不勉之至王，乃称霸哉？语曰"将顺其美，匡救其恶，故上下能相亲也"。岂管仲之谓乎？

方晏子伏庄公尸哭之，成礼然后去，岂所谓"见义不为无勇"者邪？至其谏说，犯君之颜，此所谓"进思尽忠，退思补过"者哉！假令晏子而在，余虽为之执鞭，所忻慕焉。

（选自司马迁《史记》，中华书局2014年版）

苏 武 传①

班 固

  班固(32—92),字孟坚,扶风安陵(今陕西咸阳东)人,东汉史学家、文学家。父班彪,汉代著名学者,曾为《史记》作"后传"数十篇。其后班固在此基础上撰写《汉书》。
  《汉书》继承史家的"实录"精神,叙写西汉一代二百二十多年的历史(武帝以前部分多采用《史记》的材料而稍作增删),是我国第一部纪传体断代史,也是一部有成就的史传文学作品,具有与《史记》并称的美誉。《汉书》叙事,"文赡而事详","赡而不秽,详而有体"(《后汉书·班固传论》),表现出文辞富赡、组织细密的特点,对后代散文有较大的影响。《苏武传》是其中的名篇。文章按时间顺序记叙了苏武出使匈奴、因变被扣、不惧威逼、不受利诱、苦守北海、持节不失的事迹。另外,班固也是有名的汉赋作家。其赋作极力追摹司马相如,规模宏大,尤以《两都赋》最为有名。

  武,字子卿,少以父任②,兄弟并为郎③,稍迁至栘中厩监④。时汉连伐胡⑤,数通使⑥相窥观,匈奴留汉使郭吉、路充国等,前后十余辈⑦。匈奴使来,汉亦留之以相当。天汉元年⑧,且鞮侯单于⑨初立,恐汉袭之,乃曰:"汉天子我丈人行也⑩。"尽归汉使路充国等。武帝嘉其义,乃遣武以中郎将使持节送匈奴使留在汉者⑪,因厚赂⑫单于,答其善意。武与副中郎将张胜及假吏常惠等募士斥候百余人俱⑬。既至匈奴,置币遗单于⑭。单于益骄,非汉所望也。
  方⑮欲发使送武等,会缑王与长水虞常等谋反匈奴中⑯。缑王者,昆邪王⑰姊子也,

---

① 选自《汉书·李广苏建传》,中华书局1962年版。 ② 少以父任:年轻时因父亲而被任用。父,苏武的父亲苏建。 ③ 兄弟并为郎:兄弟三人一起任皇帝的侍从官。兄,苏嘉;弟,苏贤。 ④ 迁:提拔。栘(yí)中厩(jiù)监:官名,管理汉宫栘园马厩的官员。 ⑤ 胡:古代中央政权对北方少数民族的通称,此处指匈奴。 ⑥ 通使:派遣使者往来。 ⑦ 辈:批。 ⑧ 天汉元年:即公元前100年。天汉,汉武帝年号。 ⑨ 单(chán)于:匈奴的最高领袖。且鞮(jū dī)侯:该单于即位前的封号。 ⑩ 丈人:古代对老年人和前辈的尊称。行(háng):辈。 ⑪ 中郎将:皇帝的侍从武官名。节:使臣所持信物,以竹为杆,柄长八尺,拴上牦牛尾,共三层,故又称"旄节"。 ⑫ 厚赂:赠以丰厚的礼物。 ⑬ 假吏:兼吏,临时委任的使臣属官。募士、斥候:随使团出行的警卫、侦查人员。俱:全,都。 ⑭ 置币:准备财务。遗(wèi):赠送。 ⑮ 方:正要。 ⑯ 缑(gōu)王:匈奴一个部落的王。长水虞常:指汉朝投降匈奴的原长水校尉虞常。 ⑰ 昆邪(hún yé)王:匈奴亲王,于武帝元狩二年(前121)降汉。

与昆邪王俱降汉,后随浞野侯没胡中①。及卫律所将降者②,阴相与谋劫单于母阏氏③归汉。会武等至匈奴,虞常在汉时素与副张胜相知,私候胜曰:"闻汉天子甚怨卫律,常能为汉伏弩射杀之。吾母与弟在汉,幸蒙其赏赐④。"张胜许之,以货物与常。后月余,单于出猎,独阏氏子弟在。虞常等七十余人欲发⑤,其一人夜亡⑥,告之。单于子弟发兵与战,缑王等皆死,虞常生得⑦。

　　单于使卫律治其事⑧。张胜闻之,恐前语发⑨,以状语武⑩。武曰:"事如此,此必及我。见犯乃死,重负国。⑪"欲自杀,胜、惠共止之。虞常果引张胜⑫。单于怒,召诸贵人议,欲杀汉使者。左伊秩訾⑬曰:"即谋单于⑭,何以复加⑮?宜皆降之⑯。"单于使卫律召武受辞⑰,武谓惠等:"屈节辱命,虽生,何面目以归汉!"⑱引佩刀自刺。卫律惊,自抱持武,驰召医。凿地为坎⑲,置煴火⑳,覆武其上,蹈其背以出血。武气绝,半日复息。惠等哭,舆归营。单于壮㉑其节,朝夕遣人候问武,而收系张胜。

　　武益愈。单于使使晓武,会论㉒虞常,欲因此时降武。剑斩虞常已,律曰:"汉使张胜谋杀单于近臣,当死,单于募降者赦罪。"举剑欲击之,胜请降。律谓武曰:"副有罪,当相坐㉓。"武曰:"本无谋,又非亲属,何谓相坐?"复举剑拟之,武不动。律曰:"苏君,律前负汉归匈奴,幸蒙大恩,赐号称王,拥众数万,马畜弥山,富贵如此。苏君今日降,明日复然。空以身膏㉔草野,谁复知之!"武不应。律曰:"君因我降,与君为兄弟,今不听吾计,后虽欲复见我,尚可得乎?"武骂律曰:"女㉕为人臣子,不顾恩义,畔㉖主背亲,为降虏于蛮夷,何以女为见㉗?且单于信女,使决人死生,不平心持正,反欲斗㉘两主,观祸败。若知我不降明,欲令两国相攻,匈奴之祸,从我始矣。"

　　律知武终不可胁,白㉙单于。单于愈益欲降㉚之,乃幽㉛武置大窖中,绝不饮食㉜。天雨雪,武卧啮雪与旃㉝毛并咽之,数日不死。匈奴以为神,乃徙武北海㉞上无人处,使牧羝㉟,羝乳㊱乃得归。别其官属常惠等,各置他所。

　　武既至海上,廪食不至,掘野鼠去㊲草实而食之。杖汉节牧羊,卧起操持,节旄尽

---

① 浞(zhuó)野侯:汉将赵破奴的封号。汉武帝太初二年(前103年)率骑击匈奴,兵败而降,全军沦没。　② 卫律:本为长水胡人,但长于汉,被协律都尉李延年荐为汉使出使匈奴。回汉后,正值延年因罪全家被捕,卫律怕受牵连,又逃奔匈奴,被封为丁零王。将:率领。　③ 阏氏(yān zhī):匈奴王后封号。　④ 幸:希望。蒙:得到。其:代词,指汉天子。　⑤ 欲发:将要起事。　⑥ 夜亡:夜里逃走。　⑦ 生得:被活捉。　⑧ 治:审理。其事:指虞常等人谋反这件事。　⑨ 前语:指不久以前他和常虞私下说的话。发:暴露。　⑩ 状:情况。语:告诉。　⑪ "见犯"二句:受到侵犯后才死,就更负国家。　⑫ 果引张胜:果然把张胜牵连在内。引,这里是牵连的意思。　⑬ 左伊秩訾(zī):匈奴的王号,有"左""右"之分。　⑭ 即谋单于:假使(他们)谋杀单于。　⑮ 何以复加:用什么更重的处罚呢?　⑯ 宜:应该。降之:使他们投降。　⑰ 受辞:受审讯。　⑱ "屈节"三句:让国家形象受委屈,辱没了国家的使命,即使得以活命,有何颜面回汉朝?　⑲ 坎:坑。　⑳ 煴(yūn)火:有烟无焰的火。　㉑ 壮:意动用法,认为……豪壮。　㉒ 论:判罪。　㉓ 当相坐:应当连带治罪。坐,连坐,相坐,古代律法规定,凡犯大罪者,其亲属连同治罪。　㉔ 膏:名词作动词用,滋润。　㉕ 女:即"汝"。　㉖ 畔:同"叛"。　㉗ 何以女为见:即"何以见女为",见你做什么?为,语气助词。　㉘ 斗:使动用法,使……相斗。　㉙ 白:禀报。　㉚ 降:使动用法,使……投降。　㉛ 幽:囚禁。　㉜ 绝不饮食:不给吃喝。　㉝ 旃(zhān):通"毡",毛毡。　㉞ 北海:当时在匈奴北境,即今贝加尔湖。　㉟ 羝(dī):公羊。　㊱ 乳:用作动词,生育,指生小羊。　㊲ 去:通"弆(jǔ)",收藏。

落。积五六年,单于弟於靬王弋射海上①。武能网纺缴②,檠③弓弩,於靬王爱之,给其衣食。三岁余,王病,赐武马畜服匿穹庐④。王死后,人众徙去。其冬,丁令⑤盗武牛羊,武复穷厄。

初,武与李陵俱为侍中⑥。武使匈奴明年,陵降,不敢求武。久之,单于使陵至海上,为武置酒设乐。因谓武曰:"单于闻陵与子卿素厚,故使陵来说足下,虚心欲相待。终不得归汉,空自苦亡⑦人之地,信义安所见乎?前长君为奉车⑧,从至雍棫阳宫⑨,扶辇下除⑩,触柱折辕,劾大不敬,伏剑自刎,赐钱二百万以葬。孺卿从祠河东后土⑪,宦骑与黄门驸马⑫争船,推堕驸马河中溺死,宦骑亡,诏使孺卿逐捕不得,惶恐饮药而死。来时,太夫人⑬已不幸,陵送葬至阳陵。子卿妇年少,闻已更嫁矣。独有女弟⑭二人,两女一男,今复十余年,存亡不可知。人生如朝露,何久自苦如此!陵始降时,忽忽如狂,自痛负汉,加以老母系保宫⑮,子卿不欲降,何以过陵?且陛下春秋⑯高,法令亡常,大臣亡罪夷灭者数十家,安危不可知,子卿尚复谁为乎?愿听陵计,勿复有云。"武曰:"武父子亡功德,皆为陛下所成就,位列将⑰,爵通侯⑱,兄弟亲近,常愿肝脑涂地。今得杀身自效,虽蒙斧钺汤镬⑲,诚甘乐之。臣事君,犹子事父也,子为父死亡所恨,愿无复再言。"陵与武饮数日,复曰:"子卿壹听陵言。"武曰:"自分⑳已死久矣!王㉑必欲降武,请毕今日之欢,效死于前!"陵见其至诚,喟然叹曰:"嗟呼!义士!陵与卫律之罪上通于天。"因泣下沾衿,与武决㉒去。

陵恶㉓自赐武,使其妻赐武牛羊数十头。后陵复至北海上,语武:"区脱捕得云中生口㉔,言太守以下吏民皆白服,曰上崩㉕。"武闻之,南乡号哭,欧血,旦夕临。

数月,昭帝㉖即位。数年,匈奴与汉和亲。汉求武等,匈奴诡言武死。后汉使复至匈奴,常惠请其守者与俱,得夜见汉使,具自陈道。教使者谓单于,言天子射上林㉗中,得雁,足有系帛书,言武等在某泽中。使者大喜,如惠语以让㉘单于。单于视左右而惊,谢㉙汉使曰:"武等实在。"于是李陵置酒贺武曰:"今足下还归,扬名于匈奴,功显于汉

---

① 於靬(wū jiān)王:且鞮单于之弟,为匈奴的一个亲王。弋射:射猎。 ② 网:织网,名词作动词用。缴,系在箭上的丝绳。 ③ 檠(qíng):矫正弓箭的工具,此作动词,犹"矫正"。 ④ 服匿:盛酒酪的器皿。穹庐:圆顶的毡毛大帐篷。 ⑤ 丁令:即"丁零",匈奴的北部一个部落。 ⑥ 李陵:字少卿,西汉陇西成纪(今甘肃秦安)人,李广之孙。天汉二年(前99)出征匈奴,兵败而降,后病死匈奴。侍中:官名,皇帝侍从。 ⑦ 亡:同"无"。 ⑧ 长君:指苏武的长兄苏嘉。奉车:官名,即"奉车都尉",皇帝出巡时,负责车马的侍从官。 ⑨ 雍:县名,在今陕西凤翔县南。棫(yù)阳宫:秦时所建宫殿,在雍东北。 ⑩ 除:宫殿的台阶。 ⑪ 孺卿:苏武弟苏贤的字。河东:郡名,在今山西夏县北。后土:地神。 ⑫ 宦骑:骑马的宦官。黄门驸马:宫中掌管车辇马匹的官。 ⑬ 太夫人:指苏武的母亲。 ⑭ 女弟:妹妹。 ⑮ 系保宫:关押在保宫。保宫,囚禁犯罪大臣及其眷属之处。 ⑯ 春秋:年纪。 ⑰ 位列将:苏武父亲苏建伐匈奴有功,被封为"游击将军""右将军",兄苏嘉为奉车都尉,苏武为中郎将,弟苏贤为骑都尉。 ⑱ 爵通侯:指其父被封为平陵侯。 ⑲ 斧钺汤镬:代指各种刑罚。钺,大斧。汤,沸水。镬,大锅。 ⑳ 分:料想,判定。 ㉑ 王:匈奴封李陵为右校王。 ㉒ 决:同"诀"。 ㉓ 恶:羞于。 ㉔ 区(ōu)脱:接近汉地的一个匈奴部落名。云中:郡名。生口:活口,即俘虏。 ㉕ 上崩:指后元二年(前87)汉武帝死。 ㉖ 昭帝:武帝少子刘弗陵。昭帝即位次年改元始元。始元六年(前81),与匈奴达成和议。 ㉗ 上林:即上林苑,故址在今陕西西安附近。汉朝皇帝游玩射猎的园林。 ㉘ 让:责备。 ㉙ 谢:道歉。

室,虽古竹帛①所载,丹青所画,何以过子卿!陵虽驽怯②,令汉且贳③陵罪,全其老母,使得奋大辱之积志,庶几乎曹柯之盟④,此陵宿昔之所不忘也。收族陵家,为世大戮,陵尚复何顾乎!已矣!令子卿知吾心耳!异域之人,壹别长绝!"陵起舞,歌曰:"径万里兮度沙幕,为君将兮奋匈奴。路穷绝兮矢刃摧,士众灭兮名已隤。老母已死,虽欲报恩将安归!"陵泣下数行,因与武决。单于召会武官属,前以降及物故⑤,凡随武还者九人。

武以始元六年春至京师。诏武奉一太牢谒武帝园庙⑥,拜为典属国⑦,秩中二千石⑧,赐钱二百万,公田二顷,宅一区。常惠、徐圣、赵终根皆拜为中郎,赐帛各二百匹。其余六人老归家,赐钱人十万,复终身。常惠后至右将军,封列侯,自有传。武留匈奴凡十九岁⑨,始以强壮出,及还,须发尽白。

思考与练习

一、用现代汉语翻译全文。
二、概述苏武形象的主要特征。

延伸阅读

《班固传》(节选)

固字孟坚。年九岁,能属文诵诗赋,及长,遂博贯载籍,九流百家之言,无不穷究。所学无常师,不为章句,举大义而已。性宽和容众,不以才能高人,诸儒以此慕之。

永平初,东平王苍以至戚为骠骑将军辅政,开东阁,延英雄。时固始弱冠,奏记说苍,荐桓梁、晋冯诸人,苍纳之。

父彪卒,归乡里。固以彪所续前史未详,乃潜精研思,欲就其业。既而有人上书显宗,告固私改作国史者,有诏下郡,收固系京兆狱,尽取其家书。先是扶风人苏朗伪言图谶事,下狱死。固弟超恐固为郡所核考,不能自明,乃驰诣阙上书,得召见,具言固所著述意,而郡亦上其书。显宗甚奇之,召诣校书部,除兰台令史,与前睢阳令陈宗、长陵令尹敏、司隶从事孟异共成世祖本纪。迁为郎,典校秘书。固又撰功臣、平林、新市、公孙述事,作列传、载记二十八篇,奏之。帝乃复使终成前所著书。

---

① 竹帛:古代以竹片或帛绸记事,此代指史籍。 ② 驽怯:无能和胆怯。 ③ 贳(shì):赦免。 ④ 曹柯之盟:《史记·刺客列传》载,春秋时,曹沫(曹刿)为鲁将,与齐作战,三战三败,鲁庄公割地求和,但仍用曹沫为将。后齐桓公与鲁庄公会盟于柯邑(时为齐邑),曹沫持匕首胁迫齐桓公,齐桓公只得归还鲁地。李陵引此以自比,表示要立功赎罪。 ⑤ 物故:死亡。 ⑥ 太牢:祭品,即牛、羊、豕三牲。园:陵园。庙:祭祀祖先的祠庙。 ⑦ 典属国:官名,掌管依附汉朝的各属国事务。 ⑧ 秩:官俸。中(zhòng)二千石:官俸的等级之一,即每月一百八十石。 ⑨ "武留"句:苏武汉武帝天汉元年(前100)出使,至汉昭帝始元六年(前81)还,共十九年。

固以为汉绍尧运，以建帝业，至于六世，史臣乃追述功德，私作本纪，编于百王之末，厕于秦、项之列，太初以后，阙而不录，故探撰前记，缀集所闻，以为汉书。起元高祖，终于孝平王莽之诛，十有二世，二百三十年，综其行事，傍贯五经，上下洽通，为春秋考纪、表、志、传凡百篇。固自永平中始受诏，潜精积思二十余年，至建初中乃成。当世甚重其书，学者莫不讽诵焉。

自为郎后，遂见亲近。时京师修起宫室，浚缮城隍，而关中耆老犹望朝廷西顾。固感前世相如、寿王、东方之徒，造构文辞，终以讽劝，乃上《两都赋》，盛称洛邑制度之美，以折西宾淫侈之论。

及肃宗雅好文章，固愈得幸，数入读书禁中，或连日继夜。每行巡狩，辄献上赋颂，朝廷有大议，使难问公卿，辩论于前，赏赐恩宠甚渥。固自以二世才术，位不过郎，感东方朔、杨雄自论，以不遭苏、张、范、蔡之时，作宾戏以自通焉。后迁玄武司马。天子会诸儒讲论五经，作白虎通德论，令固撰集其事。

时北单于遣使贡献，求欲和亲，诏问群僚。议者或以为"匈奴变诈之国，无内向之心，徒以畏汉威灵，逼惮南虏，故希望报命，以安其离叛。今若遣使，恐失南虏亲附之欢，而成北狄猜诈之计，不可"。固议曰："窃自惟思，汉兴已来，旷世历年，兵缠夷狄，尤事匈奴。绥御之方，其涂不一，或修文以和之，或用武以征之，或卑下以就之，或臣服而致之。虽屈申无常，所因时异，然未有拒绝弃放，不与交接者也。故自建武之世，复修旧典，数出重使，前后相继，至于其末，始乃暂绝。永平八年，复议通之。而廷争连日，异同纷回，多执其难，少言其易。先帝圣德远览，瞻前顾后，遂复出使，事同前世。以此而推，未有一世阙而不修者也。今乌桓就阙，稽首译官，康居、月氏，自远而至，匈奴离析，名王来降，三方归服，不以兵威，此诚国家通于神明自然之征也。臣愚以为宜依故事，复遣使者，上可继五凤、甘露致远人之会，下不失建武、永平羁縻之义。虏使再来，然后一往，既明中国主在忠信，且知圣朝礼义有常，岂可逆诈示猜，孤其善意乎？绝之未知其利，通之不闻其害。设后北虏稍强，能为风尘，方复求为交通，将何所及？不若因今施惠，为策近长。"

固后以母丧去官。永元初，大将军窦宪出征匈奴，以固为中护军，与参议。北单于闻汉军出，遣使款居延塞，欲修呼韩邪故事，朝见天子，请大使。宪上遣固行中郎将事，将数百骑与虏使俱出居延塞迎之。会南匈奴掩破北庭，固至私渠海，闻虏中乱，引还。及窦宪败，固先坐免官。

固不教学诸子，诸子多不遵法度，吏人苦之。初，洛阳令种兢尝行，固奴干其车骑，吏椎呼之，奴醉骂，兢大怒，畏宪不敢发，心衔之。及窦氏宾客皆逮考，兢因此捕系固，遂死狱中。时年六十一。诏以谴责兢，抵主者吏罪。

（选自宋·范晔《后汉书》，中华书局2007年版）

巫 山 巫 峡①

郦道元

> 郦道元(约469—527),字善长,范阳涿鹿(今属河北)人。魏孝文帝时,曾任御史中尉、治书侍御史。北魏宣武帝延昌四年(515)为东荆州刺史,以严酷免官。孝明帝时,为御史中尉。执法严峻,为权豪所惮。以谏议关右大使,被雍州刺史萧宝夤杀害。《水经》是一部记载全国水道的地理文献,旧传汉桑钦作。原书较为粗略,郦道元博稽有关典籍,又加以自己对北方山川的游历及实地考察,为《水经》作注,引书达四百多种,大大丰富了原书的记载。郦道元文笔简洁优美,故《水经注》不仅是地理学重要文献,也是艺术水平极高的游记散文著作,对后世产生了极大影响。
>
> 本篇文章善于抓住山水景物的特色描写山水,如写山形高峻,江面狭窄,仅用"自非停午夜分不见曦月"十字,情貌无遗,境界全出。又如写夏季峡水满急迅驰,用"有时朝发白帝,暮到江陵,其间千二百里,虽乘奔御风,不以疾也"数句,岁可想见峡窄水急,轻舟如箭之态。文辞精到高妙,亦使此文增色生辉。

  江水又东迳巫峡②。杜宇③所凿,以通江水也。郭仲产④云:按《地理志》,巫山在县西南,而今县东有巫山,将郡、县居治无恒故也。江水历峡东迳新崩滩。此山,汉和帝永元十二年崩,晋太元二年又崩,当崩之日,水逆流百余里,涌起数十丈。今滩上有石,或圆如箪⑤,或方似屋,若此者甚众,皆崩崖所陨,致怒湍流,故谓之新崩滩。其颓岩所余,比之诸岭,尚为竦桀⑥。其下十余里有大巫山,非惟三峡所无,乃当抗峰岷、峨⑦,偕岭衡、疑⑧,其翼附群山,并概⑨青云,更就霄汉,辨其优劣耳。神孟涂⑩所处。《山海经》曰:夏后启⑪之臣孟涂,是司神⑫于巴,巴人讼于孟涂之所,其衣有血者执之,是请生。居山上,在丹山⑬西。郭景纯云:丹山在丹阳⑭,属巴。丹山西即巫山者也。

  又帝女居焉,宋玉所谓天帝之季女⑮,名曰瑶姬,未行⑯而亡,封于巫山之阳。精魂为草,寔⑰为灵芝。所谓巫山之女,高唐之阻,旦为行云,暮为行雨,朝朝暮暮,阳台⑱之

---

① 选自郦道元《水经注》,陈桥驿译注,中华书局2016年版。 ② 迳:同"径"。巫峡:长江三峡之一。西起重庆巫山大宁河口,东至湖北巴东官渡口。 ③ 杜宇:传说中古代蜀国国王,号称望帝。 ④ 郭仲产:南朝宋尚书库部郎,撰有《襄阳记》《南雍州记》等。 ⑤ 箪(dān):古代盛饭用的圆形竹器。 ⑥ 竦桀(sǒng jié):高峻。竦,通"耸"。 ⑦ 峨:即峨眉山,位于四川。 ⑧ 偕:同,等同;衡:即衡山,五岳中的南岳,位于湖南。 ⑨ 概:连接。 ⑩ 孟涂:夏启的臣子。 ⑪ 夏后启:大禹的儿子启,夏朝的国君。 ⑫ 司神:神主。 ⑬ 丹山:即巫山。 ⑭ 丹阳:在今湖北秭归东南。 ⑮ 季女:小女。 ⑯ 行:出嫁。 ⑰ 寔:通"实"。 ⑱ 阳台:在今重庆巫山北阳台山上。

下。旦早视之,果如其言。故为立庙,号朝云焉。其间首尾百六十里,谓之巫峡,盖因山为名也。

自三峡七百里中,两岸连山,略无阙①处。重岩叠嶂,隐天蔽日,自非停午夜分②,不见曦月③。至于夏水襄陵④,沿溯⑤阻绝。或王命急宣⑥,有时朝发白帝⑦,暮到江陵⑧,其间千二百里,虽乘奔御风⑨,不以疾也。春冬之时,则素湍⑩绿潭,回清倒影,绝巘⑪多生怪柏,悬泉瀑布,飞漱⑫其间,清荣峻茂⑬,良多趣味。每至晴初霜旦,林寒涧肃,常有高猿长啸,属引⑭凄异,空谷传响,哀转久绝。故渔者歌曰:巴东三峡巫峡长,猿鸣三声泪沾裳。

……

江水又东迳黄牛山⑮,下有滩,名曰黄牛滩,南岸重岭迭起,最外高崖间有石,色⑯如人负刀牵牛,人黑牛黄,成就分明⑰,既人迹所绝,莫得究焉。此岩既高,加以江湍纡回⑱,虽途迳信宿⑲,犹望见此物,故行者谣曰:朝发黄牛,暮宿黄牛,三朝三暮,黄牛如故。言水路纡深,回望如一矣。

江水又东迳西陵峡⑳,《宜都记》曰:自黄牛滩东入西陵界,至峡口百许里,山水纡曲,而两岸高山重障,非日中夜半,不见日月。绝壁或千许丈,其石彩色,形容多所像类㉑。林木高茂,略尽冬春。猿鸣至清㉒,山谷传响㉓,泠泠㉔不绝。所谓三峡,此其一也。山松㉕言:常闻峡中水疾,书记㉖及口传,悉以临惧相戒,曾无㉗称有山水之美也。及余来践跻㉘此境,既至欣然,始信耳闻之不如亲见矣。其迭崿秀峰,奇构异形,固难以辞叙㉙;林木萧森,离离蔚蔚㉚,乃在霞气之表,仰瞩俯映,弥习弥佳㉛,流连信宿,不觉忘返,目所履历㉜,未尝有也。既自欣得此奇观,山水有灵,亦当惊㉝知己于千古矣。

 思考与练习

一、解释下面加点的字。
1. 夏水襄陵
2. 素湍绿潭

---

① 阙:同"缺"。 ② 停午:中午。夜分:半夜。 ③ 曦月:日月。曦,日光。 ④ 襄陵:夏季水涨,漫上山陵。 ⑤ 沿:顺流而下。溯:逆流而上。 ⑥ 王命:朝廷文告。宣:宣布,传达。 ⑦ 白帝:城名,在今重庆奉节县东。 ⑧ 江陵:今湖北江陵县。 ⑨ 乘奔:乘着奔跑的马。奔,快马。御风:驾风。 ⑩ 素湍:雪白的急流。湍,急流。 ⑪ 绝巘(yǎn):极高的山峰。 ⑫ 飞漱:飞流冲荡。 ⑬ 清荣峻茂:水清,树荣,山高,草茂。 ⑭ 属引:指猿声不断。属,连。 ⑮ 黄牛山:与下文的"黄牛滩",均在今湖北宜昌。 ⑯ 色:形状。 ⑰ 成就:形成。分明:清晰逼真。 ⑱ 纡回:回旋,环绕。 ⑲ 信宿:两日。 ⑳ 西陵峡:长江三峡中最长的峡谷。西起湖北巴东官渡口,东至宜昌南津关。 ㉑ 形容:形状。像类:相像类似。 ㉒ 至清:极其清越响亮。 ㉓ 响:回声。 ㉔ 泠(líng)泠:形容声音清越。 ㉕ 山松:即袁山松,东晋文学家,陈郡阳夏(在今河南安康)人,曾任宜都太守。 ㉖ 书记:书中记载。 ㉗ 曾无:全无,没有一个。 ㉘ 践跻(jī):亲自登临。 ㉙ 固:的确。难以辞叙:很难用言辞描述。 ㉚ 离离蔚蔚:浓密茂盛的样子。 ㉛ 弥习弥佳:越看越美妙。习,反复,屡次。 ㉜ 履历:经历,经过。 ㉝ 惊:惊喜,惊异。

3. 飞漱其间
4. 乘奔御风
5. 不见曦月
6. 山谷传响
7. 属引凄异

二、翻译下面句子。
1. 虽乘奔御风,不以疾也
2. 自非亭午夜分,不见曦月
3. 素湍绿潭,回清倒影
4. 清荣峻茂,良多趣味
5. 虽乘奔御风,不以疾也

 延伸阅读

　　自从明朝开始,《水经注》的各个版本,包括刊本和抄本纷纷问世,研究此书的学者也先后相继,从各个方面从事钻研,形成一门专门的学问——郦学,且由于研究的内容和目的不同而出现了三个学派。

　　第一个是考据学派。因为此书从南宋以来,经过多次雕版和辗转传抄,到了明代,许多流行的本子,已经到了错误百出、不堪卒读的地步。所以许多学家都在考证校勘上下工夫。万历四十三年(1615)以朱谋㙔为首校成的《水经注笺》,被清初学者称赞为"三百年来一部书",即被誉为在明代一切著述中的唯一一部好书,但其实此书仍然存在许多缺陷。清朝初年,郦学家一时涌现,大家各自寻找不同版本,各自深校细勘,特别是乾隆年间出现的郦学三大家:全祖望、赵一清、戴震。三人中以戴震年龄最幼,得以因缘进入四库馆参与《四库全书》编修,从事《水经注》的考证校勘。他以全、赵成果为主要基础,参以其他各本,特别是当时只能在四库馆内见到的《永乐大典》本,于乾隆三十九年(1774)校订了一种受到爱好山水地理的乾隆称赞的版本,随即在武英殿以活字排印出版,称为"武英殿聚珍本"(简称"殿本")。此本除了宋初缺佚的五卷无法弥补,显然是许多版本中首屈之本,此后各省纷纷翻刻重版。民国以后,各大书局又铅排出版,成为此书流行最广、印数最多的版本。虽然此本还存在若干可以继续校勘之处,但总的说来,考据学派的事业已经基本完成。

　　第二个学派是地理学派。早在明代,已有学者认为《水经注》是河川水利之书,也就是当时所谓的经世致用之书,其重要性首在河川地理研究。清代持这种观点的郦学家也有不少。最后由清末民初的杨守敬、熊会贞师生二人,以地理为主(当然也关注校勘),编纂成《水经注疏》一书,是所有此书版本注疏量最大之本。他们师生并同时编绘了《水经注图》,书图二者,至今都是研究历史地理特别是古代山川水利的极有价值的版本。

第三个学派是词章学派。此派认为《水经注》之所以不同凡响，全靠郦道元的绝妙文章，尤其是其中的山水描写。有人竟对此着迷，认为此书除了引人入胜的生动描写以外，没有别的东西。确实，在历史上大量书籍亡佚的情况下，此书能够孑然独存，并且形成一门学问，其开端无疑是因为郦道元的文章出众。如大文豪苏东坡所说的"乐何深"，就是因为此书在词章上让人爱不释手的缘故。直到民国，中学教科书上还常常选载此书描写风景的若干片段作为教材，供学生欣赏享受、学习研究。

　　《水经注》是一部奇书，郦学是一门内容浩瀚的学问。现在郦学研究早已流向国外，如日本和西欧，都有不少这门学问的研究者，研究的领域极广，课题很多。但是这些都是郦学家们的工作，不关一般读者的事。对于广大读者来说，还是苏东坡的那首诗："嗟我乐何深，《水经》亦屡读。"清代学者称赞此书的词章："片言只字，妙绝古今。"《水经注》不同于有些有争议的书，它可以稳稳当当地坐在历史名著的座位上，让读者在此书中获得文字咀嚼、风雅追求和情操陶冶的享受。或许也可以提高读者的写作能力，甚至吸引读者从事对此书某些专题的研究。

（选自郦道元《水经注》，陈桥驿译注，中华书局2016年版，有改动）

神　思①

刘　勰

　　刘勰(约465—约532),字彦和,原籍东莞莒县(今属山东),世居京口,南朝梁文学理论家、文学批评家。他幼年孤贫,笃志好学,曾官县令、步兵校尉,颇有清名,深研佛理、文学和经史百家。晚年弃官为僧,改名慧地。
　　《文心雕龙》是刘勰所著的我国最早最系统的一部文学理论著作。全书十卷,共五十篇(分上、下编),论述了文学的性质和文体,探讨了文学创作和批评的一些理论问题。在当时追求辞藻华美、忽视思想内容的形势下,该书强调作品内容与形式并重。该书既批评了唯美主义文风,又指出了作品艺术特点的重要性,这是难能可贵的。本书还论述了声律、训诂、语法、修辞等方面的问题,在语言学上也有重要地位。
　　《神思》是古代文论中比较全面而系统地论述艺术构思的一篇重要文献。它所提出的"神与物游"的构思活动,初步总结了形象思维的基本特点。刘勰所讲的"物",虽然主要是自然景色,未明确提到社会生活,略显不足;但他所强调的"研阅""博见"等,却包括了客观社会现象,也说明刘勰对艺术构思的物质基础是相当注意的。

　　古人云:"形在江海之上,心存魏阙之下。"②神思之谓也。文之思也,其神远矣。故寂然凝虑,思接千载;悄③焉动容,视通万里。吟咏之间,吐纳珠玉之声;眉睫之前,卷舒风云之色:其思理之致④乎!
　　故思理为妙,神与物游⑤。神居胸臆,而志气统其关键;物沿耳目,而辞令管其枢机。枢机方通,则物无隐貌;关键将塞,则神有遁⑥心。是以陶钧文思,贵在虚静⑦。疏瀹五藏,澡雪⑧精神。
　　积学以储宝⑨,酌理以富才,研阅以穷照,驯致以怿辞。然后使玄解之宰⑩,寻声律而定墨;独照之匠,窥意象而运斤。此盖驭文之首术,谋篇之大端。

----

①　选自詹锳《文心雕龙义证》,上海古籍出版社1989年版。　②"形在"两句:语出《庄子·让王》。原指身在民间而心系朝堂。作者舍弃其原来的意思,借以说明神思是一种不受局限的想象活动。魏阙(què),古代君王的宫门,代指朝廷。　③悄(qiǎo):静寂。　④致:达到。　⑤神与物游:精神和外物一起活动,即思维想象受外物的影响。　⑥遁:隐避、逃遁。　⑦贵在虚静:刘勰从先秦道家和荀子那里引入文学创作并加以改造的理论,包含两层意思:一是虚怀才能全面接纳各种事物并很好地认识事物形象的各方面,二是虚怀才能在文学创作过程中排除干扰,专心一意,更好地驰骋想象,释放感情。　⑧澡雪:洗涤。　⑨宝:指知识。　⑩玄解:懂得深奥的道理。宰:主宰,指心、脑。

夫神思方运，万涂竞萌。规矩虚位①，刻镂无形。登山则情满于山，观海则意溢于海；我才之多少，将与风云而并驱矣。方其搦翰，气倍辞前②，暨乎篇成，半折心始。何则？意翻空而易奇，言征实而难巧也。

是以意授于思，言授于意。密则无际，疏则千里③，或理在方寸，而求之域表；或义在咫尺，而思隔山河。是以秉心养术，无务苦虑；含章司契，不必劳情也。

人之禀才，迟速异分④；文之制体，大小殊功。相如含笔而腐毫⑤，扬雄辍翰而惊梦，桓谭疾感于苦思⑥，王充气竭于沈虑，张衡研《京》以十年⑦，左思练《都》以一纪⑧；虽有巨文，亦思之缓也。

淮南崇朝而赋《骚》，枚皋应诏而成赋，子建援牍如口诵⑨，仲宣举笔似宿构，阮瑀据案而制书，祢衡当食而草奏。虽有短篇，亦思之速也。

若夫骏发之士，心总要术，敏在虑前，应机立断。覃思⑩之人，情饶歧路，鉴在疑后，研虑方定。机敏，故造次而成功；虑疑，故愈久而致绩。难易虽殊，并资⑪博练。若学浅而空迟，才疏而徒速，以斯成器，未之前闻。

是以临篇缀虑，必有二患：理郁者苦贫⑫，辞溺者伤乱。然则博见为馈⑬贫之粮，贯一为拯乱之药。博而能一，亦有助乎心力矣。

若情数诡杂，体变迁贸⑭。拙辞或孕于巧义，庸事或萌于新意。视布于麻，虽云未费。杼轴献功⑮，焕然乃珍。

至于思表纤旨，文外曲致⑯；言所不追，笔固知止。至精而后阐其妙，至变而后通其数。伊挚不能言鼎，轮扁不能语斤⑰，其微矣乎！

赞曰：神用象通，情变所孕。物以貌求，心以理应⑱。刻镂声律，萌芽比兴。结虑司契，垂帷制胜⑲。

---

① 规矩：作动词用，按一定规矩加工，指对事物的揣摩。虚位：指存在于作家头脑中虚而不实之物。 ② 辞前：作品未写成之前。辞，指作品。 ③ 疏：疏漏，结合不好，指言不能准确表达意。 ④ 异分：不同。 ⑤ 相如：司马相如，西汉著名的辞赋家，相传他文思不敏捷。含笔：笔浸在墨汁中。腐毫：毛笔都腐烂了。 ⑥ 桓谭：东汉政治家、哲学家，他在《新论·祛蔽篇》中说自己年少时羡慕扬雄文章写得好，因苦思太甚而发病。 ⑦ 张衡：东汉科学家、文学家，《后汉书·张衡传》说，张衡学习班固的《两都赋》作《二京赋》(《西京赋》《东京赋》)共花了十年时间。 ⑧ 左思：西晋著名文人，相传左思《三都赋》的构思写作花了十余年时间。一纪：十二年。 ⑨ 子建援牍如口诵：曹植拿着木片写文章好像把背诵过的文章抄写下来一样。是说他文思敏捷。 ⑩ 覃(tán)思：深思。指文思缓缓的人写作时间构思深想而用很长的时间。 ⑪ 资：依靠。 ⑫ 郁：郁积，思路郁积不开展。贫：贫乏，没东西可写。 ⑬ 馈：进食，引申为补救。 ⑭ 体变：指体裁。迁贸：迁移，变化。 ⑮ 杼轴：旧式织机上的两个控制经纬线的装置。献功：指麻经过杼轴的加工。这里以织造加工来比喻运用想象进行文学的创作构思。 ⑯ 文外曲致：指文辞以外还没有写到的情致。曲，隐曲，曲折。 ⑰ 轮扁不能语斤：此句指轮扁不能说出自己熟练的技术。与上句同来指文章的妙处也是微妙而不能说清的。轮扁，古代传说中制车轮的能工巧匠。斤，斧。 ⑱ 心：感情。理：作品内容。应：反应。 ⑲ 垂帷制胜：运筹于帐幕中就能克敌制胜，借军事术语来比喻只要能巧妙运用神思，创作定能成功。

 思考与练习

一、请给下面加点字注音。
1. 方其搦翰,气倍辞前
2. 扬雄辍翰而惊梦,桓谭疾感于苦思
3. 结虑司契,垂帷制胜

二、解释下面加点的字或词的意思。
1. 然后使玄解之宰
2. 规矩虚位
3. 言征实而难巧也
4. 阮瑀据案而制书
5. 鉴在疑后
6. 覃思之人
7. 贯一为拯乱之药

三、思考题。
1. 理解"意象"在刘勰文学理论体系中的重要作用。
2. 体会作者极富诗意的语言和充满才情的艺术表达。

 延伸阅读

对《文心雕龙》的评价

《文心雕龙》是中国第一部美学和文学理论巨著,也是一部文学批评著作,完书于中国南北朝时期。

《文心雕龙》分为"上、下"两编,每编二十五篇,包括"总论""文体论""创作论""批评论""总序"五部分。其中总论五篇,论"文之枢纽",打下理论基础;文体论二十篇,每篇分论一种或两三种文体;创作论十九篇,分论创作过程、作家风格、文质关系、写作技巧、文辞声律等;批评论五篇,从不同角度对过去时代的文风及作家的成就提出批评,并对批评方法作了探讨,也是全书精彩部分;最后一篇《序志》是全书的总序,说明了自己的创作目的和全书的部署意图。《文心雕龙》全书受《周易》二元哲学的影响很大。

《文心雕龙》"体大而虑周",全书有两个重点:一个是反对不切实用的浮靡文风;一个是主张实用的"摛文必在纬军国"之落实文风。刘勰把天下书都当成文学书看,所以本书的立论极为广泛。

《文心雕龙》是刘勰在入定林寺后期所写的,是"齿在逾立"之年的作品。他曾帮助僧佑整理佛经,有学者认为《文心雕龙》多少受到一些佛教思想的影响。饶宗颐《〈文心雕龙〉与佛教》说:"他的文学理论之安排,却建筑于佛学根基之上。"僧佑所使用的"原始要终"一词,在《文心雕龙》中共使用四次。日本学者兴膳宏列举《文心雕龙》与《出三藏记集》的相似之处。

张中丞传后叙①

韩 愈

　　韩愈(768—824),字退之,河南河阳(今河南孟州南)人,自谓郡望昌黎(今属河北),世称韩昌黎。唐德宗贞元八年(792)登进士第,早年曾在几个节度使幕府当判官。贞元末年(805),升任监察御史,后上书要求宽免遭受旱灾地区的租税徭役,被贬为连州阳山(今广东阳山)县令。宪宗时,他随裴度平淮西叛乱,任刑部侍郎,又因上书谏阻迎佛骨,被贬为潮州(今广东潮州市)刺史。穆宗时召为国子监祭酒,官至吏部侍郎。卒谥文,后世又称韩文公。

　　韩愈是唐代古文运动的倡导者,提出了"文以传道""不平则鸣"等主张,为文体改革作出了重大贡献,对后代散文的发展产生了相当深远的影响。他的散文气势浑厚、善于推理、叙事简洁、语言流畅。他的诗也有散文化的倾向,某些作品着意追求奇险,开创了唐代一个重要的诗派。作品现存《韩昌黎文集》。

　　唐玄宗天宝十四载(755)冬,安禄山发动叛乱。第二年,长安陷落,玄宗奔蜀。在这危急的形势下,张巡、许远力守睢阳,挡住叛军南掠江、淮的去路,使唐军有江、淮财富接济军用,这对平定安史之乱具有十分重要的意义。但张巡、许远当时没有得到正确的评价,许远甚至被说成叛变投降。韩愈写这篇文章,对各种流言进行了严正的驳斥,赞扬了张巡、许远死守睢阳的历史功绩。文章采用了叙议结合的方式,推理严密,详略得当。所提供的某些资料,可补正史之不足。

　　元和二年四月十三日夜,愈与吴郡张籍阅家中旧书,得李翰所为《张巡传》。翰以文章自名②,为此传颇详密,然尚恨有阙者③:不为许远立传,又不载雷万春事首尾④。

　　远虽材若不及巡者⑤,开门纳巡⑥,位本在巡上,授之柄而处其下,无所疑忌⑦,竟与巡俱守死⑧、成功名;城陷而虏,与巡死先后异耳。两家子弟材智下,不能通知⑨二父志,

---

① 选自马其昶《韩昌黎文集校注》,上海古籍出版社1986年版。张中丞:即张巡。　② 自名:自许。　③ 尚:还。阙:欠缺,不足之处。　④ 雷万春:张巡部下勇将。韩愈此文没有叙述雷万春事迹,"雷万春"应为"南霁云"之误,如此方与后文相应。　⑤ 材:才能。若……者:似乎……是的。　⑥ 开门纳巡:肃宗至德二载(757)正月,叛军安庆绪部将尹子奇带兵十三万围睢阳,许远向张巡告急,张巡自宁陵率军入睢阳城(见《资治通鉴》卷二一九)。　⑦ 疑:猜疑。忌:妒忌。　⑧ 俱守死:一起守城,一起死难。　⑨ 通知:通晓。

以为巡死而远就虏①,疑畏死而辞服于贼。远诚畏死,何苦守尺寸之地,食其所爱之肉②,以与贼抗而不降乎?当其围守时,外无蚍蜉蚁子之援③,所欲忠者,国与主耳;而贼语以国亡主灭。远见救援不至,而贼来益众,必以其言为信。外无待而犹死守④,人相食且尽,虽愚人亦能数日而知死处矣,远之不畏死亦明矣!乌有城坏⑤其徒俱死,独蒙愧耻求活,虽至愚者不忍为;呜呼!而谓远之贤而为之邪?

说者又谓远与巡分城而守,城之陷,自远所分始。以此诟⑥远,此又与儿童之见无异。人之将死,其藏腑必有先受其病者;引绳而绝之⑦,其绝必有处。观者见其然⑧,从而尤之⑨,其亦不达⑩于理矣。小人之好议论,不乐成人之美,如是哉!如巡远之所成就,如此卓卓⑪,犹不得免,其他则又何说!当二公之初守也,宁能知人之卒不救,弃城而逆遁⑫?苟此不能守,虽避之他处何益;及其无救而且穷也,将其创残饿羸之余,虽欲去必不达。二公之贤,其讲之精矣。守一城捍天下,以千百就尽⑬之卒,战百万日滋⑭之师,蔽遮江淮,沮⑮遏其势,天下之不亡,其谁之功也!当是时,弃城而图存者,不可一二数;擅强兵坐而观者,相环也;不追议此,而责二公以死守,亦见其自比于逆乱⑯,设淫辞而助之攻也⑰。

愈尝从事于汴徐二府,屡道⑱于两府间,亲祭于其所谓双庙者。其老人往往说巡远时事,云:南霁云之乞救于贺兰也,贺兰嫉巡远之声威功绩出己上,不肯出师救。爱霁云之勇且壮,不听其语,强留之,具⑲食与乐,延⑳霁云坐。霁云慷慨语曰:"云来时,睢阳之人不食月余日矣!云虽欲独食,义不忍;虽食,且不下咽。"因㉑拔所佩刀,断一指,血淋漓,以示贺兰。一座大惊,皆感激㉒为云泣下。云知贺兰终无为云出师意,即驰去,将出城,抽矢射佛寺浮图,矢著其上砖半箭,曰:"吾归破贼,必灭贺兰,此矢所以志也㉓!"愈贞元中过泗州,船上人犹指以相语。城陷,贼以刃胁降巡,巡不屈,即牵去,将斩之;又降霁云,云未应,巡呼云曰:"南八,男儿死耳,不可㉔不义屈!"云笑曰:"欲将以有为也。公有言,云敢不死。"即不屈。

张籍曰:有于嵩者,少依于巡。及巡起事,嵩常在围中。籍大历中于和州乌江县见嵩,嵩时年六十余矣。以巡初尝得临涣县尉,好学无所不读。籍时尚小,粗问巡远事,不能细也。云:巡长七尺余,须髯若神。尝见嵩读《汉书》,谓嵩曰:"何为久读此?"嵩曰:"未熟也。"巡曰:"吾于书读不过三遍,终身不忘也。"因诵嵩所读书,尽卷不错一字。嵩惊,以为巡偶熟此卷,因乱抽他帙以试,无不尽然。嵩又取架上诸书试以问巡,巡应口诵

---

① 就虏:接受被俘,即被俘虏。就,动词,趋向。辞服:服罪,即投降。 ② "食其"句:睢阳城被围困时,城中粮尽,军民以雀鼠为食,最后只得以妇女与老弱男子充饥。当时,张巡曾杀爱妾、许远曾杀奴仆以充军粮。 ③ 蚍蜉(pí fú):黑色大蚁。蚁子:幼蚁。在这里都是比喻极其弱小的援兵。 ④ 外无待:外面没有援兵可以依靠。犹:尚且,还。 ⑤ 乌:何,哪。坏:房屋倒塌,这里指城池失陷。 ⑥ 诟(gòu):诽谤。 ⑦ 引:拉。绝:断,拉断。 ⑧ 然:这样。 ⑨ 尤:责怪。 ⑩ 达:通达。 ⑪ 卓卓:卓越。 ⑫ 逆遁:预先退逃。 ⑬ 就尽:将要死亡。 ⑭ 日滋:一天比一天增多。 ⑮ 沮:通"阻",阻挡。 ⑯ 自比于逆乱:指为叛逆说话,站在敌人一边。比,比同。 ⑰ 淫辞:邪说,不正确的言论。助之攻:帮助敌人向张、许进攻。 ⑱ 道:取道,经过。 ⑲ 具:具备、陈设。 ⑳ 延:邀请。 ㉑ 因:于是。 ㉒ 感激:感动,奋激。 ㉓ 志:记号,这里用作动词标记。 ㉔ 为:被。

无疑。嵩从巡久,亦不见巡常读书也。为文章,操纸笔立书,未尝起草。初守睢阳时,士卒仅①万人,城中居人户亦且数万②,巡因一见问姓名,其后无不识者。巡怒,须髯辄张③。及城陷,贼缚巡等数十人坐,且将戮,巡起旋④,其众见巡起,或起或泣,巡曰:"汝勿怖!死,命也。"众泣不能仰视。巡就戮时,颜色不乱,阳阳⑤如平常。远宽厚长者,貌如其心,与巡同年生,月日后于巡,呼巡为兄,死时年四十九。嵩贞元初死于亳宋间。或传嵩有田在亳宋间,武人夺而有之,嵩将诣州讼理⑥,为所杀⑦。嵩无子。张籍云。

思考与练习

一、给下面加点字注音。
1. 当其围守时,外无蚍蜉蚁子之援
2. 以此诟远
3. 具食与乐,延霁云坐
4. 巡怒,须髯辄张

二、解释下面加点字词的意思。
1. 两家子弟材智下,不能通知二父志
2. 以此诟远
3. 宁能知人之卒不救,弃城而逆遁
4. 愈尝从事于汴徐二府,屡道于两府间
5. 一座大惊,皆感激为云泣下
6. 巡起旋

三、思考题:分析本文的细节描写对刻画人物性格的作用。

延伸阅读

师者,所以传道、授业、解惑也。
师不必贤于弟子,弟子不必不如师。
(《师说》)

博爱之谓仁,行而宜之之谓义,由是而之焉之谓道,足乎己无待于外物之谓德。
(《原道》)

---

① 仅:差不多达到。唐人语言"仅"字放在数目字前,甚言其多,与现代"仅"字言其少正相反。② 居人:等于说"居民"。唐人避唐太宗李世民讳,常以"人"代"民"。户:户口。且:将近。 ③ 辄(zhé):总是。张:张开。 ④ 旋:小便。 ⑤ 阳阳:满不在乎的样子。 ⑥ 诣州:指去睢阳。讼理:告状。⑦ 为所杀:被那个武人杀了。

千里马常有,而伯乐不常有。 (《马说》)

业精于勤荒于嬉;行成于思毁于随。 (《进学解》)

作人得如周公、孔子,亦可以止矣。 (《违辨》)

千百载乃一相遇焉!
故高才多戚戚之穷,盛位无赫赫之光。 (《与于襄阳书》)

大凡物不得其平则鸣。 (《送孟东野序》)

钴鉧潭西小丘记①

柳宗元

> 柳宗元(773—819),字子厚,唐代文学家、哲学家,河东(今山西运城西)人,故世称"柳河东"。唐德宗贞元九年(793),二十一岁的柳宗元进士及第,授校书郎。二十六岁又中博学宏词科,调蓝田尉,升监察御史里行。与刘禹锡等参加主张改革的王叔文集团,任礼部员外郎。"永贞革新"失败后,被贬为永州司马。后迁柳州刺史,故又称"柳柳州"。与韩愈倡导古文运动,同被列入"唐宋八大家",并称"韩柳"。论文主张"文者以明道",散文峭拔矫健,说理透彻,山水游记多有寄托,尤为有名,寓言笔锋犀利,诗风清峭幽远。著有《河东先生集》。
>
> 本文是唐宪宗元和四年(809),柳宗元为永州司马时,前后作八篇山水游记,后人合称为"永州八记"。本篇为"八记"的第三篇。文章用一系列形象贴切的比喻,以动写静,使小丘群石神态活现,情态可掬,又着力描写开辟经营后小丘赏心悦目的宜人景象。文末以议论作结,感慨小丘价廉景美,在永州西山之西,因潭形似钴鉧(即熨斗)而得名。

得西山②后八日,寻③山口西北道二百步,又得钴鉧潭。潭西二十五步,当湍而浚者为鱼梁④。梁之上有丘焉,生竹树。其石之突怒偃蹇⑤,负土而出,争为奇状者,殆⑥不可数。其嵚然相累⑦而下者,若牛马之饮于溪;其冲然角列⑧而上者,若熊罴之登于山。

丘之小不能⑨一亩,可以笼而有之⑩。问其主,曰:"唐氏之弃地,货而不售⑪。"问其价,曰:"止四百。"余怜而售之⑫。李深源、元克己⑬时同游,皆大喜出自意外。即更取器用⑭,铲刈秽草,伐去恶木,烈火而焚之。嘉木立,美竹露,奇石显。由其中以望,则山之高,云之浮,溪之流,鸟兽鱼之遨游,举熙熙然回巧献技,以效兹丘之下⑮。枕席而卧,

---

① 选自柳宗元《柳河东集(上)》,上海古籍出版社2008年版。 ② 得西山:发现西山。 ③ 寻:缘,顺着。 ④ 鱼梁:挡水的石堰。垒石于河中为拦水堰,堰上可以行人;堰中留空洞,置捕鱼器于空洞处可以捕鱼。 ⑤ 突怒:高出挺起貌。偃蹇(jiǎn):高耸貌。 ⑥ 殆:几乎。 ⑦ 嵚(qīn)然相累:巨石相互连接、重叠。 ⑧ 冲然角列:形容巨石突起,如兽角斜向列开。 ⑨ 不能:不足。 ⑩ 笼而有之:意谓小丘虽小,却能将以上竹树怪石等牢笼在内。 ⑪ 货而不售:欲出售而未能卖出。 ⑫ 怜而售之:喜欢它而买下它。 ⑬ 李深源、元克己:柳宗元在永州时的友人。 ⑭ 更取器用:轮换着使用器具。器用,指除草、伐木等工具。 ⑮ "举熙熙"二句:意谓山、云、溪、鸟、兽、鱼等皆愉悦快乐地将其美姿呈现在小丘之下。迴巧献技,犹言运其巧慧贡献其所长。

则清泠之状与目谋①，潜潜②之声与耳谋，悠然而虚者③与神谋，渊然而静者④与心谋。不匝旬而得异地者二⑤，虽古好事之士，或未能至焉。

噫！以兹丘之胜，致之沣、镐、鄠、杜⑥，则贵游之士争买者，日增千金而愈不可得。今弃是州也，农夫渔父过而陋之，贾⑦四百，连岁不能售。而我与深源、克己独喜得之，是其果有遭乎！书于石，所以贺兹丘之遭也。

思考与练习

如何理解文章最后一段？请根据个人思考，写一段200字左右的议论。

延伸阅读

种树郭橐驼传
柳宗元

郭橐驼，不知始何名。病偻，隆然伏行，有类橐驼者，故乡人号之"驼"。驼闻之曰："甚善，名我固当。"因舍其名，亦自谓橐驼云。其乡曰丰乐乡，在长安西。驼业种树，凡长安豪富人为观游及卖果者，皆争迎取养，视驼所种树，或移徙，无不活，且硕茂早实以蕃。他植者虽窥伺效慕，莫能如也。

有问之，对曰："橐驼非能使木寿且孳也，能顺木之天，以致其性焉尔。凡植木之性，其本欲舒，其培欲平，其土欲故，其筑欲密。既然已，勿动勿虑，去不复顾。其莳也若子，其置也若弃，则其天者全而其性得矣。故吾不害其长而已，非有能硕茂之也；不抑耗其实而已，非有能早而蕃之也。他植者则不然，根拳而土易，其培之也，若不过焉则不及。苟有能反是者，则又爱之太恩，忧之太勤，旦视而暮抚，已去而复顾。甚者爪其肤以验其生枯，摇其本以观其疏密，而木之性日以离矣。虽曰爱之，其实害之；虽曰忧之，其实仇之，故不我若也。吾又何能为哉！"

问者曰："以子之道，移之官理可乎？"驼曰："我知种树而已，理，非吾业也。然吾居乡，见长人者好烦其令，若甚怜焉，而卒以祸。旦暮吏来呼曰：'官命促尔耕，勖尔植，督尔获。早缫而绪，早织而缕；字而幼孩，遂而鸡豚。'鸣鼓而聚之，击木而召之。吾小人辍飧饔以劳吏者，且不得暇，又何以蕃吾生而安吾性耶？故病且怠。若是，则与吾业者其亦有类乎？"

问者嘻曰："不亦善夫！吾问养树，得养人术。"传其事以为官戒。

---

① 清泠(líng)：清澈明净。与目谋：与目力相接。谋，相合。　② 潜(yíng)潜：水流声。　③ 悠然而虚者：指天空、浮云等。　④ 渊然而静者：指嘉木、美竹、奇石等无声静默者。渊然，静默状。　⑤ 不匝旬：不满一旬。匝旬，周旬，一旬为十日。异地者二：指发现西山后再得钴鉧潭与小丘两地。　⑥ 沣(fēng)、镐(hào)、鄠(hù)、杜：皆长安近郊名胜之地。　⑦ 贾：同"价"，价格。

岳阳楼记①

范仲淹

> 范仲淹(989—1052),字希文,吴县(今江苏苏州)人,北宋政治家、文学家。宋真宗大中祥符八年(1015)进士。宋仁宗天圣八年(1030)为殿中丞,天圣九年通判陈州。宋仁宗明道二年(1033)除右司谏。宋仁宗景祐二年(1035)权知开封府。宋仁宗康定元年(1040)为陕西经略安抚副使,兼知延州。宋仁宗庆历元年(1041)降知庆州,三年除参知政事,四年为陕西、河东宣抚使,五年知郑州。宋仁宗皇祐元年(1049)知杭州,三年知庆州。谥文正。善属文,诗文内容充实,艺术性强。词作仅存数首,而风格多样。有《范文正公集》传世。
>
> 岳阳楼为岳阳(今属湖南)城西门楼,西临洞庭湖。原为三国吴将鲁肃训练水兵之所。唐开元年间张说贬官岳州,重建楼阁。初名南楼,后改此名。宋仁宗庆历四年(1044)春,范仲淹友滕子京重加增饰,规制宏敞。庆历六年(1046)九月,范仲淹应子京之嘱作此文。其时子京以罪贬知岳州,范仲淹亦以推行新政,招致讥谗,出知郑州(今属河南)。文章紧扣双方境遇抒发胸襟,发表见解。全文用骈句写景,散句抒情言志,铺采摛文,其文风正可用文中"浩浩汤汤"一语来形容。

庆历四年春,滕子京谪守巴陵郡②。越明年③,政通人和,百废具兴④,乃重修岳阳楼,增其旧制⑤,刻唐贤今人诗赋于其上,属⑥予作文以记之。

予观夫巴陵胜状,在洞庭一湖。衔远山,吞长江,浩浩汤汤⑦,横无际涯;朝晖夕阴,气象万千,此则岳阳楼之大观也,前人之述备⑧矣。然则北通巫峡,南极潇湘⑨;迁客骚人⑩,多会于此;览物之情,得无⑪异乎?

若夫淫雨霏霏⑫,连月不开;阴风怒号,浊浪排空;日星隐曜,山岳潜形;商旅不行,樯倾楫摧;薄暮冥冥⑬,虎啸猿啼。登斯楼也,则有去国怀乡,忧谗畏讥,满目萧然,感极而悲者矣。

---

① 选自李勇先点校《范仲淹全集》,中华书局2020年版。 ② 滕子京:名宗谅,字子京,与范仲淹同年进士。因被诬私用公钱,由庆州谪知岳州。巴陵郡:南朝宋置,唐时改成岳州(今湖南岳阳)。 ③ 越明年:到第二年。越,经过。 ④ 具:同"俱",全。 ⑤ 制:规模。 ⑥ 属:同"嘱"。 ⑦ 汤(shāng)汤:水势浩渺貌。 ⑧ 前人之述备:前人咏岳阳楼的作品很详尽了。 ⑨ 南极潇湘:南面直到潇水、湘水。潇水是湘水的支流,湘水流入洞庭湖。 ⑩ 迁:贬谪,放逐。骚人:诗人、文人。 ⑪ 得无:能不。 ⑫ 淫雨:久雨。霏霏:纷纷而下的样子。 ⑬ 薄暮:傍晚。薄,靠近。冥冥:昏暗不明貌。

至若春和景①明，波澜不惊；上下天光，一碧万顷；沙鸥翔集，锦鳞②游泳；岸芷汀兰③，郁郁青青④。而或长烟一空，皓月千里，浮光跃金⑤，静影沉璧⑥；渔歌互答，此乐何极！登斯楼也，则有心旷神怡，宠辱偕忘，把酒临风，其喜洋洋者矣。

嗟夫！予尝求古仁人之心，或异二者之为。何哉？不以物喜，不以己悲。居庙堂⑦之高则忧其民；处江湖之远则忧其君。是进亦忧，退亦忧，然则何时而乐耶？其必曰："先天下之忧而忧，后天下之乐而乐"乎。噫！微⑧斯人，吾谁与归⑨？

时六年九月十五日。

思考与练习

翻译全文并背诵。

延伸阅读

范文正公为《岳阳楼记》，用对语说时境，世以为奇。尹师鲁读之曰："《传奇》体耳。"《传奇》，唐裴铏所著小说也。

（宋·陈师道《后山诗话》）

首尾布置与中间状物之妙，不可及矣。然最妙处在临了断遣一转语，乃知此老胸襟宇量，直与岳阳、洞庭同其广大。

（宋·楼昉《崇古文诀》）

一楼记耳，发出如许大议论、大道理，可悟古人动笔，总不为无益之文。

（清·许宝善《自怡轩古文选》）

---

① 景：日光。　② 锦鳞：色彩斑斓的鱼。　③ 岸芷汀兰：水边花草。芷，香草，又名白芷。汀，水边小洲。　④ 郁郁：香气勃发貌。青青：草木茂盛貌。　⑤ 浮光跃金：月光照耀下的水波像跳动的金子。⑥ 静影沉璧：静静无风时水中月影像沉入水中的玉璧。　⑦ 居庙堂：指在朝廷做官。庙堂，指朝廷。⑧ 微：如果没有。　⑨ 谁与归：即"与谁归"，同谁一道呢？

朋 党 论①

欧阳修

> 欧阳修(1007—1072),字永叔,号六一居士,吉州吉水(今属江西)人,北宋政治家、文学家,且在政治上负有盛名。因吉州原属庐陵郡,他以"庐陵欧阳修"自居。谥号文忠,世称欧阳文忠公。后人将其与韩愈、柳宗元和苏轼合称"千古文章四大家"。后人又将其与韩愈、柳宗元、苏轼、苏洵、苏辙、王安石、曾巩并称为"唐宋八大家"。
>
> 本文是欧阳修于宋仁宗庆历四年(1044)写给宋仁宗的一封奏章。当时,革新派范仲淹、杜衍等人提出了一系列改革主张,成为历史上有名的"庆历新政"。以夏竦、吕夷简为首的保守派被弹劾罢职后,不甘心其政治上的失败,广造舆论,竭力攻击、诽谤范仲淹等引用朋党。欧阳修故而奋笔写就这篇雄文,以驳斥保守派的攻击,辨朋党之诬。文章实践了欧阳修"事信、意新、理通、语工"的理论主张。通篇对比,很有特色。

　　臣闻朋党之说,自古有之,惟幸②人君辨其君子小人而已。大凡君子与君子③,以同道为朋④;小人与小人,以同利为朋。此自然之理也。

　　然臣谓小人无朋,惟君子则有之。其故何哉?小人所好者,利禄也;所贪者,财货也。当其同利之时,暂相党引⑤以为朋者,伪也。及其见利而争先,或利尽而交疏,则反相贼害⑥,虽其兄弟亲戚,不能自保。故臣谓小人无朋,其暂为朋者,伪也。君子则不然。所守⑦者道义,所行者忠信,所惜者名节。以之修身⑧,则同道而相益;以之事国,则同心而共济⑨。终始如一,此君子之朋也。故为人君者,但当退小人之伪朋,用君子之真朋,则天下治矣。

　　尧之时,小人共工、骧兜等四人为一朋⑩,君子八元、八恺十六人为一朋⑪。舜佐尧,退四凶小人之朋,而进元、恺君子之朋,尧之天下大治。及舜自为天子,而皋、夔、稷、契等二十二人并列于朝⑫,更相⑬称美,更相推让,凡二十二人为一朋,而舜皆用之,天下亦大治。《书》曰:"纣有臣亿万,惟亿万心;周有臣三千,惟一心。"纣之时,亿万人各异心,可谓不为朋矣,然纣以亡国。周武王之臣三千人为一大朋,而周用⑭以兴。后汉献

---

① 选自李逸安点校《欧阳修全集》,中华书局2001年版。　② 惟:只。幸:希望。　③ 大凡:大体上。　④ 道:一定的政治主张或思想体系。　⑤ 党引:勾结。　⑥ 贼害:残害。　⑦ 守:信奉。　⑧ 修身:按一定的道德规范进行自我修养。　⑨ 济:取得成功。　⑩ 共工、骧兜(huān dōu)等四人:指共工、骧兜、鲧(gǔn)、三苗,即后文被舜放逐的"四凶"。　⑪ 八元:传说中上古高辛氏的八个才子。八恺:传说中上古高阳氏的八个才子。　⑫ 皋(gāo)、夔(kuí)、稷(jì)、契(xiè):传说他们都是舜时的贤臣,皋掌管刑法,夔掌管音乐,稷掌管农业,契掌管教育。　⑬ 更(gēng)相:互相。　⑭ 用:因此。

帝时,尽取天下名士囚禁之,目①为党人。及黄巾贼起,汉室大乱,后方悔悟,尽解党人而释之,然已无救矣。唐之晚年,渐起朋党之论。及昭宗时,尽杀朝之名士,咸②投之黄河,曰:"此辈清流,可投浊流。"而唐遂亡矣。

夫前世之主,能使人人异心不为朋,莫如纣;能禁绝善人为朋,莫如汉献帝;能诛戮清流之朋,莫如唐昭宗之世。然皆乱亡其国。更相称美推让而不自疑,莫如舜之二十二臣,舜亦不疑而皆用之。然而后世不诮③舜为二十二人朋党所欺,而称舜为聪明之圣者,以能辨君子与小人也。周武之世,举其国之臣三千人共为一朋,自古为朋之多且大莫如周,然周用此以兴者,善人虽多而不厌也④。

嗟呼!治乱兴亡之迹,为人君者可以鉴矣!

思考与练习

一、翻译下面的句子。
1. 大凡君子与君子,以同道为朋;小人与小人,以同利为朋。此自然之理也
2. 小人所好者,利禄也;所贪者,货财也
3. 所守者道义,所行者忠信,所惜者名节
4. 故为人君者,但当退小人之伪朋,用君子之真朋,则天下治矣
5. 治乱兴亡之迹,为人君者可以鉴矣

二、找出代表全文主旨的句子,并概述本文中心思想。

三、按照儒家的传统观念,"君子群而不党"(《论语·卫灵公》),意思是君子团结别人但是不结党营私。这不仅是朝政清明的标志,也成了衡量人际关系的尺度。欧阳修认为应该对朋党加以区别对待,请谈谈你的看法。

延伸阅读

纵 囚 论

欧阳修

信义行于君子,而刑戮施于小人。刑入于死者,乃罪大恶极,此又小人之尤甚者也。宁以义死,不苟幸生,而视死如归,此又君子之尤难者也。方唐太宗之六年,录大辟囚三百余人,纵使还家,约其自归以就死。是以君子之难能,期小人之尤者以必能也。其囚及期,而卒自归无后者。是君子之所难,而小人之所易也。此岂近于人情哉?

或曰:罪大恶极,诚小人矣。及施恩德以临之,可使变而为君子。盖恩德入人之深,而移人之速,有如是者矣。曰:太宗之为此,所以求此名也。然安知夫纵之去也,不意其必来以冀免,所以纵之乎?又安知夫被纵而去也,不意其自归而必获免,所以复来乎?

---

① 目:作动词用,看作。 ② 咸:有本作"或"。 ③ 诮(qiào):责备。 ④ 厌:通"餍",满足。

夫意其必来而纵之,是上贼下之情也,意其必免而复来,是下贼上之心也。吾见上下交相贼以成此名也,乌有所谓施恩德与夫知信义者哉？不然,太宗施德于天下,于兹六年矣,不能使小人不为极恶大罪,而一日之恩,能使视死如归,而存信义,此又不通之论也。

然则何为而可？曰:纵而来归,杀之无赦。而又纵之,而又来,则可知为恩德之致尔。然此必无之事也。若夫纵而来归而赦之,可偶一为之尔。若屡为之,则杀人者皆不死,是可为天下之常法乎？不可为常者,其圣人之法乎？是以尧、舜、三王之治,必本于人情。不立异以为高,不逆情以干誉。

欧阳修的生平与创作

欧阳修是北宋诗文革新运动的领袖。他继承了中唐古文运动的传统,吸收了北宋初期诗文革新的成果,把诗文革新运动推向了高潮。他强调道对文的决定作用,又不轻视文,把文章与"百事"联系,反映现实。这种理论散见于《答吴充秀才书》《送徐无党南归序》《与张秀才第二书》等中。他还用自己诗、赋、文各方面的艺术创作,为诗文革新提供了良好的范例。苏轼评论他的作品说:"论大道似韩愈,论事似李贽,记事似司马迁,诗赋似李白。"(《宋史·欧阳修传》)

欧阳修一生写了五百余篇散文,成果斐然。他的政论文充分发挥了儒家思想中注重国计民生的优秀成分,为政治斗争服务,如《与高司谏书》《朋党论》《五代史伶官传序》等。他状物写景及叙事的散文摇曳生姿,从容委婉。《释秘演诗集序》《醉翁亭记》《泷冈阡表》等是这方面的佳作。欧阳修的赋也极具特色。他的《秋声赋》,采取散文句法,把秋夜写得生动可感,且变唐以来赋的"律体"为"散体",在赋的发展上,有重要意义。欧阳修又是个博通古今的大学者。他与宋祁(998—1061)一起重编《唐书》,还自著《五代史》,后人称之为《新唐书》和《新五代史》。欧阳修继承韩愈"文从字顺"的传统,但避免了韩愈尚奇好异的作风,散文内容充实,迂徐流畅;叙事简括有法,议论纡徐有致;章法曲折变化而又严密,语句轻快圆融而不滞涩。这种平实的散文风格在当时起了示范作用。

欧阳修诗的成就不如散文,但也不同凡响。流传下来的八百多首诗,多数是官场应酬、亲友赠答之类。但一些作品反映了人民痛苦生活,揭露了社会黑暗,如《食糟民》《边户》。此外,如《明妃曲和王介甫》《再和明妃曲》,斥责统治者的昏庸误国,对妇女的不幸表示同情。他还有一些诗,以清丽俊美之笔,或咏物写景,或述怀言志,如《画眉鸟》《戏答元珍》《晚泊岳阳》,都给人平实亲切之感。欧阳修的诗也受到了韩愈的影响,也写过一些奇崛险怪的诗,如《凌溪大石》。但他主要学习韩愈诗歌散文化、议论化的特点,以清新自然、平易流畅纠险涩雕琢之弊,对扫除西昆派的浮艳文风,有良好作用。不过,一些诗散文化、议论化倾向较明显,意境略差。

欧阳修是北宋著名词家之一。欧词收在《六一词》和《醉翁琴趣外编》中的有二百多首,大部分描写爱情。与他在散文和诗中表现出庄重的儒者面目不同,他的词情意缠绵,风流深婉,如《踏莎行》上阕最后两句"离愁渐远渐无穷,迢迢不断如春水",缠绵清丽,真挚动人。欧词中还有直抒个人抱负的作品,多作于后期。他题咏颍州西湖的十首

《采桑子》,表现了襟怀豪逸的洒脱情怀和自我宽慰的情绪。《圣无忧》"世路风波险"等也不全是悲观的呻吟。欧阳修的一些词,向清疏峻洁的方向发展,一洗晚唐、五代的绮靡习气和富贵氛围。这说明作者已开始突破词的传统题材和表现手法,与诗文革新运动遥相呼应,对苏轼等豪放派词人和秦观等婉约派词人均有一定影响。冯煦说他"疏隽开子瞻,深婉开少游"(《宋六十一家词选例言》),概括了欧阳修在宋词发展中的地位。

欧阳修在诗歌理论上也颇有成就。他在《梅圣俞诗集序》中提出了"诗穷而后工"的论点,揭示了生活和创作的密切关系,在文艺理论上有较普遍的意义。他的《六一诗话》,以随笔漫谈的形式论诗,开诗话、词话之先河。

欧阳修的著述,今存《欧阳文忠公全集》《欧阳文忠公集》。

赵武灵王胡服骑射①

《资治通鉴》

《资治通鉴》是由北宋司马光主编的一部多卷本编年体史书,上起战国,下讫五代,根据大量的史料,经精心剪裁熔铸而成,涵盖16朝1362年的历史,共294卷,历时19年完成。在这部史书里,编者总结出许多经验教训,供统治者借鉴。宋神宗认为此书"鉴于往事,有资于治道",即以历史的得失作为鉴戒来加强统治,所以定名为《资治通鉴》。

赵武灵王,名雍,赵肃侯之子,周显王四十四年(前325)即位。为加强边防,于赵武灵王十九年(前307)下令"胡服骑射"。本文出自《资治通鉴》,主要介绍了赵武灵王为了国家的强大,进行胡服骑射改革的故事。故事主要围绕赵武灵王与重臣公子成之间的争论展开,主要通过两个方面的言论表现赵武灵王注重实用、勇于改革的形象。党的二十大报告中提到的"制国有常,利民为本"正是源自本文。

赵武灵王北略中山之地②,至房子③,遂之代④,北至无穷⑤,西至河,登黄华之上。与肥义⑥谋胡服骑射以教百姓,曰:"愚者所笑,贤者察焉。虽驱世⑦以笑我,胡地、中山,吾必有之!"遂胡服。

国人皆不欲,公子成⑧称疾不朝。王使人请之曰:"家听于亲,国听于君。今寡人作教易服而公叔不服⑨,吾恐天下议己也。制国有常⑩,利民为本;从政有经,令行⑪为上。明德先论于贱⑫,而从政先信于贵⑬,故愿慕公叔之义⑭以成胡服之功也。"公子成再拜稽首曰⑮:"臣闻中国者⑯,圣贤之所教也,礼乐之所用也,远方之所观赴也,蛮夷之所则效也⑰。今王舍此而袭⑱远方之服,变古之道,逆人之心,臣愿王熟图⑲之也!"使者以报。王自往请之,曰:"吾国东有齐、中山,北有燕、东胡,西有楼烦⑳、秦、韩之边。今无

---

① 选自司马光《资治通鉴》,中华书局2007年版。 ② 北略:向北攻占。中山:古代国名,今河北定州一带。 ③ 房子:古地名,今河北临城。 ④ 代:古地名,代郡,在今山西大同一带。 ⑤ 无穷:自代郡上出塞外,大漠数千里,故称无穷。 ⑥ 肥义:赵国的国相。 ⑦ 驱世:意为世上所有的人。 ⑧ 公子成:赵武灵王的叔父。 ⑨ 不服:不穿胡服。 ⑩ 常:章法、常规。"从政有经"中的"经"也是此意,经:原则、章法。 ⑪ 令行:政令得以实行。 ⑫ "明德"句:意思是修明德行必须先让百姓议论明白。贱,指底层的百姓。 ⑬ "而从政"句:意思是贯彻政令首先要使贵族信服奉行。 ⑭ 慕公叔之义:仰仗叔父的声望。 ⑮ 稽首:叩头至地,是古时最恭敬的一种跪拜礼。 ⑯ 中国:中原地区。 ⑰ 则效:取法仿效。 ⑱ 袭:仿效。 ⑲ 熟图:深思熟虑。 ⑳ 楼烦:古国名,在今山西省西北部。

骑射之备，则何以守之哉？先时中山负①齐之强兵，侵暴吾地，系累②吾民，引水围鄗③；微④社稷之神灵，则鄗几于不守也。先君丑之，故寡人变服骑射，欲以备四境之难，报中山之怨。而叔顺⑤中国之俗，恶⑥变服之名，以忘鄗事之丑，非寡人之所望也。"公子成听命，乃赐胡服；明日服而朝。于是始出⑦胡服令，而招骑射焉。

思考与练习

一、解释下面加点的字。
1. 家听于亲，国听于君
2. 今寡人作教易服而公叔不服
3. 公子成再拜稽首曰
4. 今无骑射之备，则何以守之哉
二、总结课文中词性活用的词语。
三、请根据课文，分析赵武灵王的人物特点。

延伸阅读

创 作 背 景

　　司马光曾患历代史籍浩繁，学者难以遍览，因欲撮取其要，撰纪传体史。初成《通志》八卷，起战国至秦二世，表进于朝，引起宋英宗的重视。治平三年（1066），诏置书局于崇文院，继续编纂。宋神宗即位，赐书名为《资治通鉴》（以下简称《通鉴》），并序以奖之。元丰七年（1084）书成。

　　《通鉴》由司马光总其大成，协修者有刘恕、刘攽、范祖禹三人。刘恕博闻强记，自《史记》以下诸史，旁及私记杂说，无所不览，对《通鉴》的讨论编次，用力最多。刘攽于汉史、范祖禹于唐史，都有专深的研究。他们分工合作，各自做出了重要贡献。最后，由司马光修改润色，写成定稿。其中是非予夺，一出于光。

　　《通鉴》征引史料极为丰富，除十七史外，所引杂史诸书达数百种。书中叙事，往往一事用数种材料写成。遇年月、事迹有歧义处，均加考订，并注明斟酌取舍的原因，以为《考异》。《通鉴》具有相当高的史料价值，尤以《隋纪》《唐纪》《五代纪》史料价值最高。

　　《通鉴》因司马光一人精心定稿，统一修辞，故文字优美，叙事生动，且有相当高的文学价值，历来与《史记》并列为中国古代之史家绝笔。于叙事外，还选录了前人的史论九十七篇，又以"臣光曰"的形式，撰写史论一百一十八篇，比较集中地反映了作者的政治、历史观点。对历史上有关图谶、占卜、佛道等宗教迷信，采取了批判的态度，体现了史学思想的重要进步。

---

① 负：依仗。　② 系累：用绳索捆绑，指被俘。　③ 鄗（hào）：赵国城名，在今河北柏乡县北。　④ 微：假如，如果。　⑤ 顺：依循。　⑥ 恶：厌恶。　⑦ 出：颁布。

戊午上高宗封事①

胡 铨

  胡铨(1102—1180),字邦衡,号澹庵,吉州庐陵(今江西吉安)人。宋高宗建炎二年(1128)中进士,宋高宗绍兴五年(1135)任枢密院编修官。绍兴八年(1138)因上疏请斩王伦、秦桧和孙近三人,触怒投降派秦桧,被谪居新州,移吉阳军(治今海南三亚西北崖城)。宋孝宗隆兴元年(1163),他才被起用。他是南宋著名抗金人物,坚决反对议和,力主修武备、蓄兵力,以收复失地。著有《澹庵文集》。

  《戊午上高宗封事》的体裁是奏章,创作于宋高宗绍兴八年(1138)。当时南宋宰相秦桧想向金乞和,金称"诏谕江南",把高宗看作金国的臣下,引起南宋朝野一片激愤。胡铨即上此奏请求高宗立斩王伦、秦桧、孙近,以示抗敌决心。文章词严义正,理直气壮,表现了作者的气节和热忱,一时呼声震动天下。

  臣谨案②,王伦本一狎邪小人③,市井无赖,顷缘宰相无识④,遂举以使虏⑤。专务诈诞⑥,斯罔天听⑦,骤得美官,天下之人切齿唾骂。今者无故诱致虏使⑧,以"诏谕江南"为名,是欲臣妾我也⑨,是欲刘豫我也⑩。刘豫臣事丑虏⑪,南面称王,自以为子孙帝王万世不拔⑫之业,一旦豺狼改虑,捽而缚⑬之,父子为虏。商鉴不远,而伦又欲陛下效之。夫天下者,祖宗之天下也,陛下所居之位,祖宗之位也。奈何以祖宗之天下为金虏

---

① 选自脱脱等撰《宋史·胡铨传》,中华书局2000年版。事:密封的奏章。古时群臣上奏章表,一般不用封缄,如事涉机密,为防泄露,就封以皂囊(黑色丝织口袋)。 ② 谨案:恭敬论述。案:经过考察核实得出的结论。 ③ 王伦:字正道,莘县(今山东莘县)人。绍兴七年(1137),徽宗和宁德后死于金国,王伦任迎奉梓宫使,出使金国,答应割地议和。绍兴八年(1138),王伦出使金国,不久即与金国使臣同回临安。绍兴九年,王伦再次出使金国被拘,六年后拒绝降金,自云:"臣今将命被留,欲污以伪职,臣敢爱一死以辱命!"遂被金国君主勒死。狎邪:行为放荡,品行不端。④ 顷:不久前。缘:因为。宰相:指秦桧,时任宰相,力主与金讲和。 ⑤ 使虏:出使金朝。虏,对敌人蔑称。下文丑虏、犬戎、夷狄等,皆有蔑视意。 ⑥ 专务诈诞:只说些欺诈虚妄的话。 ⑦ 斯罔天听:骗取皇帝的信任。⑧ "今者"句:绍兴八年金国国君派遣萧哲、张通古为江南诏谕使,同王伦使宋,以"诏谕"为名,即将宋视为属国,因为古代国君告知臣下或百姓才叫"诏谕",故引起宋朝士人抗议。 ⑨ 臣妾我:使我为臣妾。男称臣,女称妾,表示被统治的身份。 ⑩ 刘豫我:使我变成刘豫那样的附庸。刘豫,字彦游,南宋叛臣,金傀儡政权伪齐皇帝。金兵南下不久降金,建炎四年(1130),被金人立为"大齐"皇帝,建都大名(今属河北),后迁汴京(今河南开封)。统治河南、陕西之地,配合金兵攻宋。绍兴七年(1137)被废黜,父子二人皆为阶下囚。 ⑪ 臣事:像臣子那样去侍奉。 ⑫ 不拔:不可拔除,不可动摇。 ⑬ 捽(zuó):泛指抓,揪。

之天下,以祖宗之位为金虏藩臣之位①!陛下一屈膝,则祖宗庙社之灵尽污夷狄,祖宗数百年之赤子②尽为左衽,朝廷宰执尽为陪臣,天下之士大夫皆当裂冠毁冕,变为胡服。异时豺狼无厌之求,安知不加我以无礼如刘豫也哉!

夫三尺童子,至无识也,指犬豕而使之拜③,则怫然怒④。今丑虏则犬豕也,堂堂大国,相率而拜犬豕,曾童孺之所羞,而陛下忍为之耶?伦之议乃曰:"我一屈膝则梓宫可还⑤,太后可复,渊圣可归⑥,中原可得。"呜呼!自变故以来⑦,主和议者谁不以此说啖⑧陛下哉!然而卒无一验,则虏之情伪已可知矣。而陛下尚不觉悟,竭民膏血而不恤,忘国大仇而不报,含垢忍耻,举天下而臣之甘心焉。就令虏决可和,尽如伦议,天下后世谓陛下何如主⑨?况丑虏变诈百出,而伦又以奸邪济之⑩,梓宫决不可还,太后决不可复,渊圣决不可归,中原决不可得,而此膝一屈不可复伸,国势陵夷⑪不可复振,可为痛哭流涕长太息矣⑫!

向者陛下间关海道⑬,危如累卵⑭,当时尚不忍北面⑮臣虏,况今国势稍张,诸将尽锐,士卒思奋。只如顷者丑虏陆梁⑯,伪豫⑰入寇,固尝败之于襄阳,败之于淮上,败之于涡口,败之于淮阴,校之往时蹈海之危⑱,固⑲已万万,傥不得已而至于用兵,则我岂遽出虏人下哉⑳?今无故而反臣之,欲屈万乘之尊,下穹庐之拜,三军之士不战而气已索㉑。此鲁仲连所以义不帝秦,非惜夫帝秦之虚名,惜天下大势有所不可也。今内而百官,外而军民,万口一谈,皆欲食伦之肉。谤议汹汹,陛下不闻,正恐一旦变作,祸且不测。臣窃谓不斩王伦,国之存亡未可知也。

虽然,伦不足道也,秦桧以心腹大臣而亦为之。陛下有尧、舜之资,桧不能致君如唐、虞,而欲导陛下为石晋,近者礼部侍郎曾开等引古谊以折之,桧乃厉声责曰:"侍郎知故事㉒,我独不知!"则桧之遂非愎谏㉓,已自可见,而乃建白㉔令台谏、侍臣金议可否,是盖畏天下议己,而令台谏、侍臣共分谤耳。有识之士皆以为朝廷无人,吁,可惜哉!

孔子曰:"微管仲,吾其被发左衽矣。"夫管仲,霸者之佐耳,尚能变左衽之区,而为衣裳之会㉕。秦桧,大国之相也,反驱衣冠之俗,而为左衽之乡。则桧也不唯陛下之罪人,实管仲之罪人矣。孙近傅会桧议,遂得参知政事,天下望治有如饥渴,而近伴食中书,漫不敢可否事。桧曰虏可和,近亦曰可和;桧曰天子当拜,近亦曰当拜。臣尝至政事堂,三发问而近不答,但曰:"已令台谏、侍从议矣。"呜呼!参赞大政,徒取充位如此。有如㉖

---

① 藩臣之位:附属国的臣子之位。 ② 赤子:比喻百姓,人民。 ③ 犬豕(shǐ):狗和猪。比喻鄙贱之人。 ④ 怫然:愤怒貌。 ⑤ 梓(zǐ)宫:皇帝、皇后的灵柩,此指宋徽宗赵佶的灵柩。 ⑥ 渊圣:指宋钦宗赵桓。渊圣为宋钦宗的尊号。 ⑦ 变故:指靖康之变。 ⑧ 啖(dàn):喂食,引申为利诱。 ⑨ 何如主:怎样的君主。 ⑩ 济之:指王伦帮助金朝。 ⑪ 陵夷:由盛到衰,衰颓,衰落。 ⑫ 长太息:深深地叹息。 ⑬ 向者陛下间关海道:指宋高宗在金兵追击下从建康(今江苏南京)逃往杭州、明州(今浙江宁波)并航海到温州一事。间关,道路崎岖难行。 ⑭ 累卵:把鸡蛋堆叠起来,比喻极其危险。 ⑮ 北面:古代君主面朝南坐,臣子朝见君主则面朝北,所以对人称臣称为北面。 ⑯ 陆梁:跳跃貌,引申为嚣张、猖獗。 ⑰ 伪豫:指刘豫的伪政权。 ⑱ 蹈海之危:航海,比喻危险。 ⑲ 固:通"故",已经。 ⑳ 遽(jù):竟,就。出虏人下:指比敌人弱。 ㉑ 索:尽,完结。 ㉒ 故事:旧事,典故。 ㉓ 遂非愎(bì)谏:坚持错误,固执而不听他人意见。 ㉔ 建白:陈述意见或有所倡议。 ㉕ 衣裳之会:指齐桓公主持的各诸侯国的盟会。 ㉖ 有如:如果。

虏骑长驱,尚能折冲御侮耶①?臣窃谓秦桧、孙近亦可斩也。

臣备员枢属,义不与桧等共戴天,区区之心,愿断三人头,竿之藁街②,然后羁留虏使,责以无礼,徐兴问罪之师,则三军之士不战而气自倍。不然,臣有赴东海而死尔,宁能处小朝廷求活邪!

思考与练习

一、解释下面加点的字。
1. 遂举以使虏
2. 相率而拜犬豕,曾童孺之所羞
3. 竭民膏血而不恤
4. 举天下而臣之甘心焉
5. 正恐一旦变作,祸且不测
6. 引古谊以折之

二、翻译下面的句子。
1. 安知不加我以无礼如刘豫也哉
2. 倘不得已而至于用兵,则我岂遽出虏人下哉

三、请简述课文中提到的挽救国家的方法。

延伸阅读

奏议类文体

奏议类文体,多为臣子向君王进言的上行公文,是中国古代君主政权下大臣用来参政议政的常用文体。这些奏议类文体各有相应的文体功能和写作要求。自汉以来,形成了章、表、奏、议四种主要的奏议文体。

一、章和表

章和表是两种性质相近的上行公文,二者的文体意义接近。刘勰《文心雕龙·章表》解释章、表文体名称的由来时说:"章者,明也。《诗》云'为章于天',谓文明也。其在文物,赤白曰章。表者,标也。《礼》有《表记》,谓德见于仪。其在器式,揆景曰表。章表之目,盖取诸此也。"

二、奏

"奏"本义为动词,许慎《说文》解释为"进"。《尚书·尧典》有"敷奏以言"句,意思为

---

① 折冲:击退敌军。折,挫败。御侮:抵御侵侮,与"折冲"意同。 ② 竿之藁(gǎo)街:用竹竿把头悬于金国使臣住的街上以示众。竿,用作动词,犹言"悬"。把头挂在竹竿上。藁街,汉朝的街名,在长安城南内,为汉代长安城中少数民族及外国使者居住之所。

陈述进献治国理政之言。早期的"奏"指向帝王进言献策这一行为。但是，并不是所有冠以"奏"的文书都是向皇帝进言。"奏记"一体，专指有司言事于上官的文书，虽是上行文书，但不是谏君之辞。

三、议

古时凡国家大事，必集群臣商议而定之。这种议政行为早在轩辕时代即已产生。据管仲言"轩辕有明台之议"。到秦汉时，"议"被定为一种国家制度，并已形成了一套完整的议政体制。

先妣事略①

归有光

> 归有光(1507—1571),字熙甫,又字开甫,号项脊生,人称震川先生,昆山(今属江苏)人,明代散文家。嘉靖年间中进士,官至南京太仆寺丞。当时文坛上以王世贞为代表的"后七子"声势很大,他们极力主张"文必秦汉,诗必盛唐"。归有光与唐顺之、王慎中两人均崇尚内容翔实、文字朴实的唐宋古文,三人并称为"嘉靖三大家"。由于归有光在散文创作方面的极深造诣,在当时被称为"今之欧阳修",后人称赞其散文为"明文第一",王世贞晚年也赞扬他的文章"不事雕饰而有风味"。著有《震川集》《三吴水利录》等。
>
> 《先妣事略》是归有光追忆亡母的一篇记叙文。归有光的母亲十六岁嫁到归家,十八岁生下他,二十六岁去世,当时归有光只有八岁。十六年后,归有光二十四岁,已娶妻育雏,这篇怀念母亲之作就是在这时写的。全篇主要借回忆母亲生前的几件事情,表现母亲治家的勤俭、对孩子的期望以及他对母亲的怀念之情。文章笔意疏淡,虽写家常琐事,但读来亲切动人。

先妣周孺人②,弘治元年二月十一日生。年十六,来归③。逾年④,生女淑静。淑静者,大姊也。期而生有光;又期而生女子,殇一人⑤,期⑥而不育者一人;又逾年,生有尚,妊十二月;逾年,生淑顺;一岁,又生有功。有功之生也,孺人比乳他子加健,然数颦蹙顾诸婢曰:"吾为多子苦!"老妪以杯水盛二螺进,曰:"饮此,后妊不数矣。"孺人举之尽,喑⑦不能言。正德八年五月二十三日,孺人卒。诸儿见家人泣,则随之泣,然犹以为母寝也,伤哉!于是家人延画工画⑧,出二子,命之曰:"鼻以上画有光,鼻以下画大姊。"以二子肖母也。

孺人讳桂⑨。外曾祖讳明,外祖讳行,太学生。母何氏。世居吴家桥,去县城东南三十里,由千墩浦而南,直桥⑩并小港以东,居人环聚,尽周氏也。外祖与其三兄,皆以资雄,敦尚简实⑪,与人姁姁⑫说村中语,见子弟甥侄,无不爱。孺人之吴家桥,则治木

---

① 选自归有光《震川先生集》,周本淳校注,上海古籍出版社1981年版。 ② 孺人:明清时代七品官的母亲或妻子封孺人,后成为古人对母亲或妻子的尊称。 ③ 来归:嫁来。 ④ 逾年:一年。 ⑤ 殇一人:生(双胞胎)时死了一个。 ⑥ 期(jī):一年。 ⑦ 喑(yīn):哑。 ⑧ 延画工画:请来画工(为死去的母亲)画像。 ⑨ 讳:名,封建时代不应直称的尊长的名字称讳。 ⑩ 直桥:对着桥头。 ⑪ 敦尚简实:注重简易朴实。 ⑫ 姁姁(xǔ):言语温和亲切。

绵①，入城则缉纑②，灯火荧荧，每至夜分③。外祖不二日，使人问遗④，孺人不忧米盐，乃劳苦若不谋夕⑤。冬月炉火炭屑，使婢子为团，累累暴⑥阶下。室靡弃物，家无闲人。儿女大者攀衣，小者乳抱，手中纫缀不辍⑦，户内洒然⑧。遇僮奴有恩，虽至棰楚⑨，皆不忍有后言。吴家桥岁致鱼蟹饼饵，率人人得食。家中人闻吴家桥人至，皆喜。

有光七岁，与从兄有嘉入学，每阴风细雨，从兄辄留⑩。有光意恋恋，不得留也。孺人中夜觉寝，促有光暗诵《孝经》，即熟读无一字龃龉⑪，乃喜。孺人卒，母何孺人亦卒。周氏家有羊狗之痾⑫，舅母卒，四姨归顾氏，又卒，死三十人而定，惟外祖与二舅存。

孺人死十一年，大姊归王三接，孺人所许聘者也。十二年，有光补学官弟子⑬，十六年而有妇⑭，孺人所聘者也。期而抱女，抚爱之，益念孺人，中夜与其妇泣，追惟⑮一二，仿佛如昨，余则茫然矣。世乃有无母之人，天乎！痛哉！

思考与练习

一、解释下面加点的字。
1. 然数颦蹙顾诸婢曰
2. 直桥并小港以东
3. 外祖与其三兄，皆以资雄
4. 孺人中夜觉寝

二、翻译下面的句子。
1. 然犹以为母寝也，伤哉
2. 与人姁姁说村中语，见子弟甥侄，无不爱
3. 中夜与其妇泣，追惟一二，仿佛如昨，余则茫然矣

三、请结合《项脊轩志》和《先妣事略》等文章，总结作者的写作手法。

延伸阅读

项 脊 轩 志
归有光

项脊轩，旧南阁子也。室仅方丈，可容一人居。百年老屋，尘泥渗漉，雨泽下注，每

---

① 木绵：棉花。　② 缉纑(lú)：把麻搓成线，准备织布。纑，麻缕。　③ 夜分：半夜。　④ 问遗：馈赠。　⑤ 不谋夕：即朝不谋夕，早上不能为晚上打算，比喻境况窘迫。这里说母亲虽不忧米盐，但当穷日子过，十分勤俭。　⑥ 暴：同"曝"，晒。　⑦ 纫缀不辍：缝缝补补。　⑧ 洒然：整齐清洁，很有秩序。　⑨ 棰楚：杖打，一种用木杖鞭打的古代刑罚。　⑩ 辄留：请假不去上学。　⑪ 龃龉(jǔ yǔ)：牙齿上下不整齐，此处指不顺畅。　⑫ 羊狗之痾(ē)：由羊、狗等家畜传染的疾病。　⑬ 学官弟子：即秀才，经过本省各级考试取入府、州、县学的生员。学官是各级地疗教官的统称，府学称教授，州学称学正，县学称教谕，负责管教在学的生员。　⑭ 有妇：结婚。　⑮ 追惟：追思。

移案,顾视无可置者。又北向,不能得日,日过午已昏。余稍为修葺,使不上漏;前辟四窗,垣墙周庭,以当南日;日影反照,室始洞然。又杂植兰桂竹木于庭,旧时栏楯,亦遂增胜。借书满架,偃仰啸歌,冥然兀坐。万籁有声,而庭阶寂寂,小鸟时来啄食,人至不去。三五之夜,明月半墙,桂影斑驳。风移影动,珊珊可爱。然予居于此,多可喜,亦多可悲。

先是,庭中通南北为一。迨诸父异爨,内外多置小门墙,往往而是。东犬西吠,客逾庖而宴,鸡栖于厅。庭中始为篱,已为墙,凡再变矣。家有老妪,尝居于此。妪,先大母婢也。乳二世,先妣抚之甚厚。室西连于中闺,先妣尝一至,妪每谓予曰:"某所,而母立于兹。"妪又曰:"汝姊在吾怀,呱呱而泣。娘以指叩门扉曰:'儿寒乎?欲食乎?'吾从板外相为应答。"语未毕,余泣;妪亦泣。

余自束发读书轩中。一日,大母过余曰:"吾儿,久不见若影,何竟日默默在此,大类女郎也?"比去,以手阖门,自语曰:"吾家读书久不效,儿之成,则可待乎?"顷之,持一象笏至,曰:"此吾祖太常公宣德间执此以朝;他日,汝当用之。"瞻顾遗迹,如在昨日。令人长号不自禁。

轩东故尝为厨。人往,从轩前过。余扃牖而居,久之能以足音辨人。轩凡四遭火,得不焚,殆有神护者。

项脊生曰:蜀清守丹穴,利甲天下。其后秦皇帝筑女怀清台。刘玄德与曹操争天下,诸葛孔明起陇中,方二人之昧昧于一隅也,世何足以知之?余区区处败屋中,方扬眉瞬目,谓有奇景。人知之者,其谓与坎井之蛙何异?

余既为此志后五年,吾妻来归。时至轩中从余问古事,或凭几学书。吾妻归宁,述诸小妹语曰:"闻姊家有阁子,且何谓阁子也?"其后六年,吾妻死,室坏不修。其后二年,余久卧病无聊,乃使人复葺南阁子。其制稍异于前,然自后余多在外,不常居。庭有枇杷树,吾妻死之年所手植也。今已亭亭如盖矣。

(选自归有光《震川先生集》,周本淳校注,上海古籍出版社1981年版)

报刘一丈书①

宗 臣

> 宗臣(1525—1560),字子相,号方城山人,兴化(今属江苏)人,明代文学家,南宋名将宗泽后人。明嘉靖二十九年(1550)进士,由刑部主事调吏部,以病归,筑室百花洲上,读书其中,后历吏部稽勋员外郎,杨继盛死,臣赙以金,为严嵩所恶,出为福建参议,以御倭寇功升福建提学副使,卒官。诗文主张复古,与李攀龙等齐名,为"嘉靖七子"(后七子)之一。著有《宗子相集》。
>
> 《报刘一丈书》是宗臣创作的一篇书信体散文。作者生活于严嵩父子掌权时期。二人权侵朝野,许多士大夫在其淫威下丧失了廉耻气节,纷纷投入其门下。面对这种情况,作者借写给他父亲的朋友刘一丈的回信批判当时的政坛风气。文章通过对官场现状的精彩描写,把所谓的"上下相孚"揭露得淋漓尽致,然后对比作者自身的行为,正面表明作者不愿同流合污的高尚情操。

数千里外,得长者时赐一书,以慰长想,即亦甚幸矣;何至更辱馈遗②,则不才益将何以报焉?书中情意甚殷,即长者之不忘老父,知老父之念长者深也。

至以"上下相孚③,才德称位"语不才④,则不才有深感焉。夫才德不称,固自知之矣,至于不孚之病,则尤不才为甚。

且今之所谓孚者何哉?日夕策马⑤,候权者之门,门者故不入,则甘言媚词作妇人状,袖金⑥以私之。即门者持刺⑦入,而主人又不即出见,立厩中仆马之间,恶气袭衣袖,即饥寒毒热不可忍,不去也。抵暮,则前所受赠金者出,报客曰:"相公倦,谢客矣,客请明日来。"即明日又不敢不来。夜披衣坐,闻鸡鸣即起盥栉⑧,走⑨马推门,门者怒曰:"为谁?"则曰:"昨日之客来。"则又怒曰:"何客之勤也!岂有相公此时出见客乎?"客心耻之,强忍而与言曰:"亡⑩奈何矣,姑容我入。"门者又得所赠金,则起而入之。又立向所立厩中。幸主者出⑪,南面召见,则惊走匍匐阶下。主者曰:"进!"则再拜,故迟不起,起则上所上寿金⑫。主者故不受,则固请,主者故固不受,则又固请,然后命吏纳之,则又再拜,又故迟不起,起则五六揖始出。出揖门者曰:"官人⑬幸顾我,他日来,幸无阻我

---

① 选自《古文观止》,中华书局2012年版。 ② 辱:谦辞。馈遗:赠送物品。 ③ 孚:信任、融洽。 ④ 不才:自谦的称呼。 ⑤ 策:马鞭。这里是动词,驱赶之意。 ⑥ 袖金:取出袖子中存放的金子。袖,动词,取出袖中之物。 ⑦ 刺:名帖、名片。 ⑧ 盥(guàn)栉:洗脸梳头。 ⑨ 走:跑。 ⑩ 亡:通"无",没有。 ⑪ 幸:希望。 ⑫ 寿金:送礼的银子。 ⑬ 官人:本意为出外居官的人,后泛指在社会上有一定地位的人或主人,这里指门人。

也!"门者答揖。大喜,奔出。马上遇所交识,即扬鞭语曰:"适自相公家来,相公厚我!厚我!"且虚言状。即所交识亦心畏相公厚之矣。相公又稍稍语人曰:"某也贤,某也贤。"闻者亦心计交赞之。此世所谓上下相孚也。长者谓仆①能之乎?

前所谓权门者,自岁时伏腊②一刺之外,即经年不往也。间道经其门,则亦掩耳闭目,跃马疾走过之,若有所追逐者。斯则仆之褊衷③。以此长不见悦于长吏④,仆则愈益不顾也。每大言曰⑤:"人生有命,吾惟守分而已。"长者闻之,得无厌其为迂乎?

 思考与练习

一、解释下面带点的字。
1. 作妇人状,袖金以私之
2. 客心耻之
3. 亡奈何矣,姑容我入
4. 然后命吏纳之
5. 即所交识亦心畏相公厚之矣

二、翻译下面的句子。
1. 且今之所谓孚者何哉?日夕策马,候权者之门
2. 斯则仆之褊衷
3. 以此长不见悦于长吏

三、文章紧紧围绕"上下相孚""才德称位"两方面展开,请总结主旨。

 延伸阅读

叙上下相孚处,未免涉于轻薄,然仕途中更有甚于此者,但不可对人言耳。昏暮乞哀,骄人白日,舍此别无可进身处?　　　　　　(明·林云铭《古文析义》)

描写逢迎之状态如画。　　　　　　(明末清初·黄宗羲《明文授读》)

是时严介溪揽权,俱是乞哀昏暮、骄人白日一辈人,摹写其丑形恶态,可为尽情。末说出自己之气骨。两两相较,薰莸不同,清浊异质。有关世教之文。
　　　　　　(清·吴楚材、吴调侯《古文观止》)

将伺候权门龌龊卑鄙之态,曲曲写出,闻之犹令人作三日恶,而个中人顾甘之如饴,殊不可解。　　　　　　(清·王文濡《宋元明文评注读本》)

---

①仆:自称的谦辞。　②岁时:指过年和四季各节日。伏腊:夏伏和冬腊,古时也是节日。　③褊(biǎn)衷:心胸狭隘。　④长吏:上峰,上司。　⑤大言:说大话,这里也是自谦。

西湖七月半①

张 岱

张岱(1597—1689),一名维城,字宗子,又字石公,号陶庵、天孙,别号蝶庵居士,晚号六休居士,山阴(今浙江绍兴)人,明末清初文学家、史学家。张岱出生仕宦世家,少为富贵公子,还是一位精于茶艺鉴赏的行家,崇老庄之道,喜清雅幽静。爱繁华,好山水,晓音乐、戏曲,明亡后不仕,入山著书以终。张岱是公认成就最高的明代文学家之一,最擅长写散文。他的散文语言清新活泼、形象生动、广览简取。著有《陶庵梦忆》《西湖梦寻》《夜航船》《琅嬛文集》《快园道古》等。

《西湖七月半》是张岱创作的一篇散文。作者先描绘了达官贵人、名人闺秀、名妓闲僧、慵懒之徒四类看月之人;与这些附庸风雅的世俗之辈形成鲜明对比的是最后一类,即作者的好友及佳人,其观景赏月时行为的持重高雅、情态气度与西湖的优美风景和谐一致。作者对五类人的描述,字里行间不见褒贬之词,然孰优孰劣、孰雅孰俗一目了然。文章表面写人,又时时不离写月,看似无情又蕴情于其中,完美而含蓄地体现了作者抑浅俗、颂高雅的主旨。

西湖七月半②,一无可看,止可看看七月半之人③。看七月半之人,以五类看之,其一,楼船箫鼓,峨冠盛筵④,灯火优傒⑤,声光相乱,名为看月而实不见月者,看之⑥;其一,亦船亦楼,名娃闺秀⑦,携及童娈⑧,笑啼杂之,环坐露台,左右盼望,身在月下而实不看月者,看之;其一,亦船亦声歌,名妓闲僧,浅斟低唱,弱管轻丝,竹肉相发⑨,亦在月下,亦看月,而欲人看其看月者,看之;其一,不舟不车,不衫不帻⑩酒醉饭饱,呼群三五,跻入人丛,昭庆⑪、断桥,嚣呼嘈杂,装假醉,唱无腔曲,月亦看,看月者亦看,不看月者亦看,而实无一看者,看之;其一,小船轻幌⑫,净几暖炉,茶铛旋煮⑬,素瓷静递⑭,好友佳人,邀月同坐,或匿影⑮树下,或逃嚣里湖,看月而人不见其看月之态,亦不作意⑯看月者,看之。

---

① 选自张岱《陶庵梦忆》,夏咸淳、程维荣校注,上海古籍出版社2001年版。 ② 七月半:农历七月十五,又称中元节。 ③ "止可"句:只可看那些来看七月半景致的人。止,通"只"。 ④ 峨冠:头戴高冠,指士大夫。盛筵:摆着丰盛的酒筵。 ⑤ 优傒:优伶和仆役。 ⑥ 看之:谓要看这一类人,下同。 ⑦ 娃:美女。 ⑧ 童娈(luán):容貌好看的家童。 ⑨ 竹肉:指管乐和歌喉。 ⑩ "不舟"二句:不坐船,不乘车,不穿长衫,不戴头巾,指放荡随便。帻(zé),头巾。 ⑪ 昭庆:寺庙名。 ⑫ 幌:窗幔。 ⑬ 旋:随时,随即。 ⑭ 素瓷静递:雅洁的瓷杯无声地传递。 ⑮ 匿影:藏身。 ⑯ 作意:故意,作出某种姿态。

杭人游湖，巳出酉归①，避月如仇。是夕好名②，逐队争出，多犒门军③酒钱。轿夫擎燎④，列俟岸上。一入舟，速舟子急放断桥⑤，赶入胜会。以故二鼓以前⑥，人声鼓吹，如沸如撼⑦，如魇如呓，如聋如哑⑧，大船小船一齐凑岸，一无所见，止见篙击篙、舟触舟、肩摩肩、面看面而已。少刻兴尽，官府席散，皂隶⑨喝道去，轿夫叫船上人，怖以关门⑩，灯笼火把如列星，一一簇拥而去。岸上人亦逐队赶门，渐稀渐薄，顷刻散尽矣。

吾辈始舣舟⑪近岸。断桥石磴⑫始凉，席其上⑬，呼客纵饮。此时月如镜新磨，山复整妆，湖复頮面⑭，向之浅斟低唱者出，匿影树下者亦出，吾辈往通声气⑮，拉与同坐。韵友来，名妓至，杯箸安⑯，竹肉发。月色苍凉，东方将白，客方散去。吾辈纵舟，酣睡于十里荷花之中，香气拍人，清梦甚惬。

思考与练习

一、翻译下面的句子。
1. 楼船箫鼓，峨冠盛筵，灯火优傒，声光相乱
2. 亦船亦声歌，名妓闲僧，浅斟低唱，弱管轻丝，竹肉相发
3. 或逃嚣里湖，看月而人不见其看月之态，亦不作意看月者，看之
4. 大船小船一齐凑岸，一无所见，止见篙击篙、舟触舟、肩摩肩、面看面而已
5. 韵友来，名妓至，杯箸安，竹肉发

二、文中作者是如何营造各类看月者看月时的不同氛围的？
三、概括作者对"游湖看月的五类人"的描述，并分析作者表达的意向。

延伸阅读

湖心亭看雪
张　岱

崇祯五年十二月，余住西湖，大雪三日，湖中人鸟声俱绝。是日更定矣，余拏一小舟，拥毳衣炉火，独往湖心亭看雪。雾凇沆砀，天与云与山与水，上下一白，湖上影子，惟长堤一痕，湖心亭一点，与余舟一芥，舟中人两三粒而已。

到亭上，有两人铺毡对坐，一童子烧酒炉正沸。见余大喜，曰："湖中焉得更有此

---

① 巳：巳时，约为上午九时至十一时。酉：酉时，约为下午五时至七时。　② 是夕好名：七月十五这天夜晚，人们喜欢这个名目。名，指"中元节"的名目，等于说"名堂"。　③ 犒：用酒食或财物慰劳。门军：守城门的军士。　④ 燎：火把。　⑤ 舟子：船夫。放：开船。　⑥ 二鼓：二更，夜里十一点左右。　⑦ 如沸如撼：像水沸腾，像物体震撼，形容喧嚷。　⑧ 如聋如哑：指喧闹中震耳欲聋，自己说话别人听不见。　⑨ 皂隶：衙门的差役。　⑩ 怖以关门：用关城门恐吓。　⑪ 舣（yǐ）舟：移动船使船停靠岸边。　⑫ 石磴（dèng）：石头台阶。　⑬ 席其上：在石磴上摆设酒筵。　⑭ 頮（huì）面：一作"颒面"，洗脸。　⑮ 往通声气：过去打招呼。　⑯ 箸：筷子。

人!"拉余同饮,余强饮三大白而别。问其姓氏,是金陵人,客此。及下船,舟子喃喃曰:"莫说相公痴,更有痴似相公者!"

(选自张岱《陶庵梦忆》,夏咸淳、程维荣校注,上海古籍出版社2001年版)

传 是 楼 记①

汪 琬

汪琬(1624—1691),字苕文,号钝庵,初号玉遮山樵,晚号尧峰,小字液仙,散文家,长洲(今江苏苏州)人,在当时有盛名,与侯方域、魏禧合称清初"三大家"。清顺治十二年(1655)进士,清康熙十八年(1679)举博学鸿(原为宏,避乾隆讳)词,历官户部主事、刑部郎中、编修。有《尧峰文钞》《钝翁类稿》。

本文是汪琬为藏书家徐乾学的藏书楼写的一篇记叙文,出自《尧峰文钞》。传是楼楼主徐乾学是明末大学者顾炎武的外甥,康熙九年进士。传是楼是其藏书楼。文中首先简要介绍了藏书楼的情况,然后着重叙述藏书的意义,赞扬徐乾学能运用从书中得到的知识行事处世。文章说理严密自然,层层深入,语言简练确切。

昆山徐健庵先生,筑楼于所居之后,凡七楹②。间命工斫③木为橱,贮书若干万卷,区为经史子集四种。经则传注义疏之书附焉,史则目录、家乘、山经、野史之书附焉,子则附以卜筮、医药之书,集则附以乐府诗余之书。凡为橱者七十有二,部居类汇,各以其次,素标缃帙④,启钥灿然。于是先生召诸子登斯楼而诏之曰:"吾何以传女曹哉⑤?吾徐先世,故以清白起家,吾耳目濡染旧矣。盖尝慨夫为人之父祖者,每欲传其土田货财,而子孙未必能世富也;欲传其金玉珍玩、鼎彝尊罍之物⑥,而又未必能世宝也;欲传其园池台榭、舞歌舆马之具,而又未必能世享其娱乐也。吾方以此为鉴。然则吾何以传女曹哉?"因指书而欣然笑曰:"所传者惟是矣!"遂名其楼为"传是",而问记于琬。琬衰病不及为,则先生屡书督之,最后复于先生曰:

甚矣,书之多厄也!由汉氏以来,人主往往重官赏以购之,其下名公贵卿,又往往厚金帛以易之,或亲操翰墨,及分命笔吏以缮录之。然且裒⑦聚未几,而辄至于散佚,以是知藏书之难也。琬顾谓藏之之难不若守之之难,守之之难不若读之之难,尤不若躬体而心得之之难。是故藏而勿守,犹勿藏也;守而弗读,犹勿守也。夫既已读之矣,而或口与躬违,心与迹忤,采其华而忘其实,是则呻占⑧记诵之学所为哗众而窃名者也,与弗读奚以异哉!

古之善读书者,始乎博,终乎约,博之而非夸多斗靡也,约之而非保残安陋也。善读

---

① 选自汪琬《尧峰文钞》(卷六),上海涵芬楼景印林佶写刊本。 ② 楹:房屋一间为一楹。 ③ 斫:用刀斧砍。 ④ 缃:浅黄色。帙:书画外面包着的布套。 ⑤ 女曹:汝等。女即汝。 ⑥ 彝(yí):古代盛酒的器具,也泛指祭器。罍(jiǎ):古代盛酒的器具。 ⑦ 裒(póu):聚集。 ⑧ 呻占:诵读。

书者根柢于性命而究极于事功:沿流以溯源,无不探也;明体以适用,无不达也。尊所闻,行所知,非善读者而能如是乎!

今健庵先生既出其所得于书者,上为天子之所器重,次为中朝士大夫之所矜式,藉是以润色大业,对扬休命①,有余矣,而又推之以训敕其子姓,俾后先跻巍科,取宦仕,翕然有名于当世,琬然后喟焉太息,以为读书之益弘矣哉!循是道也,虽传诸子孙世世,何不可之有?

若琬则无以与于此矣。居平质驽才下,患于有书而不能读。延及暮年,则又跧伏②穷山僻壤之中,耳目固陋,旧学消亡,盖本不足以记斯楼。不得已勉承先生之命,姑为一言复之,先生亦恕其老悖③否耶?

 思考与练习

一、解释下面加点的字。
1. 部居类汇,各以其次
2. 吾方以此为鉴
3. 人主往往重官赏以购之
4. 琬顾谓藏之之难不若守之之难
5. 而或口与躬违,心与迹忤,采其华而忘其实
6. 以为读书之益弘矣哉

二、总结课文中词性活用的词语。

三、翻译下面的句子。
1. 所传者惟是矣
2. 然且裒聚未几,而辄至于散佚,以是知藏书之难也
3. 守之之难不若读之之难
4. 善读书者根柢于性命而究极于事功
5. 居平质驽才下,患于有书而不能读

 延伸阅读

一、传是楼

中国清代徐乾学的藏书楼,设在江苏昆山。徐乾学(1631—1694),字原一,号健庵。江苏昆山人,康熙九年(1670)进士,历任内阁学士、刑部尚书等职。曾奉命编纂《大清一统志》《清会典》及《明史》,编刻《通志堂经解》,纂集《读礼通考》。他富于资财,又兼多方

---

① 对扬:对答颂扬。休命:美善的命令。　② 跧(quán)伏:即"蜷伏",此指隐居。　③ 老悖:年老昏乱,不通事理。

搜求典籍，于是江浙的许多珍贵图书，尽归其所有。他在居室之后兴建藏书楼，名为传是楼。楼凡七楹，贮藏各种图书数万卷，按部类排列，井然有序。该楼藏书多为宋元刻本，远近闻名徐乾学编撰《传是楼宋元本书目》，卷首有黄宗羲所写《传是楼书记》。传是楼藏书后几经辗转，大多归清怡亲王胤祥所有。

二、《四部丛刊》

《四部丛刊》是我国的经典著作。所谓"四部"，即按我国传统分类法，将所有的书分成"经史子集"四大门类，"丛刊"即今天通常所说的丛书。说得具体些，《四部丛刊》是一部集中各方面必读书、必备书的小型《四库全书》。《四部丛刊》所选的是："家喻户诵，如布帛菽粟，民不可一日缺者"，这说法在今天看不免有点夸张，但它大量收入了古籍中的必读书、必备书确是事实。

我国由于文化遗产丰富，同一种书，传本很多。在首先抓普及的前提下，《四部丛刊》尽可能选用当时所能找到的最好的版本。《四部丛刊》收录了一批非常有用的工具书，其中最负盛名的是宋刻《太平御览》。《四部丛刊》还发掘了一些从未面世的稿本。清代查继佐的《罪惟录》保存了大量的明朝史料。

散文两篇[①]

梁实秋

> 梁实秋(1902—1987),中国散文家、文学评论家、翻译家。原名治华,笔名子佳、秋郎,浙江杭县(今杭州)人,生于北京。1915年就学于清华学校(今清华大学)。1923年留学美国哈佛大学。回国后,曾先后任教于东南大学、暨南大学、青岛大学、北京大学,主编《时事新报》副刊《青光》《益世报·文学周刊》和《中央日报》副刊《平明》等。1928年与徐志摩等创办《新月》月刊。创作以散文小品著称,风格朴实隽永,有幽默感,代表作有《雅舍小品》。主要著作有文学评论集《浪漫的与古典的》《文学的纪律》《秋室杂文》,译著《莎士比亚戏剧全集》等,主编《远东英汉大辞典》。

豆 腐

豆腐是我们中国食品中的瑰宝。豆腐之法,是否始于汉淮南王刘安,没有关系,反正我们已经吃了这么多年,至今仍然在吃。在海外留学的人,到唐人街杂碎馆打牙祭少不了要吃一盘烧豆腐,方才有家乡风味。有人在海外由于制豆腐而发了财,也有人研究豆腐而得到学位。

关于豆腐的事情,可以编写一部大书,现在只是谈谈几项我个人所喜欢的吃法。

凉拌豆腐,最简单不过。买块嫩豆腐,冲洗干净,加上一些葱花,撒些盐,加麻油,就很好吃。若是用红酱豆腐的汁浇上去,更好吃。至不济浇上一些酱油膏和麻油,也不错。我最喜欢的是香椿拌豆腐。香椿就是庄子所说的"以八千岁为春,以八千岁为秋"的椿。取其吉利,我家后院植有一棵不大不小的椿树,春发嫩芽,绿中微带红色,摘下来用沸水一烫,切成碎末,拌豆腐,有奇香。可是别误摘臭椿,臭椿就是樗,本草李时珍曰:"其叶臭恶,歉年人或采食。"近来台湾也有香椿芽偶然在市上出现,虽非臭椿,但是嫌其太粗壮,香气不足。在北平,和香椿拌豆腐可以相提并论的是黄瓜拌豆腐,这黄瓜若是冬天温室里长出来的,在没有黄瓜的季节吃黄瓜拌豆腐,其乐也何如?比松花拌豆腐好吃得多。

"鸡刨豆腐"是普通家常菜,可是很有风味。一块老豆腐用铲子在炒锅热油里戳碎,戳得乱七八糟,略炒一下,倒下一个打碎了的鸡蛋,再炒,加大量葱花。养过鸡的人应该知道,一块豆腐被鸡刨了是什么样子。

[①] 选自梁实秋《雅舍谈吃》,江苏文艺出版社2013年版。

锅塌豆腐又是一种味道。切豆腐成许多长方块，厚薄随意，裹以鸡蛋汁，再裹上一层芡粉，入油锅炸，炸到两面焦，取出。再下锅，浇上预先备好的调味汁，如酱油料酒等，如有虾子羼入更好。略烹片刻，即可供食。虽然仍是豆腐，然已别有滋味。台北天厨陈万策老板，自己吃长斋，然喜烹调，推出的锅塌豆腐就是北平作风。

沿街担贩有卖"老豆腐"者。担子一边是锅灶，煮着一锅豆腐，久煮成蜂窝状，另一边是碗匙佐料如酱油、醋、韭菜末、芝麻酱、辣椒油之类。这样的老豆腐，自己在家里也可以做。天厨的老豆腐，加上了鲍鱼火腿等，身份就不一样了。

担贩亦有吆喝"卤煮啊，炸豆腐！"者。他卖的是炸豆腐，三角形的，间或还有加上炸豆腐丸子的，煮得烂，加上些作料如花椒之类，也别有风味。

一九二九年至一九三〇年之际，李璜先生宴客于上海四马路美丽川（应该是美丽川菜馆，大家都称之为美丽川）。我记得在座的有徐悲鸿、蒋碧微等人，还有我不能忘的席中的一道"蚝油豆腐"。事隔五十余年，不知李幼老还记得否。蚝油豆腐用头号大盘，上面平铺着嫩豆腐，一片片的像瓦垄然，整齐端正，黄澄澄的稀溜溜的蚝油汁洒在上面，亮晶晶的。那时候四川菜在上海初露头角，我首次品尝，诧为异味，此后数十年间吃过无数次川菜，不曾再遇此一杰作。我揣想那一盘豆腐是摆好之后去蒸的，然后浇汁。

厚德福有一道名菜，尝过的人不多，因为非有特殊关系或情形他们不肯做，做起来太麻烦。这就是"罗汉豆腐"。豆腐捣成泥，加芡粉以增其黏性，然后捏豆腐泥成小饼状，实以肉馅，和捏汤团一般，下锅过油，再下锅红烧，辅以作料。罗汉是断尽三界一切见思惑的圣者，焉肯吃外表豆腐而内含肉馅的丸子，称之为罗汉豆腐是有揶揄之意，而且也没有特殊的美味，和"佛跳墙"同是噱头而已。

冻豆腐是广受欢迎的，可下火锅，可做冻豆腐粉丝熬白菜（或酸菜）。有人说，玉泉山的冻豆腐最好吃，泉水好。其实也未必。凡是冻豆腐，味道都差不多。我常看到北方的劳苦人民，辛劳一天，然后拿着一大块锅盔，捧着一黑皮大碗的冻豆腐粉丝熬白菜，稀里呼噜的吃，我知道他自食其力，他很快乐。

豆 汁 儿

豆汁下面一定要加一个儿字，就好像说鸡蛋的时候鸡字下面一定要加一个儿字，若没有这个轻读的语尾，听者就会不明白你的语意而生误解。

胡金铨先生在《谈老舍》的一本书上，一开头就说：不能喝豆汁儿的人算不得是真正的北平人。这话一点儿也不错。就是在北平，喝豆汁儿也是以北平城里的人为限，城外乡间没有人喝豆汁儿。制作豆汁儿的原料是用以喂猪的。但是这种原料，加水熬煮，却成了城里人个个欢喜的食物，而且这与阶级无关。卖力气的苦哈哈，一脸渍泥儿，坐小板凳儿，围着豆汁儿挑子，啃豆腐丝儿卷大饼，喝豆汁儿，就咸菜儿，固然是自得其乐。府门头儿的姑娘、哥儿们，不便在街头巷尾公开露面，和穷苦的平民混在一起喝豆汁儿，也会派底下人或是老妈子拿沙锅去买回家里重新加热大喝特喝，而且不会忘记带回一碟那挑子上特备的辣咸菜。家里尽管有上好的酱菜，不管用，非那个廉价的大腌萝卜丝拌的咸菜不够味。口有同嗜,不分贫富老少男女。我不知道为什么北平人养成这种特殊的口味。南方人到了北平,不可能喝豆汁儿的,就是河北各县也没有人能容忍这个异味而不龇牙咧嘴。豆汁儿之妙,一在酸,酸中带馊腐的怪味。二在烫,只能吸溜吸溜的喝,不能大口猛灌。三在咸菜的辣,辣得舌尖发麻。越辣越喝,越喝越烫,最后是满头大汗。我小时候在夏天喝豆汁儿,是先脱光脊梁,然后才喝,等到汗落再穿上衣服。

自从离开北平,想念豆汁儿不能自已。有一年我路过济南,在车站附近一个小饭铺墙上贴着条子说有"豆汁"发售。叫了一碗来吃,原来是豆浆。是我自己疏忽,写明的是"豆汁",不是"豆汁儿"。来到台湾,有朋友说有一家饭馆儿卖豆汁儿,乃偕往一尝。乌糟糟的两碗端上来,倒是有一股酸馊之味触鼻,可是稠糊糊的像麦片粥,到嘴里很难下咽。可见在什么地方吃什么东西,勉强不得。

 思考与练习

一、比较梁实秋和汪曾祺的散文,感受并总结他们写作手法的异同。
二、试着写出一篇关于家乡小吃的散文。

 延伸阅读

散 文 两 篇
汪曾祺

豆 腐

豆腐点得比较老的,为北豆腐。听说张家口地区有一个堡里的豆腐能用秤钩钩起来,扛着秤杆走几十里路。这是豆腐吗?点的较嫩的是南豆腐。再嫩即为豆腐脑。比豆腐脑稍老一点的,有北京的"老豆腐"和四川的豆花。比豆腐脑更嫩的是湖南的水豆腐。

豆腐压紧成形,是豆腐干。

卷在白布层中压成大张的薄片,是豆腐片。东北叫干豆腐。压得紧而且更薄的,南方叫百页或千张。

豆浆锅的表面凝结的一层薄皮撩起晾干,叫豆腐皮,或叫油皮。我的家乡则简单地叫做皮子。

豆腐最简便的吃法是拌。买回来就能拌。或入开水锅略烫,去豆腥气。不可久烫,久烫则豆腐收缩发硬。香椿拌豆腐是拌豆腐里的上上品。嫩香椿头,芽叶未舒,颜色紫赤,嗅之香气扑鼻,入开水稍烫,梗叶转为碧绿,捞出,揉以细盐,候冷,切为碎末,与豆腐同拌(以南豆腐为佳),下香油数滴。一箸入口,三春不忘。香椿头只卖得数日,过此则叶绿梗硬,香气大减。其次是小葱拌豆腐。北京有歇后语:"小葱拌豆腐——一青(清)二白。"可见这是北京人家家都吃的小菜。拌豆腐特宜小葱,小葱嫩,香。葱粗如指,以

拌豆腐,滋味即减。我和林斤澜在武夷山,住一招待所。斤澜爱吃拌豆腐,招待所每餐皆上拌豆腐一大盘,但与豆腐同拌的是青蒜。青蒜炒回锅肉甚佳,以拌豆腐,配搭不当。北京人有用韭菜花、青椒糊拌豆腐的,这是侉吃法,南方人不敢领教。而南方人吃的松花蛋拌豆腐,北方人也觉得岂有此理。这是一道上海菜,我第一次吃到却是在香港的一家上海饭馆里,是吃阳澄湖大闸蟹之前的一道凉菜。北豆腐、松花蛋切成小骰子块,同拌,无姜汁蒜泥,只少放一点盐而已。好吃吗?用上海话说:蛮崭格!用北方话说:旱香瓜——另一个味儿。咸鸭蛋拌豆腐也是南方菜,但必须用敝乡所产"高邮咸蛋"。高邮咸蛋蛋黄色如朱砂,多油,和豆腐拌在一起,红白相间,只是颜色即可使人胃口大开。别处的咸鸭蛋,尤其是北方的,蛋黄色浅,又无油,却不中吃。

烧豆腐大体可分为两大类:用油煎过再加料烧的;不过油煎的。

北豆腐切成厚二分的长方块,热锅温油两面煎。油不必多,因豆腐不吃油。最好用平底锅煎。不要煎得太老,稍结薄壳,表面发皱,即可铲出,是名"虎皮"。用已备好的肥瘦各半熟猪肉,切大片,下锅略煸,加葱、姜、蒜、酱油、绵白糖,兑入原猪肉汤,将豆腐推入,加盖猛火煮二三开,即放小火咕嘟。约15分钟,收汤,即可装盘。这就是"虎皮豆腐"。如加冬菇、虾米、辣椒及豆豉即是"家乡豆腐"。或加菌油,即是湖南有名的"菌油豆腐"——菌油豆腐也有不用油煎的。

"文思和尚豆腐"是清代扬州有名的素菜,好几本菜谱著录,但我在扬州一带的寺庙和素菜馆的菜单上都没有见到过。不知道文思和尚豆腐是过油煎了的,还是不过油煎的。我无端地觉得是油煎了的,而且无端地觉得是用黄豆芽吊汤,加了上好的口蘑或香蕈、竹笋,用极好秋油,文火熬成。什么时候材料凑手,我将根据想象,试做一次文思和尚豆腐。我的文思和尚豆腐将是素菜荤做,放猪油,放虾籽。

虎皮豆腐切大片,不过油煎的烧豆腐则宜切块,六七分见方。北方小饭铺里肉末烧豆腐,是常备菜。肉末烧豆腐亦称家常豆腐。烧豆腐里的翘楚,是麻婆豆腐。相传有陈婆婆,脸上有几粒麻子,在乡场上摆一个饭摊,挑油的脚夫路过,常到她的饭摊上吃饭,陈婆婆把油桶底下剩的油刮下来,给他们烧豆腐。后来大人先生也特意来吃她烧的豆腐。于是麻婆豆腐闻名遐迩。陈麻婆是个值得纪念的人物,中国烹饪史上应为她大书一笔,因为麻婆豆腐确实很好吃。做麻婆豆腐的要领是:一要油多。二要用牛肉末。我曾做过多次麻婆豆腐,都不是那个味儿,后来才知道我用的是瘦猪肉末。牛肉末不能用猪肉末代替。三是要用郫县豆瓣。豆瓣须剁碎。四是要用文火,俟汤汁渐渐收入豆腐,才起锅。五是起锅时要撒一层川花椒末。一定得用川花椒,即名为"大红袍"者。用山西、河北花椒,味道即差。六是盛出就吃。如果正在喝酒说话,应该把说话的嘴腾出来。麻婆豆腐必须是:麻、辣、烫。

昆明最便宜的小饭铺里有小炒豆腐。猪肉末,肥瘦,豆腐捏碎,同炒,加酱油,起锅时下葱花。这道菜便宜,实惠,好吃。不加酱油而用盐,与番茄同炒,即为番茄炒豆腐。番茄须烫过,撕去皮,炒至成酱,番茄汁渗入豆腐,乃佳。

砂锅豆腐须有好汤,骨头汤或肉汤,小火炖,至豆腐起蜂窝,方好。砂锅鱼头豆腐,用花鲢(即胖头鱼)头,劈为两半,下冬菇、扁尖(腌青笋)、海米,汤清而味厚,非海参鱼翅可及。

"汪豆腐"好像是我的家乡菜。豆腐切成指甲盖大的小薄片,推入虾籽酱油汤中,滚几开,勾薄芡,盛大碗中,浇一勺熟猪油,即得。叫做"汪豆腐",大概因为上面泛着一层油。用勺舀了吃。吃时要小心,不能性急,因为很烫。滚开的豆腐,上面又是滚开的油,吃急了会烫坏舌头。我的家乡人喜欢吃烫的东西,语云:"一烫抵三鲜。"乡下人家来了客,大都做一个汪豆腐应急。周巷汪豆腐很有名。我没有到过周巷,周巷汪豆腐好,我想无非是虾籽多,油多。近年高邮新出一道名菜:雪花豆腐,用盐,不用酱油。我想给家乡的厨师出个主意:加入蟹白(雄蟹白的油,即蟹的精子),这样雪花豆腐就更名贵了。

不知道为什么,北京的老豆腐现在见不着了,过去卖老豆腐的摊子是很多的。老豆腐其实并不老,老,也许是和豆腐脑相对而言。老豆腐的作料很简单:芝麻酱、腌韭菜末。爱吃辣的浇一勺青椒糊。坐在街边摊头的矮脚长凳上,要一碗老豆腐,就半斤旋烙的大饼,夹一个薄脆,是一顿好饭。

四川的豆花是很妙的东西,我和几个作家到四川旅游,在乐山吃饭。几位作家都去了大馆子,我和林斤澜钻进一家只有穿草鞋的乡下人光顾的小店,一人要了一碗豆花。豆花只是一碗白汤,啥都没有。豆花用筷子夹出来,蘸"味碟"里的作料吃。味碟里主要是豆瓣。我和斤澜各吃了一碗热腾腾的白米饭,很美。豆花汤里或加切碎的青菜,则为"菜豆花"。北京的豆花庄的豆花乃以鸡汤煨成,过于讲究,不如乡坝头的豆花存其本味。

北京的豆腐脑过去浇羊肉口蘑渣熬成的卤。羊肉是好羊肉,口蘑渣是碎黑片蘑,还要加一勺蒜泥水。现在的卤,羊肉极少,不放口蘑,只是一锅稠糊糊的酱油黏汁而已。即便是过去浇卤的豆腐脑,我觉得也不如我们家乡的豆腐脑。我们那里的豆腐脑温在紫铜扁钵的锅里,用紫铜平勺盛在碗里,加秋油、滴醋、一点点麻油,小虾米、榨菜末、芹菜(药芹即水芹菜)末。清清爽爽,而多滋味。

中国豆腐的做法多矣,不胜记载。四川作家高缨请我们在乐山的山上吃过一次豆腐宴,豆腐十好几样,风味各别,不相雷同。特别是豆腐的质量极好。掌勺的老师傅从磨豆腐到烹制,都是亲自为之,绝不假手旁人。这一顿豆腐宴可称寰中一绝!

豆腐干南北皆有。北京的豆腐干比较有特点的是熏干。熏干切长片拌芹菜,很好。熏干的烟熏味和芹菜的芹菜香相得益彰。花干、苏州干是从南边传过来的,北京原先没有。北京的苏州干只是用味精取鲜,苏州的小豆腐干是用酱油、糖、冬菇汤煮出后晾得半干的,味长而耐嚼。从苏州上车,买两包小豆腐干,可以一直嚼到郑州。香干亦称茶干。我在小说《茶干》中有较细的描述:

……豆腐出净渣,装在一个小蒲包里,包口扎紧,入锅,码好,投料,加上好抽油,上面用石头压实,文火煨煮。要煮很长时间。煮得了,再一块一块从蒲包里倒出来。这种茶干是圆形的,周围较厚、中间较薄,周身有蒲包压出来的细纹……这种茶干外皮是深紫黑色的,掰开了,里面是浅褐色的。很结实,嚼起来很有咬劲,越嚼越香,是佐茶的妙品,所以,叫做"茶干"。

茶干原出界首镇,故称"界首茶干"。据说乾隆南巡,过界首,曾经品尝过。

干丝是淮扬名菜。大方豆腐干,快刀横披为片,刀工好的师傅一块豆腐干能片十六片,再立刀切为细丝。这种豆腐干是特制的,极坚致,切丝不断,又绵软,易吸汤汁。旧本只有拌干丝。干丝入开水略煮,捞出后装高足浅碗,浇麻油酱醋。青蒜切寸段,略焯,五香花生米搓去皮,同拌,尤妙。煮干丝的兴起也就是五六十年的事。干丝母鸡汤煮,加开阳(大虾米)、火腿丝。我很留恋拌干丝,因为味道清爽,现在只能吃到煮干丝了。干丝本不是"菜",只是吃包子烧麦的茶馆里,在上点心之前喝茶时的闲食。现在则是全国各地淮扬菜系的饭馆里都预备了。我在北京常做煮干丝,成了我们家的保留节目。北京很少遇到大白豆腐干,只能用豆腐片或百页切丝代替。口感稍差,味道却不逊色,因为我的煮干丝里下了干贝。煮干丝没有什么诀窍,什么鲜东西都可往里搁。干丝上桌前要放细切的姜丝,要嫩姜。

臭豆腐是中国人的一大发明。我在上海、武汉都吃过。长沙火宫殿的臭豆腐毛泽东年轻时常去吃。后来回长沙,又特意去吃了一次,说了一句话:"火宫殿的臭豆腐还是好吃。"这就成了"最高指示",写在照壁上。火宫殿的臭豆腐遂成全国第一。油炸臭豆腐干,宜放辣椒酱、青蒜。南京夫子庙的臭豆腐干是小方块,用竹签像冰糖葫芦似的串起来卖,一串八块。昆明的臭豆腐不用油炸,在炭火盆上搁一个铁箅子,臭豆腐干放在上面烤焦,别有风味。

在安徽屯溪吃过霉豆腐,长条豆腐,长了二寸长的白色的绒毛,在平底锅中煎熟,蘸酱油辣椒青蒜吃。凡到屯溪者,都要去尝尝。

豆腐乳各地都有。我在江西进贤参加土改,那里的农民家家都做腐乳。进贤原来很穷,没有什么菜吃,顿顿都用豆腐乳下饭。做豆腐乳,放大量辣椒面,还放柚子皮,味道非常强烈,广西桂林、四川忠县(今重庆忠县)、云南路南所出豆腐乳都很有名,各有特点。腐乳肉是苏州松鹤楼的名菜,肉味浓醇,入口即化。广东点心很多都放豆腐乳,叫做"南乳××饼"。

南方人爱吃百页。百页结烧肉是宁波、上海人家常吃的菜。上海老城隍庙的小吃店里卖百页结:百页包一点肉馅,打成结,煮在汤里,要吃,随时盛一碗。一碗也就是四五只百页结。北方的百页缺韧性,打不成结,一打结就断。百页可入臭卤中腌臭,谓之"臭千张"。

杭州知味观有一道名菜:炸响铃。豆腐皮(如过干,要少润一点水),瘦肉剁成细馅,加葱花细姜末,入盐,把肉馅包在豆腐皮内,成一卷,用刀剁成寸许长的小段,下油锅炸得馅熟皮酥,即可捞出。油温不可太高,太高豆皮易糊。这菜嚼起来发脆响,形略似铃,故名响铃。做法其实并不复杂。肉剁极碎,成泥状(最好用刀背剁),平摊在豆腐皮上,折叠起来,如小钱包大,入油炸,亦佳。不入油炸,而以酱油冬菇汤煮,豆皮层中有汁,甚美。北京东安市场拐角处之前有一家肉店宝华春,兼卖南味熟肉,卖一种酒菜:豆腐皮切细条,在酱肉汤中煮透,捞出,晾至微干,很好吃,不贵。现在宝华春已经没有了。豆腐皮可做汤。炖酥腰(猪腰炖汤)里放一点豆腐皮,则汤色雪白。

豆　汁　儿

　　没有喝过豆汁儿，不算到过北京。

　　小时看京剧《豆汁记》(即《鸿鸾禧》，又名《金玉奴》，一名《棒打薄情郎》)，不知"豆汁"为何物，以为即是豆腐浆。

　　到了北京，北京的老同学请我吃了烤鸭、烤肉、涮羊肉，问我："你敢不敢喝豆汁儿？"我是个"有毛的不吃掸子，有腿的不吃板凳，大荤不吃死人，小荤不吃苍蝇"的，喝豆汁儿，有什么不"敢"？他带我去到一家小吃店，要了两碗，警告我说："喝不了，就别喝。有很多人喝了一口就吐了。"我端起碗来，几口就喝完了。我那同学问："怎么样？"我说："再来一碗。"

　　豆汁儿是制造绿豆粉丝的下脚料。很便宜。过去卖生豆汁儿的，用小车推一个有盖的木桶，串背街、胡同。不用"唤头"(招徕顾客的响器)，也不吆唤。因为每天串到哪里，大都有准时候。到时候，就有女人提了一个什么容器出来买。有了豆汁儿，这天吃窝头就可以不用熬稀粥了。这是贫民食物。《豆汁记》的金玉奴的父亲金松是"杆儿上的"(叫花头)，所以家里有吃剩的豆汁儿，可以给莫稽盛一碗。

　　卖熟豆汁儿的，在街边支一个摊子。一口铜锅，锅里一锅豆汁儿，用小火熬着。熬豆汁儿只能用小火，火大了，豆汁儿一翻大泡，就"澥"了。豆汁儿摊上备有辣咸菜丝——水疙瘩切细丝浇辣椒油、烧饼、焦圈——类似油条，但作成圆圈，焦脆。卖力气的，走到摊边坐下，要几套烧饼焦圈，来两碗豆汁儿，就一点辣咸菜，就是一顿饭。

　　豆汁儿摊上的咸菜是不算钱的。有保定老乡坐下，掏出两个馒头，问"豆汁儿多少钱一碗"，卖豆汁儿的告诉他，"咸菜呢？"——"咸菜不要钱。"——"那给我来一碟咸菜。"

　　常喝豆汁儿，会上瘾。北京的穷人喝豆汁儿，有的阔人家也爱喝。梅兰芳家有一个时候，每天下午到外面端一锅豆汁儿，全家大小，一人喝一碗。豆汁儿是什么味儿？这可真没法说。这东西是绿豆发了酵的，有股子酸味。不爱喝的说是像泔水，酸臭。爱喝的说：别的东西不能有这个味儿——酸香！这就跟臭豆腐和"启司"一样，有人爱，有人不爱。

　　豆汁儿沉底，干糊糊的，是麻豆腐。羊尾巴油炒麻豆腐，加几个青豆嘴儿(刚出芽的青豆)，极香。这家这天炒麻豆腐，煮饭时得多量一碗米，——每人的胃口都开了。

(选自汪曾祺《人间滋味》，天津人民出版社 2014 年版)

寂　　寞(节选)①

梭　罗

> 亨利·戴维·梭罗(1817—1862),生于康科德城,美国作家,就读并毕业于哈佛大学,毕业后回到家乡执教两年。后来,他住到了作家、思想家拉尔夫·沃尔多·爱默生家里,当门徒又当助手,并开始尝试写作。梭罗写有许多政论,反对美国与墨西哥的战争,支持废奴运动。主张人类回归自然,曾在瓦尔登湖畔隐居两年,体验简朴和接近自然的生活,以此为题材写成的长篇散文《瓦尔登湖》成为超验主义的经典作品。其他作品有政论《论市民之不服从》《没有原则的生活》,游记《马萨诸塞自然史》《康科德及梅里马克河畔一周》《缅因森林》等。

　　大部分时间内,我觉得寂寞是有益于健康的。有了伴儿,即使是最好的伴儿,不久也要厌倦,弄得很糟糕。我爱孤独。我没有碰到比寂寞更好的同伴了。到国外去厕身②于人群之中,大概比独处室内,更为寂寞。一个在思想着在工作着的人总是单独的,让他爱在哪儿就在哪儿吧,寂寞不能以一个人离开他的同伴的里数来计算。真正勤学的学生,在剑桥学院最拥挤的蜂房内,寂寞得像沙漠上的一个托钵僧一样。农夫可以一整天,独个儿地在田地上,在森林中工作,耕地或砍伐,却不觉得寂寞,因为他有工作;可是到晚上,他回到家里,却不能独自在室内沉思,而必须到"看得见他那里的人"的地方去消遣一下,照他的想法,是用以补偿他一天的寂寞;因此他很奇怪,为什么学生们能整日整夜坐在室内不觉得无聊与"忧郁";可是他不明白虽然学生在室内,却在他的田地上工作,在他的森林中采伐,像农夫在田地或森林中一样,过后学生也要找消遣,也要社交,尽管那形式可能更加凝练些。

　　社交往往廉价。相聚的时间之短促,来不及使彼此获得任何新的有价值的东西。我们在每日三餐的时间里相见,大家重新尝尝我们这种陈腐乳酪的味道。我们都必须同意若干条规则,那就是所谓的礼节和礼貌,使得这种经常的聚首能相安无事,避免公开争吵,以至面红耳赤。我们相会于邮局,于社交场所,每晚在炉火边;我们生活得太拥挤,互相干扰,彼此牵绊,因此我想,彼此已缺乏敬意了。当然,所有重要而热忱的聚会,次数少一点也够了。试想工厂中的女工,——永远不能独自生活,甚至做梦也难于孤独。如果一英里只住一个人,像我这儿,那要好得多。人的价值并不在他的皮肤上,所

---

① 本文选自梭罗《瓦尔登湖》,徐迟译,上海译文出版社2009年版。有删减。　② 厕身:参与,置身。也作侧身。

以我们不必要去碰皮肤。

我曾听说过,有人迷路在森林里,倒在一棵树下,饿得慌,又累得要命,由于体力不济,病态的想象力让他看到了周围有许多奇怪的幻象,他以为它们都是真的。同样,在身体和灵魂都很健康有力的时候,我们可以不断地从类似的,但更正常、更自然的社会得到鼓舞,从而发现我们是不寂寞的。

我在我的房屋中有许多伴侣;特别在早上还没有人来访问我的时候。让我来举几个比喻,或能传达出我的某些状况。我并不比湖中高声大笑的潜水鸟更孤独,我并不比瓦尔登湖更寂寞。我倒要问问这孤独的湖有谁做伴?太阳是寂寞的,除非乌云满天,有时候就好像有两个太阳,但那一个是假的。我并不比一朵毛蕊花或牧场上的一朵蒲公英寂寞,我不比一张豆叶,一枝酢浆草,或一只马蝇,或一只大黄蜂更孤独。我不比密尔溪,或一只风信鸡①,或北极星,或南风更寂寞,我不比四月的雨或正月的融雪,或新屋中的第一只蜘蛛更孤独。

在冬天的长夜里,雪狂飘,风在森林中号叫的时候,一个老年的移民,原先的主人,不时来拜访我,据说瓦尔登湖还是他挖了出来,铺了石子,沿湖种了松树的;他告诉我旧时的和新近的永恒的故事;我们俩这样过了一个愉快的夜晚,充满了交际的喜悦,交换了对事物的惬意的意见,虽然没有苹果或苹果酒,——这个最聪明而幽默的朋友啊,我真喜欢他,他比谷菲或华莱②知道更多的秘密;虽然人家说他已经死了,却没有人指出过他的坟墓在哪里。还有一个老太太,也住在我的附近,大部分人根本看不见她,我却有时候很高兴到她的芳香的百草园去散步,采集药草,又倾听她的寓言;因为她有无比丰富的创造力,她的记忆一直追溯到神话以前的时代,她可以把每一个寓言的起源告诉我,哪一个寓言是根据了哪一个事实而来的,因为这些事都发生在她年轻的时候。一个红润的、精壮的老太太,不论什么天气什么季节她都兴致勃勃,看样子要比她的孩子活得还长久。

太阳,风雨,夏天,冬天,——大自然的不可描写的纯洁和恩惠,他们永远提供这么多的康健,这么多的欢乐!对我们人类这样地同情,如果有人为了正当的原因悲痛,那大自然也会受到感动,太阳黯淡了,风像活人一样悲叹,云端里落下泪雨,树木到仲夏脱下叶子,披上丧服。难道我不该与土地息息相通吗?我自己不也是一部分绿叶与青菜的泥土吗?

是什么药使我们健全、宁静、满足的呢?不是你我的曾祖父的,而是我们的大自然曾祖母的,全宇宙的蔬菜和植物的补品,她自己也靠它而永远年轻,活得比汤麦斯·派尔③还更长久,用他们的衰败的脂肪更增添了她的康健。不是那种江湖医生配方的用冥河水和死海海水混合的药水,装在有时我们看到过装瓶子用的那种浅长形黑色船状车子上的药瓶子里,那不是我的万灵妙药;还是让我来喝一口纯净的黎明空气。黎明的空气啊!如果人们不愿意在每日之源喝这泉水,那么,啊,我们必须把它们装在瓶子内;

---

① 风信鸡:测定风向的仪器,形如鸡。 ② 谷菲或华莱:二人在17世纪的英国大革命中谋害了英国查理一世后逃亡到了美国。 ③ 汤麦斯·派尔:英国人,据说活到了百岁高龄。

放在店里,卖给世上那些失去黎明预订券的人们。可是记着,它能冷藏在地窖下,一直保持到正午,但要在那以前很久就打开瓶塞,跟随曙光的脚步西行。我并不崇拜那司健康之女神,她是爱斯库拉彼斯①这古老的草药医师的女儿。在纪念碑上,她一手拿了一条蛇,另一只手拿了一个杯子,而蛇时常喝杯中的水;我宁可崇拜朱庇特的执杯者希勃,这青春的女神,为请神司酒行觞,她是朱诺②和野生莴苣的女儿,能使神仙和人返老还童。她也许是地球上出现过的最健康、最强壮、身体最好的少女,无论她到哪里,那里便成了春天。

思考与练习

你是否认同梭罗关于"寂寞"以及畅饮"黎明的空气"的看法,写一篇散文来阐述你的所思所想。

延伸阅读

对于《瓦尔登湖》,不须多说什么,只是还要重复一下,这是一本寂寞、恬静、智慧的书。其分析生活,批判习俗,有独到处。

自然颇有一些难懂的地方,作者自己也说过,"请原谅我说话晦涩,"例如那失去的猎犬,栗色马和斑鸠的寓言,爱默生的弟弟爱德华问过他是什么意思。他反问:"你没有失去吗?"却再也没有回答了。有的评论家说,梭罗失去过一个艾伦(斑鸠),一个约翰(猎犬),可能还失去了一个拉尔夫(栗色马)。谁个又能不失却什么呢?

本书内也有许多篇页是形象描绘,优美细致,像湖水的纯洁透明,像山林的茂密翠绿;有一些篇页说理透彻,十分精辟,有启发性。这是一百多年以前的书,至今还未失去它的意义。在白昼的繁忙生活中,我有时读它还读不进去,似乎我异常喜欢的这本书忽然又不那么可爱可喜了,似乎觉得它什么好处也没有,甚至弄得将信将疑起来。可是黄昏以后,心情渐渐地寂寞和恬静下来,再读此书,则忽然又颇有味,而看的就是白天看不出好处辨不出味道的章节,语语惊人,字字闪光,沁人心肺,动我衷肠。到了夜深人静,万籁无声之时,这《瓦尔登湖》毫不晦涩,清澄见底,吟诵之下,不禁为之神往了。

应当指出,这是一本健康的书,对于春天,对于黎明,作了极其动人的描写。读着它,自然会体会到,一股向上的精神不断地将读者提升、提高。书已经摆在读者面前了,我不必多说什么了,因为说得再好,也比不上读者直接去读了。

人们常说,作家应当找一个僻静幽雅的去处,去进行创作;信然,然而未必尽然。我反而认为,读书确乎在需要一个幽静良好的环境,尤其读好书,需要的是能高度集中的精神条件。读者最需要有一个朴素淡泊的心地。读《瓦尔登湖》如果又能引起读者跑到

---
① 爱斯库拉彼斯:罗马神话中的医神。 ② 朱诺:罗马神话中的天后,主神朱庇特的妻子。

一个山明水秀的、未受污染的地方去的兴趣,就在那样的地方读它,就更是相宜了。

　　梭罗的这本书近年在西方世界更获得重视。严重污染使人们又向往瓦尔登湖和山林的澄净的清新空气。梭罗能从食物、住宅、衣服和燃料,这些生活之必需出发,以经济作为本书的开篇,他崇尚实践,含有朴素的唯物主义思想。

(选自梭罗《瓦尔登湖》序,徐迟译,上海译文出版社 2009 年版)

作家和战争[①]

(在第二次美国作家大会上的发言)

海明威

> 厄内斯特·海明威(1899—1961),美国著名小说家。海明威1917年中学毕业后即任地方报纸见习记者,第二年去欧洲参战负伤,此后长期任驻欧记者。他于1922年开始文学创作,从诗歌和短篇小说发展到长篇。1937年以记者身份赴西班牙,支持西班牙人民的反法西斯斗争,后发表剧本《第五纵队》及大量报道,协助拍摄了影片《西班牙大地》。第二次世界大战后,定居古巴。1954年,因"精通现代叙事艺术",海明威被授予诺贝尔文学奖。之后,迁居美国,1961年自杀身亡。他的成名作《太阳照样升起》(1926)是第一次世界大战后"迷惘的一代"的代表作。重要作品还有《永别了,武器》(1929)、《有的和没有的》(1937)、《丧钟为谁而鸣》(1940)和《老人与海》(1952)。海明威的小说多以战争为题材,表现出对当时社会现实和命运的迷惘、失落等情绪,并以冷静的批判和反思,塑造了一批具有坚韧不拔意志品质的"硬汉形象"。

  作家的任务是不会改变的。作家本身可以发生变化,但他的任务始终只有一个。那就是写得真实,并在理解真理何在的前提下把真理表现出来,使之作为他自身经验的一部分深入读者的意识。

  没有比这更困难的事情了,正因如此,所以无论早晚,作家总会得到极大的奖赏。如果奖赏来得太快,这常常会毁掉一个作家。如果奖赏迟迟不至,这也常常会使作家愤懑。有时奖赏直到作家去世后才来,这时对作家来说,一切都已无所谓了。正因为创作真实、永恒的作品是这么困难,所以一个真正的优秀作家迟早都会得到承认。只有浪漫主义者才会认为世界上有所谓"无名大师"。

  一个真正的作家在他可以忍受的任何一种现有统治形式下,几乎都能得到承认。只有一种政治制度不会产生优秀作家,这种制度就是法西斯主义。因为法西斯主义就是强盗们所说出的谎言。一个不愿意撒谎的作家是不可能在这种制度下生活和工作的。

  法西斯主义是谎言,因此它在文学上必然是不育的。就是到它灭亡时,除了血腥屠杀史,也不会有历史。而这部血腥屠杀史现在就已尽人皆知,并为我们中的一些人在最近几个月所目睹。

[①] 选自苏福忠《外国散文百篇必读》,人民文学出版社2011年版。

一个作家如果知道发生战争的原因,以及战争是如何进行的,他对战争就会习惯。这是一个重要发现。一想到自己对战争已经习惯了,你简直会感到吃惊。当你每天都在前线,并且看到阵地战、运动战、冲锋和反攻,如果你知道人们为何而战,知道他们战得有理,无论我们有多少人为此牺牲和负伤,这一切就都有意义。当人们为把祖国从外国侵略者手中解放出来而战,当这些人是你的朋友,新朋友,老朋友,而你知道他们如何受到进攻,如何一开始几乎是手无寸铁地起来斗争的,那么,当你看到他们的生活、斗争和死亡时,你就会开始懂得,有比战争更坏的东西。胆怯就更坏,背叛就更坏,自私自利就更坏。

在马德里,上个月我们这些战地记者一连十九天目睹了大屠杀。那是德国炮兵干的,那是一场精心策划的屠杀。

我说过,对战争是会习惯的。如果对战争科学真正感兴趣(而这是一门伟大的科学),对人们在危急时刻如何表现的问题真正感兴趣,那么,这会使人专心致志,以至于考虑一下个人的命运就会像是一种卑鄙的自爱。

但是,对屠杀是无法习惯的。而我们在马德里整整目睹了十九天的大屠杀。

法西斯国家是相信总体战的。每当他们在战场上遭到一次打击,他们就将自己的失败发泄在和平居民身上。在这场战争中,从一九三七年十一月中旬起,他们在西部公园受到打击,在帕尔多受到打击,在卡拉班切尔受到打击,在哈拉玛受到打击,在布里韦加城下和科尔瓦城下受到打击。每一次在战场遭到失败之后,他们都以屠杀和平居民来挽回不知由何说起的自己的荣誉。

我开始描述这一切,很可能只会引起你们的厌恶。我也许会唤起他们的仇恨。但是,我们现在需要的不是这个。我们需要的是充分理解法西斯主义的罪恶和如何同它进行斗争。我们应该知道,这些屠杀,只是一个强盗、一个危险的强盗——法西斯主义所作的一些姿态。要征服这个强盗,只能用一个方法,就是给它以迎头痛击。现在在西班牙,正给这个法西斯强盗以痛击,像一百三十年以前在这个半岛上痛击拿破仑一样。法西斯国家知道这一点,并且决心蛮干到底。意大利知道,它的士兵们不愿意到国外去作战,他们尽管有精良的装备,却不能同西班牙人民军相比,更不能同国际纵队的战士们相比。

德国认识到,它不能指望意大利,在任何一场进攻战中不能依赖这个盟国。不久前我读到,冯·布龙贝尔克参加了巴多格里奥元帅为他举行的声势浩大的演习。但是,在远离任何敌人的威尼斯平原演习是一回事,在布里韦加和特里乌埃戈依之间的高原上,同第十一和十二国际纵队以及里斯特、康佩希诺和麦尔的西班牙精锐部队作战中遭到反攻并损失三个师,那就是另一回事了。轰炸阿尔美利亚和占领被出卖的不设防的马拉加是一回事,在科尔多瓦城下死七千人和在马德里的失败的进攻中死伤三万人则又完全是另一回事。

我开始时说过要写得好而真实是多么困难,说过能够达到这种技巧的人都一定会得到奖赏。但是,在战时(而我们现在,正不由自主地处于战争时期),奖赏是要推迟到将来的。描写战争的真实是有很大危险的,而探索到真实也是有很大危险的。我不确切知道美国作家中有谁到西班牙寻求真实去了。我认识林肯营的很多战士。但是,他们不是作家。他们只会写信。很多英国作家、德国作家到西班牙去了,还有很多法国作家和荷兰作家。当一个人到前线来寻求真实时,他是可能不幸找到死亡的。如果去的是十二个人,回来的只是两个人,但是,这两个人带回来的真实,却将是实实在在的真实,而不是被我们当作历史的走了样的传闻。为了找到这个真实,是否值得冒这么大的危险,这要由作家自己决定。当然,坐在学术讨论会上探讨理论问题要安全得多。各种新的异端,各种新的教派,各种令人惊叹的域外学说,各种浪漫而高深的教师,对那些人来说,总是可以找到的,——他们也似乎信仰某种事业,但却不想为这个事业的利益而奋斗,他们只想争论和坚持自己的阵地,这种阵地是巧妙地选择的,是可以平平安安占据的。这是由打字机支撑并由自来水笔加固的阵地。但是,对于任何一个希望研究战争的作家来说,现在正有,而且在相当长的时期内一直都会有可去的地方。看来,我们还会经历很多不宣而战的年代。作家们可以用不同的方式参加这些战争。以后也许会有奖赏。但是,作家们不必为此而感到不好意思。因为奖赏很久都不会来的。对此也不必特别寄予希望,因为,也可能像拉尔夫·福克斯和其他一些作家那样,当领取奖赏的时间到来时,他们已经不在人间了。

陈行慧　译

思考与练习

一、总结本文的主要观点。

二、阅读【延伸阅读】的内容,学习写一篇演讲稿。

延伸阅读

演讲稿的写作方法

一、演讲稿的标题

(1)标题要有内容,如《我们的事业在中国》《像英雄那样走人生之路》。

(2)标题要简短明快,如《生活万岁》《科学的春天》。

(3)标题要表态、含情,如《我们拒绝被定义》《我决不退缩》。

二、称呼语

常见的有"各位领导""各位来宾""女士们、先生们""同志们""朋友们"等。通常在称呼语前加上"尊敬的""亲爱的"等词,以示尊重和友好。有时,在演讲过程和结尾中也会穿插使用称呼语,起吸引听众注意力和强调演讲内容的作用。当称呼语包括所有在场观众时,要注意称呼的顺序。

三、讲演稿的开头

(1)自述式开头,演讲者从自己的身份、经历等情况谈起。

（2）缘起式开头，演讲从缘由或者起因谈起。

（3）诠释式开头，从诠释演讲题目谈起。

（4）故事式开头，用一个故事引入演讲内容。

（5）提问式开头，用设问句开头，引人入胜。

（6）引述式开头，由名言警句、诗词、歌曲开头。

其他开头方式还有翻新式、设置悬念式、逆向思维式、幽默嘲讽式等。

四、演讲稿的主体

（1）思路清晰。演讲是语言的艺术，在脱离了文字提示的情况下，仅通过口头语言表达文章主题，很容易造成听众接收了错误信息，或者信息接收混乱的情况，所以清晰地表达主题对演讲而言异常重要。应尽量集中主题和观点，减少分论点的数量，同时可以使用"1、2、3……"等方式来提示听众，从而让自己的演讲具有逻辑性和整体性。

（2）注意节奏。首先，控制好演讲的时长：时间过短，无法充分说明主题；时间太长，容易造成听众的视听疲劳。其次，在演讲内容中添加3～5个具体的实例，用以丰富内容、论证主题、调节气氛。最后，把控好个人的语气和喘息节奏，可以提前进行练习。

（3）注意层次的衔接。演讲的内容是一个整体，不能因为转折、反转、悬念而割裂整体性，要使用适当的过渡词、过渡句进行有机衔接。

五、演讲稿的结尾

（1）总结式结尾，在演讲结束时简单扼要地总结内容、概括主题。

（2）感召式结尾，在演讲结尾处，造成一种气势，激发听众的情绪，调动气氛。

（3）表决心式结尾，在结尾处表达演讲者鲜明的观点，以及不达目的不罢休的决心。

（4）引用式结尾，结尾通过引用名言、警句或诗词重申主题或观点，使演讲内容显得丰富、充实，具有启发性和感染力。

（5）呼应式结尾，在结尾处回应开头，是演讲稿常用的收束之法。

六、演讲的结束语

演讲者在演讲结尾之后需要用"谢谢大家！"作为结束语，表达对听众倾听自己演讲的谢意。

第三部分　小　　说

小 说 概 述

小说是以塑造人物形象、叙述故事情节、描写具体环境来塑造虚构的艺术世界,以此反映社会现实、表现作者人生体验的文学体裁。所以,人物、情节和环境,被称为"小说三要素"。由于小说形式多样、内容丰富、题材众多,有广泛的受众群体,所以是现代社会十分流行且大众化的文学样式。

一、小说分类

小说的分类有多种。按照篇幅的长短可以分为长篇小说、中篇小说、短篇小说和微型小说,按照创作年代可以分为古典小说、现代小说,按照内容题材分可以分为神话小说、武侠小说、仙侠小说、侦探小说、探险小说、历史小说、言情小说、科幻小说、恐怖小说、玄幻小说等,按照表现形式可以分为书信体小说、日记体小说、对话体小说和自传体小说,按照发表形式可以分为全本小说和连载小说。下面按小说表现风格和手法来分别介绍几种小说类别。

浪漫主义小说,在反映生活的态度上,强调以小说的形式表现作家的理想和理想化的生活;在人物形象塑造上,要求通过理想的生活画面,刻画理想世界中的理想人物;在艺术表达方法上,往往采取幻想、想象的形式,情节离奇、描写大胆、夸张,作品具有强烈的抒情性质和浓重的神话色彩。"浪漫主义"是由"浪漫的"(romantic)这个形容词演化而成的。据现有资料表明,1654年英国人第一次使用"浪漫的"这一词语,大意是"传奇般的""幻想的""不真实的",其中包含贬义的否定性的内涵。到了18世纪,这个词语才逐渐转变为肯定性的褒义词,它被用来评价作品,并获得"宜人的忧郁"这样一种附加的含义。

现实主义小说,侧重于如实反映现实生活,提倡客观、冷静地观察现实生活,按照生活的本来样式精确细腻地加以描写,力求真实地再现典型环境中的典型人物。1850年左右,法国画家库尔贝和小说家尚弗勒里等人初次用"现实主义"说明当时的新型文艺——这是"现实主义"一词的产生。杜朗蒂等人还创办了一种名为《现实主义》的刊物(1856—1857年,共6期)。该刊物发表了库尔贝的文艺宣言,主张作家要"研究现实",如实描写普通人的日常生活,"不美化现实"。这派作家明确提出用现实主义这个新"标记"来代替旧"标记"浪漫主义,把狄德罗、斯丹达尔、巴尔扎克奉为创作的楷模,主张"现实主义的任务在于创造为人民的文学"。

表现主义小说，以表现主观感受而著称，口号是"表现精神，不是描写现实"，反对现实主义按照现实的本来面貌描写现实的原则，主张表现外部世界在人的内心世界的折光。奥尼尔说："旧的自然主义，或者也可以说，现实主义已经不再适用了。"德国的表现主义者声称："世界存在着，再去重复它就没有意思了。"因此，他们主张向人的内心世界进行挖掘，即着意于表现主观感受，如对资本主义世界的恐惧感、灾难感、孤独感、无能为力感和无所归属感。代表作家有卡夫卡等。

意识流小说，是20世纪20年代兴起的小说样式。它采取直接叙述意识流动过程的方法来结构篇章和塑造人物形象。创作上打破时空界限，进行立体交叉式的描写，具有较大的浓缩性和凝聚力。概括来说，唯主观、反理性是意识流小说总的特点。"意识流"本来是心理学术语，最早是由美国实用主义哲学家、心理学家威廉·詹姆士提出来的。他认为人的意识并不是片断的衔接，而是处于永远的流动状态中，所以称为"意识流"。后来，英国小说家梅·辛克莱把这个名词引进文学。她用"意识流小说"来称呼陶罗赛·理查生等人写的不同于传统小说的一类小说。

其他还有批判现实主义小说、古典主义小说、自然主义小说、存在主义小说等。

二、中国小说概述

神话是原始先民历史、生活、精神史记的本能记录和反映，是其在不自觉的意识驱动下于记录中添加了艺术修饰的成分。神话中的叙述、想象、虚构、夸张等手法被小说全部继承。先秦神话典籍中，《山海经》是最重要的一部，明代胡应麟称之为"古今语怪之祖"（《少室山房笔丛》）。

汉朝，小说开始具备一定的文体意义，但是不被人们重视。班固的《汉书·艺文志》著录古小说15种，1380篇，但时间久远，大多散佚。

魏晋南北朝时期，小说数量空前增多，成为上承两汉小说、下启唐传奇的桥梁。此时的小说主要分为两类：一类是志怪小说，主要记述神仙鬼怪、异方传闻。其代表作品有曹丕《列异传》、干宝《搜神记》、刘义庆《幽明录》、吴均《续齐谐记》等。一类是志人小说，主要记述人物的片段言行、奇闻趣事，所以也被称为"轶事小说"。代表作品有葛洪《西京杂记》、裴启《语林》、刘义庆《世说新语》等。志人小说有笑话一个分类，如邯郸淳《笑林》，开启了后世《启颜录》《笑林广记》等诙谐文字的端绪。

小说发展到唐朝出现了前所未有的繁荣局面：一方面，文人使用魏晋兴起的笔记体，创作出了大量的作品；另一方面，唐传奇的出现标志着中国小说进入了一个新阶段。晚唐裴铏把自己的短篇小说集取名为"传奇"，从此"唐传奇"变成对唐人创作的文言短篇小说的概称。现存最早的唐传奇是王度《古镜记》，篇幅最长的是张鷟《游仙窟》，元稹《莺莺传》、白行简《李娃传》、蒋防《霍小玉传》合成"三大传奇"。其他作品还有李朝威《柳毅传》、陈鸿《长恨歌》、牛僧孺《玄怪录》、袁郊《甘泽谣》和杜光庭《虬髯客传》等。

宋元时期，"说话"这种表演艺术形式兴盛起来，"说话"即用口语讲故事——近似于现代的说书。依附于这种艺术形式发展起来的文学样式是"话本"。现存的宋元小说话本，大多经过了明人的修订；另一类的宋元讲史话本，已现存无几。

明朝，在宋元说话伎艺的盛行、书坊刊行话本甚多的文化背景下，我国出现了最早的长篇小说《三国演义》和《水浒传》。这两部小说是历史小说和英雄小说的杰出代表。《西游记》是明代神魔小说的代表,而《金瓶梅》是中国古代第一部基本上由文人独立创作的白话长篇小说,也是世情小说的开山之作。规模最大、影响最深的话本小说是晚明冯梦龙编刻的"三言",即《喻世明言》《警世通言》《醒世恒言》。"三言"刊行的次年,凌濛初推出了他的《初刻拍案惊奇》,后又刊行了《二刻拍案惊奇》,合称"二拍"。李渔也创作了两部小说集《无声戏》和《十二楼》。

清朝,文言小说大量涌现,尤其是清初蒲松龄的《聊斋志异》,在思想内容和艺术成就上超过了以往任何时期的文言小说,蒲松龄成为古代文言小说的集大成者。随着封建经济的高度发展,新的文人思潮浮动,小说也进入了个人独创的阶段,成为作家观察现实世界、表达忧愤的手段和途径,如《儒林外史》《红楼梦》。

近代文学改良时期,"小说界革命"最受重视。梁启超在《小说与群治之关系》中指出了小说的社会认识价值和社会批判价值。除了启蒙运动推动的小说改良,传统小说也在继续发展。近代初期的侠义公案小说、民国前后的"鸳鸯蝴蝶派"小说、谴责小说都产生了重要影响,如《施公案》《三侠五义》《官场现形记》《二十年目睹之怪现状》《老残游记》《玉梨魂》。

现代文学时期,主要划分为三个阶段:①1917—1927年,文学革命的发生和发展阶段,是旧文学到新文学的过渡阶段,主要以新文学的理论提出为内容,理论领袖为陈独秀、李大钊、胡适、鲁迅、蔡元培等人,代表作家有冰心、郁达夫、郭沫若、徐志摩、闻一多等。②1928—1937年,新文学的兴旺与繁荣期,随着中国革命形势的变化,这个时期的文学逐渐向革命靠拢,有了政治化倾向,主要左翼作家有茅盾、老舍、巴金、丁玲、艾青、萧红等。③1938—1948年,革命战争时期文学,这十年社会动荡不安,中国历经战乱,此时的代表作家有钱锺书、张爱玲、曹禺和赵树理等。

当代文学也划分为三个阶段:①十七年文学(1949—1966),延续了解放区文学传统,强调文学的政治宣传功能,追求重大社会题材(追寻历史重大事件和再现历史过程),追求文学史诗性效果(即表现大的历史过程和对英雄人物崇高品格的赞颂)。主要作品有梁斌的《红旗谱》、罗广斌的《红日》、柳青的《创业史》。②"文革"时期的文学(1966—1976),主流文学数量有限,革命文艺以典范和集体的方式推行传播。③新时期文学(1976年至今),文学进入多元化时期,受到西方文学思潮的影响,作家们纷纷实践新的文学理论,创作了多种流派的作品。

三、小说鉴赏基本方法

如何更好地鉴赏小说,具体来说可以分为以下几方面。

(一) 把握故事情节

情节是一系列由人物造成的矛盾和冲突,包括解决矛盾和冲突的过程。把握故事情节要做到:①厘清人物关系。小说中没有无用的人物设置,且所有的人物都会被放置于复杂的关系大网中。只有明晰人物关系,才能知道矛盾冲突的根源和产生,理解矛盾的解决方法。②分清主次情节。为了塑造人物形象或推进小说进程,作者会分主次矛盾,情节就会有相应的主次。每部小说基本都会设置若干个由主要人物参加的矛盾爆发点。这些点便是这部小说的主要情节,并由其他情节辅助,构成完整的网状结构,形成小说。③抓住重要场面。情节是由一个个场面组成的,很多流派的小说画面并不连贯,如意识流小说、新感觉小说。抓住重要场面就可以不受情节、结构的干扰,直接掌握小说的核心事件和主要矛盾。④寻找关键线索。小说的线索就像大树的主干,可能会被很多枝丫和树叶所遮挡,但是树干——小说的线索才是根本,顺着关键线索读,才能把小说读懂、读透,尤其是侦探小说。

（二）揣摩人物形象

人物形象是小说中重要的鉴赏对象。作者通常会从外貌、语言、动作、心理等多方面对人物进行塑造。只有这样,才能创造出有血有肉的人物,从而让情节的发生显得真实可信。认真阅读、理解人物形象,有助于更好地理解作品。

（三）注意环境描写

环境描写包括对自然环境和社会环境的描写。自然环境描写往往是用来交代故事发生的背景、人物成长的自然环境、烘托人物心情的。有的还有一定的推动情节发展的作用。社会环境多用来说明故事发生的时代、人物的社会关系、揭露社会本质。只有把人物和情节放置于环境描写的大背景中,才能体会小说真正的内涵。

（四）深入探究主题

我们有多种方法探究主题,如从作者背景、人物塑造、情节发展、情感色彩等角度总结小说的主题。但在鉴赏小说主题时,有一个最为根本的原则我们必须永远记住——整部作品,包括作品中的每一个标点和作品里所有的文字在内,都是体现主题的要素之一。从这个意义上看,我们可以把整个作品看作主题的具体表现者。我们应当懂得,小说的主题并不是一个孤立的意象,而是与小说诸要素紧密相关的整体体现。正因为如此,理解小说主题的方式应当是多侧面的、多角度的,小说的方方面面无不闪耀着主题的光彩。一部优秀的小说,其主题总是全面渗透在整个作品中的。

世说新语三则①

刘义庆

《世说新语》是中国魏晋南北朝时期"笔记小说"的代表作,是我国最早的一部文言志人小说集,由南朝宋时期的刘义庆编写。它原本有八卷,遗失后只存三卷,分为德行、言语、政事、文学、方正、雅量等三十六门。全书共一千多则,其内容主要是记载汉末到晋代一些名士的言行逸事,内容包括政治、经济、社会、文学、思想等许多方面,因而也是研究这一时期历史的重要资料。《世说新语》文笔简洁明快,语言含蓄隽永,只言片语即可刻画出鲜活的人物形象,是我国古典文学名著之一,对后代的笔记文学颇有影响。鲁迅在《中国小说史略》中赞此书"记言则玄远冷隽,记行则高简瑰奇"。

刘义庆(403—444),字季伯,南朝宋文学家。刘义庆曾任秘书监一职,掌管国家的图书著作,有机会接触与博览皇家典籍。其人"性简素,寡嗜欲"。爱好文学,广招四方文学之士,聚于门下。著有《世说新语》,志怪小说《幽明录》。

王子猷居山阴②,夜大雪,眠觉③,开室命酌酒,四望皎然④。因起彷徨⑤,咏左思《招隐》诗⑥,忽忆戴安道⑦。时戴在剡⑧,即便夜乘小船就之⑨。经宿方至,造⑩门不前而返。人问其故,王曰:"吾本乘兴而行,兴尽而返,何必见戴!"(《世说新语·任诞》)

谢公与人围棋⑪,俄而谢玄淮上信至⑫,看书竟,默然无言,徐向局。客问淮上利害⑬,答曰:"小儿辈大破贼。"意色举止,不异于常。(《世说新语·雅量》)

---

① 选自刘义庆《世说新语》,张万起、刘尚慈译注,中华书局1998年版。 ② 王子猷(yóu):名徽之,字子猷。东晋大书法家王羲之的第五子。山阴:今浙江绍兴。 ③ 眠觉:睡醒。 ④ 皎然:洁白光明的样子。 ⑤ 因:于是。彷徨:同"徘徊"。 ⑥ 左思:西晋文学家,字太冲。《招隐》:左思创作的诗两首,写寻访隐士和对隐居生活的羡慕,旨在歌咏隐士清高的生活。 ⑦ 戴安道:即戴逵,安道是他的字。学问广博,隐居不仕。 ⑧ 剡(shàn):古县名,治所在今浙江嵊州。 ⑨ 即:即刻。便:就。就:到,去。 ⑩ 造:到,至。 ⑪ 谢公:谢安(320—385),字安石,号东山,东晋政治家、军事家,浙江绍兴人。历任吴兴太守、侍中兼吏部尚书兼中护军、尚书仆射兼领吏部加后将军、扬州刺史兼中书监兼尚书事、都督五州、幽州之燕国诸军事兼假节、太保兼都督十五州军事兼卫将军等职,死后追封太傅兼庐陵郡公。世称谢太傅、谢安石、谢相、谢公。 ⑫ 俄而:不久,不一会儿。谢玄(343—388):字幼度,东晋名将,谢安之侄。淮上:淮水上,这里指淝水战场上。公元383年,前秦王苻坚大发兵分道南侵,企图灭晋,军队屯驻淮水、淝水间。当时晋朝以谢安录尚书事,征讨大部督,谢安派他弟弟谢石、侄子谢玄率军在淝水坚拒苻坚军,苻坚大败,即淝水之战。 ⑬ 利害:指胜负。

魏武①将见匈奴使,自以形陋,不足雄②远国,使崔季珪代③,帝自捉刀立床头④。既毕,令间谍问曰:"魏王何如?"匈奴使答曰:"魏王雅望⑤非常,然床头捉刀人,此乃英雄也。"魏武闻之,追杀此使。(《世说新语·容止》)

 思考与练习

一、阅读课文第一则,分析王子猷的性格特征。
二、阅读下列文字,结合课文第二则,分析谢公性格特点。
谢安得驿书,知秦兵已败,时方与客围棋,摄书置床上,了无喜色,围棋如故。客问之,徐答曰:"小儿辈遂已破贼。"既罢,还内,过户限,不觉屐齿之折。
三、结合第三则,简要分析曹操是个怎样的人。
四、简要分析《世说新语》的艺术特色。

 延伸阅读

《世说新语》与其前后

鲁　迅

汉末士流,已重品目,声名成毁,决于片言,魏晋以来,乃弥以标格语言相尚,惟吐属则流于玄虚,举止则故为疏放,与汉之惟俊伟坚卓为重者,甚不侔矣。盖其时释教广被,颇扬脱俗之风,而老庄之说亦大盛,其因佛而崇老为反动,而厌离于世间则一致,相拒而实相扇,终乃汗漫而为清谈。渡江以后,此风弥甚,有违言者,惟一二枭雄而已。世之所尚,因有撰集,或者掇拾旧闻,或者记述近事,虽不过丛残小语,而俱为人间言动,遂脱志怪之牢笼也。

记人间事者已甚古,列御寇韩非皆有录载,惟其所以录载者,列在用以喻道,韩在储以论政。若为赏心而作,则实萌芽于魏而盛大于晋,虽不免追随俗尚,或供揣摩,然要为远实用而近娱乐矣。晋隆和(三六二)中,有处士河东裴启,撰汉魏以来迄于同时言语应对之可称者,谓之《语林》,时颇盛行,以记谢安语不实,为安所诋,书遂废(详见《世说新语·轻诋篇》)。后仍时有,凡十卷,至隋而亡,然群书中亦常见其遗文也。

……

宋临川王刘义庆有《世说》八卷,梁刘孝标注之为十卷,见《隋志》。今存者三卷曰《世说新语》,为宋人晏殊所删并,于注亦小有剪裁,然不知何人又加"新语"二字,唐时则

---

① 魏武:即曹操,曹丕称帝后追尊曹操为武帝。　② 雄:称雄,这里意为慑服。　③ 崔季珪:崔琰,字季珪。《三国志·崔琰传》:"琰声姿高畅,眉目舒朗,长四尺,甚有威重。"　④ 捉刀:握刀。床:古代坐具。　⑤ 雅望:儒雅的风采。

曰新书,殆以《汉志》儒家类录刘向所序六十七篇中,已有《世说》,因增字以别之也。《世说新语》今本凡三十八篇,自《德行》至《仇隙》,以类相从,事起后汉,止于东晋,记言则玄远冷俊,记行则高简瑰奇,下至缪惑,亦资一笑。孝标作注,又征引浩博。或驳或申,映带本文,增其隽永,所用书四百余种,今又多不存,故世人尤珍重之。然《世说》文字,间或与裴郭二家书所记相同,殆亦犹《幽明录》《宣验记》然,乃纂缉旧文,非由自造;《宋书》言义庆才词不多,而招聚文学之士,远近必至,则诸书或成于众手,未可知也。

(选自鲁迅《中国小说史略》,广西人民出版社2017年版)

红线传①

袁　郊

《红线传》，载于《太平广记》卷一百九十五，属于唐传奇名篇，是唐末袁郊所作《甘泽谣》九则故事中最精彩的一则。袁郊在唐昭宗时期任翰林学士和虢州刺史，曾和温庭筠唱和。当时安史大乱之余，藩镇间又攻伐不休，兵连祸结，民不聊生。郑振铎说此文作于唐懿宗咸通九年(868)，该年庞勋作乱，震动天下。

　　红线，潞州节度使薛嵩家青衣②，善弹阮咸③，又通经史④，嵩遣掌笺表⑤，号曰"内记室"⑥。时军中大宴，红线谓嵩曰："羯鼓⑦之音颇悲，调其声者⑧，必有事也。"嵩亦明晓音律，曰："如女⑨所言。"乃召而问之，云："某妻昨夜亡，不敢乞假。"嵩遽遣放归。

　　时至德⑩之后，两河未宁⑪。初置招义军，以洺阳为镇，命嵩固守，控压山东。杀伤之余，军府⑫草创，朝廷复遣女嫁魏博节度使田承嗣男，又遣嵩男取滑州节度使令狐彰女。三镇互为姻娅⑬，人使日浃往来⑭。时田承嗣尝患肺气⑮，遇夏增剧，每⑯曰："我若移镇山东⑰，纳其凉冷⑱，可延数年之命。"乃募军中武勇十倍者，得三千人，号"外宅

---

①　选自李军《〈甘泽谣〉评注》，中国社会科学出版社2013年版。　②　潞州：州名。北周宣政元年(578)于上党郡置潞州，治襄垣(今山西襄垣县北)。唐武德元年(618)，移治上党(今山西长治)。薛嵩(?—773)：唐龙门(今山西河津)人，高宗朝大将薛仁贵的孙子。父薛楚玉，曾担任范阳节度使。薛嵩年轻时以臂力骑射闻名，为人豪迈。安史之乱时，投安史叛军。累战有功，被封为邺郡节度使。史朝义兵败，薛嵩以相、卫、洺、邢四州降唐，被封为昭义节度使。青衣：这里是婢女的代称。青衣本指古时地位低下者穿的服装，而婢女多穿青衣，后因用为婢女的代称。据卞孝萱《唐传奇新探》一书中的《红线考》，当时薛嵩并非潞州节度使，而是相卫六州节度使。而当时的潞州节度使是李抱真，《红线》作者袁郊误以为是薛嵩。　③　阮咸：亦称阮，古琵琶的一种，因西晋时期的阮咸善弹此乐器而得名。可独奏，亦可与其他乐器合奏。　④　经史：儒家经典与各种史书的总称，这里也指相关的学问。　⑤　遣：委派、委任。掌：掌管。笺表：亦作"牋表"，文牍章奏等文书。　⑥　内记室：掌管文书机要的女秘书。　⑦　羯鼓：一种打击乐器。两面蒙皮，用公羊皮做鼓皮，因此叫羯鼓。　⑧　调(tiáo)：协调。调声，使声音调和。　⑨　女(rǔ)：你，后来写作"汝"。　⑩　至德：唐肃宗李亨年号(756—763)。　⑪　两河：唐安史之乱后，称河南、河北二道为两河。宁：安宁。　⑫　军府：将帅的府署。　⑬　姻娅(yīn yà)：亲家和连襟，泛指姻亲，也作"姻亚"。　⑭　人使：即使者，受命出使的人。浃(jiā)：一周匝，古代以干支记日，自甲至癸共十天。日浃往来，意为时常往来。　⑮　尝：曾经。肺气：热毒风，病名，亦作"热毒"。　⑯　每：常常，经常。　⑰　移镇：换个地方镇守。这是委婉语，实际意思是要吞并山东，具体而言，即吞并薛嵩的潞州。　⑱　纳其凉冷：因田承嗣患有热毒风，须清凉之地以静养，故曰"纳其凉冷"。这也只是田承嗣妄图吞并薛嵩的一个借口，只是这个借口提得非常巧妙，说得非常委婉，而其野心是不言而喻的。

男",而厚恤养之。常令三百人,夜直①州宅,卜选良日,将并潞州。嵩闻之,日夜忧闷,咄咄②自语,计无所出。时夜漏将传③,辕门已闭,杖策④庭除,惟红线从焉。红线曰:"主自一月不遑寝食,意有所属⑤,岂非邻境⑥乎?"嵩曰:"事系安危,非尔能料。"红线曰:"某虽贱品⑦,然亦有解主忧者。"嵩乃具告其事,曰:"我承祖父遗业,受国家厚恩,一旦失其土疆⑧,即数百年勋伐⑨尽矣。"红线曰:"易尔,不足劳主忧也。乞放某一到魏郡⑩,观其形势,觇其有无⑪。今一更首途⑫,三更可以复命。请先定一走马⑬,兼具寒暄书⑭,其他即俟某却回也。"嵩大惊曰:"不知女是异人,我之暗也⑮。然事若不济,反速其祸,奈何?"红线曰:"某之行,无不济者。"乃入闺房,饰其行具,梳乌蛮髻,攒金凤钗⑯,衣紫绣短袍⑰,系青丝轻履,胸前佩龙文⑱匕首,额上书太乙神名,再拜而倏忽不见⑲。

嵩乃反身闭户,背烛危坐⑳。常时饮酒数合㉑,是夕举觞㉒十余不醉。忽闻晓角吟风,一叶堕露㉓,惊而试问,即红线回矣。嵩喜而慰问,曰:"事谐否㉔?"曰:"不敢辱命。"又问曰:"无伤杀否㉕?"曰不至是㉖,但取床头金合为信耳㉗。红线曰:"某子夜㉘前三刻,即达魏郡。凡历㉙数门,遂及寝所。闻外宅男止于房廊㉚,睡声雷动。见军士卒,步于庭庑㉛,传呼风生㉜。某发其左扉㉝,抵其寝帐。田亲家翁,止于帐内㉞,鼓跌酣瞑㉟,头枕文犀,髻包黄縠㊱。枕前露橐一七星剑㊲,剑前仰开一金盒,内书生身甲子与北斗神名,复㊳以名香及美珠,散覆㊴其上。扬威玉帐,但期心豁于生前;同梦兰堂,不觉命悬于手下。㊵宁

---

① 直:动词,当值,轮值。即值班守护。 ② 咄咄:嗟叹,表示吃惊和忧虑。 ③ 夜漏将传:天黑以后将要开始报更的时候。漏,古代滴水记时的器具。 ④ 杖策:拄杖,撑着手杖。 ⑤ 意有所属:心中有所忧虑。 ⑥ 邻境:这里指的是田承嗣所据的魏博。 ⑦ 贱品:谦称自己出身寒微。 ⑧ 土疆:即疆土,这里指的是薛嵩所据的潞州。 ⑨ 勋伐:功绩。 ⑩ 乞:请求,希望,请允许做某事。放:这里是派遣的意思。某:红线自称,可翻译为"我"。一到:到一次,去一趟。 ⑪ 觇(chān):窥视,察看。 ⑫ 首途:亦作"首涂",启程,上路。 ⑬ 定:这里是安排、布置的意思。走马:良马,善走的马。 ⑭ 具:准备,备办,这里是写的意思。寒暄书:谓问候起居寒暖的书信。 ⑮ 暗:昏昧,愚昧。 ⑯ 攒(zuān):这里是别、嵌的意思。金凤钗:古代头发上别的装饰钗子,为金凤状,极为精美。 ⑰ 衣(yì):这里作动词,穿衣服的意思。紫绣:绣着紫色花纹。 ⑱ 文:通"纹"。 ⑲ 再拜:古代一种隆重的礼节,拜两次,表达敬意。倏忽:很快,忽而间。 ⑳ 背烛:背对着灯烛。危坐:端坐,直身而坐。 ㉑ 常时:平时。数合:多合。合,古代盛酒的器具,类似今天的酒壶。 ㉒ 是夕:当晚。举觞:举杯饮酒。 ㉓ "晓角吟风,一叶堕露"句:这里极言红线轻功的高超,像是轻风传送的晓角声那样邈远而细软,像是草木叶子上堕下一粒露珠那样轻快而细微。晓角,古代报晓的号角声。 ㉔ 谐:办妥,成功。 ㉕ 无……否:相当于"没有……吧"。 ㉖ 至是:至于如此,至于这样。是,复指代词,代指前面提到的人或事。 ㉗ 但:只,仅,只是。合:盒子,后作"盒"。信:信物,凭证。 ㉘ 子夜:夜十一时到次晨一时为子时,故称半夜为"子夜"。 ㉙ 凡:总共。历:过。 ㉚ 止:休息。房廊:走廊。 ㉛ 步:行走。庭庑:堂下四周的廊屋。 ㉜ 传呼:传声呼喊。风生:比喻言谈活跃,这里指值班的军士互相呼喊,以加强戒备,暗衬红线轻功技艺的高超。 ㉝ 发:打开。左扉:左门扇。扉,门扇。 ㉞ 止:休息。 ㉟ 鼓跌:曲着腿,跷起脚。酣瞑:即酣眠,酣睡。 ㊱ 髻:发髻。包:包裹着,裹着。黄縠:黄色的绉纱。縠,有皱纹的纱。质地轻薄纤细透亮、表面起皱的平纹丝织物为縠。 ㊲ 露橐:剑袋中露出。橐,囊,口袋。七星剑:道家五大仙剑之一,柄上缀以七星,类北斗七星罗列。这里指有威力的剑。 ㊳ 复:又。 ㊴ 散覆:离散覆盖。 ㊵ "扬威玉帐"四句:形容红线如果要取田承嗣的性命,简直是易如反掌。期,期望。豁,开阔,开通。生前,红线的前生,据自叙,是一名江湖医生。兰堂,芳洁的厅堂,是厅堂的美称。

劳禽纵①，祇益伤嗟②。时则蜡炬光凝③，炉香烬煨④。侍人四布⑤，兵器森罗⑥，或头触屏风，鼾而軃者；或手持巾拂，寝而伸者。⑦某拔其簪珥，縻其襦裳⑧，如病如昏⑨，皆不能寤⑩，遂持金合以归。出魏城西门，将行二百里，见铜台高揭⑪，漳水东注，晨鸡动野⑫，斜月在林⑬。忧往喜还，顿忘于行役⑭；感知⑮酬德，仰副于心期⑯。所以当夜漏三时，往反七百里，入危邦，一道经过五六城。冀减主忧，敢言其苦⑰？"

嵩乃发使⑱，遗承嗣书曰："昨夜有客从魏中来⑲，云自元帅头边获一合。不敢留驻⑳，谨却封纳㉑。"专使㉒星驰，夜半方到，见搜捕金合，一军忧疑㉓。使者以马挝叩门㉔，非时请见㉕。承嗣遽出㉖，使者以金合授之㉗，捧承㉘之时，惊怛绝倒。遂留使者，止于宅中㉙，狎以私宴㉚，多其锡赉㉛。明日㉜，遣使赍缯帛三万疋㉝、名马二百匹，他物称是㉞，以献于嵩曰："某之首领㉟，系在恩私㊱，便宜知过自新㊲，不复更贻伊戚㊳。专膺指使㊴，敢议姻亲㊵！役当奉毂后车㊶，来则麾鞭前马㊷。所置纪纲仆㊸号为'外宅男'者，本防他盗㊹，亦非异图㊺，今并脱其甲裳㊻，放归田亩矣。"

由是㊼，一两月内，河北河南，人使㊽交至，而红线辞去。嵩曰："女生我家，而今欲安往㊾？又方赖女㊿，岂可议行(51)？"红线曰："某前世本男子，游学江湖间，读神农药书，

---

① 宁劳：哪里用得着烦劳。禽纵：即"擒纵"。擒与纵，即捉拿与释放。 ② 益：更加。伤嗟：悲伤感叹。 ③ 光凝：指烛光已经熄灭。 ④ 烬：灰烬。煨：火盆中的火。烬煨，这里指炉香燃尽了。 ⑤ 侍人：即侍卫。四布：到处布置。 ⑥ 森罗：密密排列。森，众多。罗，罗列。 ⑦ "或头触屏风"四句：形容田承嗣的侍卫们困倦至极，此时戒备松懈。触，抵，顶。屏风，室内挡风或作为障蔽的用具。軃(duǒ)，同"亸"，下垂，这里指酣睡时头低着。巾，擦东西或包裹、覆盖东西的用品，多用纺织品制成。拂，拂拭的用具。寝，睡觉。伸，展开身子。 ⑧ 縻：捆，栓。襦裳：这里泛指田承嗣所穿的衣服。 ⑨ 如病如昏：形容田承嗣的侍卫都睡得很死，像是得病和神志不清、失去知觉。 ⑩ 寤：睡醒，醒来。 ⑪ 铜台：即"铜雀台"的省称，指高楼。高揭：矗立。 ⑫ 晨鸡动野：早晨报晓的鸡鸣声响动旷野，是说天快要亮了。 ⑬ 斜月在林：是说天快要亮之际还有即将落下的月亮斜挂天边。 ⑭ 顿：顿时，立刻，一下子。行役：旧指因服兵役、劳役或公务而出外跋涉。 ⑮ 感知：感激知遇。 ⑯ 仰：期望，切望。副：相称，符合。心期：心中的期望。 ⑰ 敢：岂敢、哪敢。 ⑱ 发使：派遣、遣发使者。 ⑲ 魏中：魏博那里。 ⑳ 留驻：这里意思是扣留。 ㉑ 谨却封纳：恭敬地封起来退还。 ㉒ 专使：专为某事派遣的使者。 ㉓ 一军：全军。忧疑：忧虑疑惧。 ㉔ 马挝(zhuā)：马鞭。叩门：即敲门，这里是用马鞭敲门。 ㉕ 非时：不是时候，不在正常、适当或规定的时间内。 ㉖ 遽：马上，立即。 ㉗ 授：交还，奉还。 ㉘ 捧承：两手承托接住。 ㉙ 留：挽留。止：居住，这里指暂时歇息、留宿。 ㉚ 狎：亲昵。私宴：私家筵席。 ㉛ 锡赉：这里指赏赐之物。锡，通"赐"。赉，赐予，给予。 ㉜ 明日：第二天。 ㉝ 缯(zēng)帛：古代对丝绸的统称。疋(pǐ)：同"匹"。 ㉞ 称是：谓与此相称或相当。 ㉟ 某：自称，代替"我"或名字，旧时谦虚的用法。这里是田承嗣自称。首领：头和脖子，代指性命。 ㊱ 恩私：犹恩惠，恩宠。 ㊲ 便宜：便应该。知过自新：知道了自己以前的过失，决心重新做人。 ㊳ 不复：不再。更：表示程度的加深，相当于"更加""愈加""越发"等。贻伊戚：给自己留下忧患。 ㊴ 专膺：专门承担。膺，接受，承担。 ㊵ 敢：岂敢，不敢。姻亲：由婚姻关系而结成的亲戚。 ㊶ 役：职责，职分。当：应当。奉毂后车：意思是为您推车。毂，本指车轮中心有洞可以插轴的部分，借指车轮或车。 ㊷ 麾鞭前马：意思是为您赶马。 ㊸ 纪纲仆：仆人。 ㊹ 本：原本，本来。防：提防，防备。他盗：其他盗贼。 ㊺ 异图：其他意图，即谋叛、谋反的意图。确切地说，指的是吞并薛嵩的意图，这里田承嗣极力否定此事，为自己洗刷罪名。 ㊻ 并：一并，全部。脱其甲裳：脱去他们的盔甲和军服，意思是遣散"外宅男"。 ㊼ 由是：相当于"于是"。 ㊽ 人使：即使者，受命出使的人。 ㊾ 安往：哪里去？ ㊿ 方：正当。赖：依赖，依靠。 (51) 岂可议行：哪里能说走就走呢？

救人灾患。时里人有孕妇①，忽患蛊症②。某以芫花酒下之，妇人与腹中二子俱毙。是某一举杀三人③，阴功见诛④，降为女子，使身居贱隶⑤，气禀贼星⑥。所幸生于公家⑦，今十九年矣。使身厌罗绮⑧，口穷甘鲜⑨，宠待有加⑩，荣亦至矣⑪。况国家建极⑫，庆且无疆⑬，此辈背违天理⑭，当尽弭患⑮。昨往魏郡，以示报恩⑯。今两地保其城池，万人全其性命⑰，使乱臣知惧，烈士安谋⑱。在某一妇人，功亦不小，固可赎其前罪，还其本形⑲，便当遁迹尘中，栖心物外，澄清一气，生死常存⑳。"嵩曰："不然，遗尔千金㉑，为居山之所给㉒。"红线曰："事关来世，安可预谋㉓！"

嵩知不可驻留，乃广为饯别㉔，悉集宾客㉕，夜宴中堂㉖。嵩以歌送红线酒㉗，诸坐客中冷朝阳为辞㉘，辞曰："《采菱》歌怨木兰舟，送客魂消百尺楼。还似雏妃乘雾去，碧天无际水空流。"歌毕，嵩不胜悲㉙。红线反袂且泣㉚，因伪醉㉛离席，遂亡其所在㉜。

思考与练习

一、小说表达了怎样的主题？
二、分析红线的性格特征。

---

① 里人：邻居，邑人之意。 ② 蛊症：腹内生虫的病。 ③ 一举：谓一次举动，一个举动。这里指的是红线前生为孕妇下药这一举动。 ④ 阴功：阴损的、有损于阴德的行为或事情。见诛：被诛。见，表被动。 ⑤ 身居贱隶：使其寄居在地位低下的役隶身上。贱隶，役隶。 ⑥ 气禀贼星：使其秉性中带有天上做贼的星宿的影响。贼星，妖星，彗星。 ⑦ 所幸：所幸运的是。生：这里指托生。公家：这里指的是薛嵩家。公，对薛嵩的敬称，这里可翻译为"您"。 ⑧ 身厌罗绮：穿遍了华丽精美的衣服。厌，满足。罗绮，罗和绮，多借指丝绸衣裳。 ⑨ 甘鲜：指鲜美的食品。 ⑩ 宠待：本指皇帝给予恩遇，这里指薛嵩对红线的厚爱。 ⑪ 荣：受人敬重，与"辱"相对。至：极。 ⑫ 况：况且。国家：这里指的是李唐王朝。极：中正，标准。 ⑬ 庆且无疆：这是很庆幸的，而且李唐王朝会万寿无疆。以上都是红线从维护李唐王朝的角度出发，对其进行赞美，从而引起下面对田承嗣图谋不轨的指斥。 ⑭ 此辈：这类人。 ⑮ 当：该当，应当。尽：全部。弭患：消除祸患。 ⑯ 示：表示，示怀。 ⑰ "两地保其城池"二句：红线的行为，消弭了两个藩镇之间的战争，使得两地保全了城池，数万人全活了性命。 ⑱ "乱臣知惧"二句：红线的行为，使得乱臣贼子知道了惧怕，有壮志的人得以安心谋划将来。 ⑲ "固可赎"二句：固然就可以赎红线的前罪（即以芫花酒毒死孕妇及腹中双胞胎之事），使其还原到本来的男子身（红线的前世是男子，其身份是游走于江湖的医生）。本形，原来的形状。 ⑳ "便当遁迹尘中"四句：意谓红线从此将退出俗世，隐居山林，潜心修道，以达成道。 ㉑ 不然：要不。遗(wèi)：馈赠，赠送。尔：人称代词，你。 ㉒ 居山之所给：隐居山林所需。 ㉓ 安可：哪里可以，怎么能够。预谋：预先谋划。 ㉔ 广：大，大张旗鼓。为：给。饯别：准备酒食，举行宴会为之送别。 ㉕ 悉：全部，都。集：集中，聚集。宾客：客人的总称。 ㉖ 中堂：正中的厅堂。 ㉗ 以歌送红线酒：唱歌为红线敬酒送别。 ㉘ 坐客：座上的客人。 ㉙ 不胜：无法承担，承受不了。 ㉚ 反袂：用衣袖拭泪，形容哭泣。 ㉛ 伪醉：装作喝醉酒。 ㉜ 亡其所在：意即消失了踪迹。这里是对红线最后归宿的一个交代。根据上文，红线要退出世俗，隐居山林。

 **延伸阅读**

  唐代,小说产生了新的体式,这就是唐传奇。唐传奇的出现标志着我国文言小说发展到成熟的阶段。正如鲁迅在《中国小说史略》中所说:"小说亦如诗,至唐代而一变。虽尚不离于搜奇记逸,然叙述宛转,文辞华艳,与六朝之粗陈梗概者较,演进之迹甚明,而尤显者乃在是时则始有意为小说。"也就是说,鲁迅先生认为唐传奇的出现,昭示了中国古代小说自觉意识的出现。

  唐传奇的兴起和发展自有其社会、经济、历史及文学等诸方面原因。农业及手工业的高度发展,城市经济的繁荣,市民阶层的兴起,既为传奇提供了丰富生动的新题材,也适应了文人和市民阶层的审美情趣和遣兴娱乐的需要。佛道的盛行,民间对神异之术和因果报应之说的信仰,促进了唐传奇创作的繁荣。唐代诗歌的繁荣特别是叙事诗的高度成就,在情节曲折、铺陈委婉、描写细腻等方面都影响了唐传奇的发展;行文自由、生动流利的古文的兴盛为传奇的叙事抒情提供了方便适宜的文体。此外,源远流长的史传文学、六朝志怪、变文和民间文学,都从不同的角度为唐传奇的繁荣发展提供了丰富的营养。

小 翠①

蒲松龄

蒲松龄(1640—1715),清代文学家。字留仙,一字剑臣,别号柳泉居士,世称聊斋先生,自称异史氏。现山东淄博人。蒲松龄童年时跟着父亲读书,由于勤奋和颖慧而深得父亲钟爱。他19岁初应童子试,以县、府、道三个第一名补博士弟子员,颇受当时主持山东学政的著名诗人施闰章的赏识,施闰章赞他"观书如月,运笔成风",一时文名颇高。蒲松龄一生刻苦好学,但自19岁"弁冕童科"之后,屡试不第,直到71岁高龄,才援例成为贡生。

《聊斋志异》始创于康熙初年,清康熙十八年(1679)初具规模,后不断修增,暮年成书。一生遭际,蕴含其中。蒲松龄在《聊斋自志》中说:"才非干宝,雅爱搜神,情类黄州,喜人谈鬼。闻则命笔,遂以成篇。久之,四方同人,又以邮筒相寄,因而物以好聚,所积益夥。"他用尽毕生精力完成《聊斋志异》8卷、491篇,40余万字。《聊斋志异》内容丰富多彩,充分表达了蒲松龄的爱憎感情和美好理想,被誉为中国古代文言短篇小说中成就最高的作品集。郭沫若曾这样评价他:"写鬼写妖高人一等,刺贪刺虐入骨三分"。

王太常②,越人③。总角时④,昼卧榻上,忽阴晦,巨霆⑤暴作,一物大于猫,来伏身下,展转不离。移时晴霁⑥,物即径出。视之非猫,始怖,隔房呼兄。兄闻,喜曰:"弟必大贵,此狐来避雷霆劫也。"后果少年登进士⑦,以县令入为侍御⑧。

生一子元丰,绝痴,十六岁不能知牝牡⑨,因而乡党⑩无与为婚。王忧之。适有妇人率少女登门,自请为妇。视其女,嫣然⑪展笑,真仙品也⑫。喜问姓名。自言:

---

① 选自赵伯陶《聊斋志异详评新注》,人民文学出版社2015年版。 ② 太常:官名。汉代太常掌宗庙礼仪,兼掌选试博士。历代因之,则为专掌祭祀礼乐之官。明清太常寺设卿、少卿、寺丞等。 ③ 越:春秋诸侯国名,建都会稽(今浙江绍兴),战国时为楚国所灭。 ④ 总角:谓童年。古时儿童束发为二结,向上分开,形状如角,故称总角。 ⑤ 巨霆:迅雷,霹雳。 ⑥ 晴霁(jì):晴朗。霁,雨止。 ⑦ 进士:科举时代称殿试考取的人。明清有"三甲"之分,一甲赐进士及第,二甲赐进士出身,三甲赐同进士出身,皆称进士。 ⑧ 侍御:清代或称御史为侍御,这里当指监察御史,属监察官,明与清初皆为都察院属官。 ⑨ 牝(pìn)牡:原指鸟兽的雌性和雄性,这里指男性和女性。 ⑩ 乡党:谓乡里或家乡。周制,一万二千五百家为乡,五百家为党。 ⑪ 嫣然:娇媚的笑态。展笑:谓开颜欢笑。 ⑫ 仙品:指非凡的气质和姣美的姿容。

"虞氏。女小翠,年二八矣。"与议聘金①。曰:"是从我糠覈不得饱②,一旦置身广厦,役婢仆,厌膏粱③,彼意适,我愿慰矣,岂卖菜也而索直乎④!"夫人悦,优厚之⑤。妇即命女拜王及夫人,嘱曰:"此尔翁姑⑥,奉事宜谨。我大忙,且去,三数日当复来。"王命仆马⑦送之,妇言:"里巷不远,无烦多事。"遂出门去。小翠殊不悲恋,便即奁中翻取花样⑧。夫人亦爱乐之。数日,妇不至,以居里问女,女亦憨然不能言其道路。遂治别院,使夫妇成礼。诸戚闻拾得贫家儿作新妇,共笑姗之⑨;见女皆惊,群议始息。女又甚慧,能窥翁姑喜怒。王公夫妇,宠惜过于常情⑩,然惕惕焉惟恐其憎子痴⑪,而女殊欢笑,不为嫌。第善谑⑫,刺布作圆⑬,蹋蹴⑭为笑。着小皮靴,蹴去数十步,绐公子奔拾之⑮,公子及婢恒流汗相属。一日,王偶过,圆訇然⑯来,直中面目。女与婢俱敛迹⑰去,公子犹踊跃奔逐之。王怒,投之以石,始伏而啼。王以状告夫人,夫人往责女,女惟俯首微笑,以手刓⑱床;既退,憨跳⑲如故,以脂粉涂公子作花面如鬼。夫人见之,怒甚,呼女诟骂。女倚几弄带,不惧,亦不言。夫人无奈之,因杖⑳其子。元丰大号,女始色变,屈膝乞宥㉑。夫人怒顿解,释杖去。女笑拉公子入室,代扑衣上尘,拭眼泪,摩挲杖痕,饵以枣栗。公子乃收涕以忻。女阖庭户,复装公子作霸王,作沙漠人;已乃艳服,束细腰,扮虞美人,婆娑作帐下舞;或髻插雉尾,拨琵琶,丁丁缕缕然㉒。喧笑一室,日以为常。王公以子痴,不忍过责妇,即微闻焉,亦若置之㉓。

同巷有王给谏者㉔,相隔十余户,然素不相能㉕。时值三年大计吏㉖,忌公握河南道篆①,思中伤之②。公知其谋,忧虑无所为计。一夕,早寝,女冠带③,饰冢宰状④,剪素丝作浓髭⑤,又以青衣饰两婢为虞候⑥,窃跨厩马而出⑦,戏云:"将谒王先生。"驰至给谏之门,即又鞭挝从人⑧,大言曰:"我谒侍御王,宁谒给谏王耶!"回辔而归⑨。比至家门,门者误以为真,奔白王公。公急起承迎,方知为子妇之戏。怒甚,谓夫人曰:"人方蹈我之瑕⑩,反以闺阁之丑登门而告之,余祸不远矣!"夫人怒,奔女室,诟让之⑪。女惟笑听,并不一置词。挞之,不忍;出之⑫,则无家。夫妻懊怨,终夜不寝。时冢宰某公赫甚⑬,其仪采服从⑭,与女伪装无少殊别,王给谏亦误为真。屡侦公门,中夜而客未出⑮,疑冢宰与公有阴谋。次日早朝⑯,见而问曰:"夜,相公至君家耶⑰?"公疑其相讥,惭颜唯唯⑱,不甚响答。给谏愈疑,谋遂寝⑲,由此益交欢公。公探知其情,窃喜,而阴嘱夫人劝女改行⑳,女笑应之。

逾岁,首相免㉑,适有以私函致公者,误投给谏。给谏大喜,先托善公者往假万金㉒,公拒之。给谏自诣公所。公觅巾袍㉓,并不可得;给谏伺候久,怒公慢㉔,愤将行。忽见公子衮衣旒冕㉕,有女子自门内推之出,大骇;已而笑抚之,脱其服冕,襆之而去㉖。公急出,则客去已远。闻其故,惊颜如土,大哭曰:"此祸水也㉗!指日赤吾族矣㉘!"与夫人操杖往。女已知之,阖扉任其诟厉。公怒,斧其门,女在内含笑而告:"翁无怒。有新妇在,刀锯斧钺㉙,妇自受之,必不令贻害双亲。翁若此,是欲杀妇以灭口耶?"公乃止。给谏归,果抗疏揭王不轨㉚,衮冕作据。上惊验之,其旒冕乃粱藉心所制㉛,袍则败布黄袱也。上怒其诬,又召元丰至,见其憨状可掬,笑曰:"此可以作天子耶?"乃下之法司㉜。给谏又讼公家有妖人㉝,法司严诘臧获㉞,并言无他,惟颠妇痴儿,日事戏笑,邻里亦无异词。案乃定,以给谏充云南军㉟。

王由是奇女㊱。又以母久不至,意其非人,使夫人探诘之,女但笑不言。再复穷问,则掩口曰:"儿玉皇女㊲,母不知耶?"无何,公擢京卿㊳。五十余,每患无孙。女居三年,

①河南道篆:河南道监察御史。篆,旧时官印的代称。 ②中(zhòng)伤:诬蔑别人使受损害。 ③冠带:戴帽子束腰带,这里谓装束,打扮。 ④冢宰:周代官名,为六卿之首,亦称太宰,明代为吏部尚书的俗称,清初沿袭。 ⑤素丝:白色丝。浓髭(zī):浓密的胡须。 ⑥虞候:原为古官名,宋代称官僚雇用的侍从。这里即指随员、侍从。 ⑦厩(jiù)马:指家中马棚中的马匹。 ⑧鞭挝(zhuā):鞭打。 ⑨回辔(pèi):回马。辔,驾驭马的缰绳。 ⑩蹈我之瑕:即"蹈瑕",谓利用对方的破绽或失误。 ⑪诟(gòu)让:斥责,谴责。 ⑫出之:旧时谓休弃。 ⑬赫甚:非常显赫。 ⑭仪采:仪表风采。服从:这里指服饰与随侍等。 ⑮中夜:半夜。 ⑯早朝:指古代百官清早上朝参拜君主。 ⑰相公:旧时对宰相的敬称,明清无宰相,也可尊称兼殿阁大学士衔的吏部尚书等,这里即上文之"冢宰"。 ⑱唯唯(wěi):恭敬的应答声。 ⑲寝:废止。 ⑳改行(xíng):改变行为。 ㉑首相:这里即谓上文之"冢宰"。 ㉒善公者:指与王侍御友善者。 ㉓巾袍:这里指官服。穿戴符合职级身份的冠服为古代会见宾客的礼节。 ㉔慢:怠慢。 ㉕衮(gǔn)衣旒(liú)冕:谓穿戴帝王的冠服。 ㉖襆(fú):谓用包袱包裹。 ㉗祸水:旧时称惑人败事的女子。 ㉘指日:犹不日,谓为期不远。赤吾族:诛灭全族。 ㉙刀锯斧钺:四者皆古代刑具,这里借指严刑。 ㉚抗疏:谓向皇帝上书直言。不轨:谓叛乱。 ㉛粱藉(jiē)心:去皮的高粱秆。 ㉜法司:即"三法司",明清两代以刑部、都察院、大理寺为三法司,遇有重大案件由三法司会审。 ㉝妖人:旧时谓有妖术的人,常被视为潜在的谋反者。 ㉞臧获:古代对奴婢的贱称。 ㉟充云南军:谓充军云南。充军,古代的一种刑法,将罪犯发配到边远地方去服役。 ㊱奇:赏识,看重。 ㊲玉皇:即道教崇奉的玉皇大帝,又称"上帝""玉帝",唐宋以后逐渐演变为道教中的至高无上之神。 ㊳擢:提拔。京卿:即"京堂",清代对某些高级官员的称呼。对照上文"王太常"之称谓,这里当指太常寺卿。

夜夜与公子异寝,似未尝有所私①。夫人舁榻去②,嘱公子与妇同寝。过数日,公子告母曰:"借榻去,悍不还③!小翠夜夜以足股加腹上,喘气不得;又惯掐人股里④。"婢妪无不粲然⑤。夫人呵拍⑥令去。一日,女浴于室,公子见之,欲与偕;女笑止之,谕使姑待。既出,乃更泻热汤于瓮,解其袍袴,与婢扶入之。公子觉蒸闷,大呼欲出。女不听,以衾蒙之。少时,无声,启视,已绝⑦。女坦笑不惊⑧,曳置床上,拭体干洁,加复被焉⑨。夫人闻之,哭而入,骂曰:"狂婢何杀吾儿!"女辗然曰⑩:"如此痴儿,不如勿有。"夫人益恚⑪,以首触女;婢辈争曳劝之。方纷嚣间,一婢告曰:"公子呻矣!"夫人辍涕抚之,则气息休休⑫,而大汗浸淫⑬,沾浃裀褥⑭。食顷,汗已,忽开目四顾,遍视家人,似不相识,曰:"我今回忆往昔,都如梦寐,何也?"夫人以其言语不痴,大异之,携参其父,屡试之,果不痴,大喜,如获异宝。至晚,还榻故处,更设衾枕以觇之。公子入室,尽遣婢去。早窥之,则榻虚设。自此痴颠皆不复作,而琴瑟静好⑮,如形影焉⑯。

年余,公为给谏之党奏劾免官⑰,小有罣误⑱。旧有广西中丞所赠玉瓶⑲,价累千金,将出以贿当路⑳。女爱而把玩之,失手堕碎,惭而自投㉑。公夫妇方以免官不快,闻之,怒,交口呵骂。女忿而出,谓公子曰:"我在汝家,所保全者不止一瓶,何遂不少存面目㉒?实与君言:我非人也。以母遭雷霆之劫,深受而翁庇翼㉓;又以我两人有五年夙分㉔,故以我来报曩恩、了宿愿耳㉕。身受唾骂,擢发不足以数㉖,所以不即行者,五年之爱未盈。今何可以暂止乎㉗!"盛气而出,追之已杳。公爽然自失㉘,而悔无及矣。公子入室,睹其剩粉遗钩㉙,恸哭欲死;寝食不甘,日就羸瘁㉚。公大忧,急为胶续以解之㉛,而公子不乐。惟求良工画翠小像,日夜浇祷其下㉜,几二年。

偶以故自他里归㉝,明月已皎,村外有公家亭园,骑马经墙外过,闻笑语声,停辔,使厮卒捉鞚㉞,登鞍以望,则二女郎遨戏其中㉟。云月昏蒙㊱,不甚可辨,但闻一翠衣者曰:"婢子当逐出门!"一红衣者曰:"汝在吾家园亭,反逐阿谁?"翠衣人曰:"婢子不羞!不能作妇,被人驱遣,犹冒认物产耶㊲?"红衣者曰:"索胜老大婢无主顾者㊳!"听其音,酷类小翠,疾呼之。翠衣人去曰:"姑不与若争,汝汉子来矣。"既而红衣人来,果翠。喜极。

---

① 私:这里谓夫妻性生活。 ② 舁(yú):抬。 ③ 悍不还:谓蛮横不归还。 ④ 股里:指大腿内侧。 ⑤ 粲然:大笑的样子。 ⑥ 呵拍:责打。 ⑦ 绝:气绝身亡。 ⑧ 坦笑:泰然自若地笑。 ⑨ 复被:絮有棉絮的被。 ⑩ 辗(chǎn)然:笑的样子。 ⑪ 恚(huì):怨恨。 ⑫ 休休(xiū):嘘气声。休,通"咻"。 ⑬ 浸(qīn)淫:谓汗水不断地流淌。 ⑭ 沾浃:浸透。裀褥:坐卧的垫具。 ⑮ 琴瑟:弹奏琴瑟,比喻夫妇感情和谐。 ⑯ 如形影焉:如同人的形体与影子,比喻亲密无间。 ⑰ 奏劾:上奏章检举。 ⑱ 罣(guà)误:谓因过失或牵连而受到处分。 ⑲ 广西中丞:谓广西巡抚,明清地方长官。 ⑳ 当路:指掌握政权的官员。 ㉑ 自投:以头碰地,表示自责之意。 ㉒ 面目:指情分和面子。 ㉓ 而翁:你的父亲,用于称人父亲,或为人父者自称。庇翼:庇护。 ㉔ 夙分(sù fèn):旧缘,往世的缘分。 ㉕ 曩(nǎng)恩:谓先时的恩惠。宿愿:旧日的心愿。 ㉖ 擢发不足以数:即"擢发难数",常用来形容罪行之多,这里是受辱骂很多难以数清的意思。 ㉗ 暂止:谓短时间的停留,意即一刻也不能耽搁了。 ㉘ 爽然自失:亦作"爽然若失",形容茫无主见,无所适从。 ㉙ 剩粉遗钩:谓遗留下的女子化妆品与鞋子。 ㉚ 羸(léi)瘁:瘦瘠憔悴。 ㉛ 胶续:亦称"续弦",常用来比喻续娶。古人以琴瑟喻夫妇,因谓再娶曰续弦。 ㉜ 浇祷(dǎo):谓洒酒祭祀、祷告。 ㉝ 里归:即"归里",回故乡。 ㉞ 厮(jiù)卒:马夫。捉鞚(kòng):抓住马笼头。 ㉟ 遨戏:犹游戏。 ㊱ 昏蒙:亦作"昏曚",谓昏暗。 ㊲ 物产:犹家产,谓家业。 ㊳ 索胜:毕竟胜过。无主:谓女尚无夫家。顾:眷念。

女令登垣①,承接而下之,曰:"二年不见,瘦骨一把矣!"公子握手泣下,具道相思。女言:"妾亦知之,但无颜复见家门。今与大姊游戏,又相邂逅②,足知前因不可逃也。"请与同归,不可;请止园中,许之。遣仆奔白夫人,夫人惊起,驾肩而往③,启钥入亭。女趋下迎拜;夫人捉臂流涕,力白前过,几不自容,曰:"若不少记榛梗④,请偕归,慰我迟暮⑤。"女峻辞不可⑥。夫人虑野亭荒寂,谋以多人服役。女曰:"我诸人悉不愿见,惟前两婢朝夕相从,不能无眷注耳⑦;外惟一老仆应门⑧,余都无所复须。"夫人悉如其言。托公子养疴园中⑨,日供食用而已。

女每劝公子别婚,公子不从。后年余,女眉目音声,渐与曩异,出像质之,迥若两人。大怪之。女曰:"视妾今日,何如畴昔美⑩?"公子曰:"今日美则美,然较畴昔则似不如。"女曰:"意妾老矣!"公子曰:"二十余岁人,何得速老!"女笑而焚图,救之已烬。一日,谓公子曰:"昔在家时,阿姑谓妾抵死不作茧⑪,今亲老君孤,妾实不能产育,恐误君宗嗣⑫。请娶妇于家,旦晚奉公姑,君往来于两间,亦无所不便。"公子然之,纳币于钟太史之家⑬。吉期将近,女为新人制衣履,赍送母所⑭。及新人入门,则言貌举止,与小翠无毫发之异,大奇之。往至园亭,则女已不知所在。问婢,婢出红巾曰:"娘子暂归宁⑮,留此贻公子。"展巾,则结玉玦一枚⑯,心已知其不返,遂携婢俱归。虽顷刻不忘小翠,幸而对新人如觌故好焉⑰。始悟钟氏之姻,女预知之,故先化其貌,以慰他日之思云。

异史氏曰:"一狐也,以无心之德,而犹思所报;而身受再造之福者⑱,顾失声于破甑⑲,何其鄙哉⑳!月缺重圆㉑,从容而去,始知仙人之情,亦更深于流俗也㉒!"

思考与练习

一、简述《小翠》的情节结构。
二、结合课文,分析小翠的性格特征。
三、试分析作者创作小翠形象的用意。

---

① 垣(yuán):墙。 ② 邂逅(xiè hòu):谓事出于意料之外。 ③ 驾肩:指车驾或肩舆,这里指后者。 ④ 榛梗:谓隔阂、嫌怨。 ⑤ 迟暮:比喻晚年。 ⑥ 峻辞:严加拒绝。 ⑦ 眷注:垂爱关注。 ⑧ 应(yìng)门:照应门户。 ⑨ 养疴(kē):亦作"养病",谓养病。 ⑩ 畴昔:谓往日,从前。 ⑪ 阿姑:谓婆母。抵死不作茧:谓终究难以生育儿女。作茧,这里比喻妇女怀孕生育。 ⑫ 宗嗣:宗族继承人,即子孙后代。 ⑬ 纳币:古代婚礼"六礼"之一。亦称文定,俗称过定。太史:官名。明清修史之职归翰林院,故俗称翰林院任职者为太史。 ⑭ 赍(jī)送:赠送。 ⑮ 归宁:已嫁女子回娘家看望父母。 ⑯ 玉玦(jué):佩玉的一种,形如环而有缺口。"玦""决"同音,故古人每用"玉玦"表示决断或决绝之意。 ⑰ 觌(dí):相见。 ⑱ 再造:泛指再生、复活。 ⑲ 失声于破甑(zèng):意谓王太常只看重财物而不顾情分。失声,不自主地发出声音,这里形容王太常顾惜与吝啬之情。破甑,比喻不值一顾的事物。 ⑳ 何其鄙哉:感叹王太常为人浅陋。 ㉑ 月缺重圆:比喻夫妻乖离后又重新团圆。 ㉒ 流俗:指世间平庸的人。

 **延伸阅读**

一、小翠简评

《小翠》是《聊斋志异》中优秀的篇目之一,小说情节以类似戏剧冲突的精心设计博得了现代影视人的青睐,屡屡被搬上影视荧屏。狐仙小翠为报答王元丰之父无意中救护母亲的恩德,以身相酬外,还要未卜先知,防患于未然,巧设机关,于游戏三昧中解脱王家于水火,并令元丰脱胎换骨,由痴变慧,最终又变幻形貌,为人作嫁。小翠自我隐退循序渐进,亦颇有章法,其对元丰的真情尽显于"先化其貌,以慰他日之思"的善解人意。作者男性视角下的女性幻想光彩照人、秀外慧中,细致入微、淋漓尽致,必也求之于异类,正可见蒲松龄对于人间蝇营狗苟的龌龊世态无可救药的灰心失望。小说中官场生态环境的险恶与王太常"失声于破甑"的忘恩负义,无不凸显作者对于世道人心的悲观心态,诚如其同时代人王士禛《戏书蒲生〈聊斋志异〉卷后》一诗所云:"料应厌作人间语,爱听秋坟鬼唱时。"然而异类修道成仙又谈何容易,此篇而外,本书卷一《娇娜》也谈到狐狸躲避雷劫的磨难,这恰如明吴承恩《西游记》第二回中祖师对美猴王所言修道历程须经"三灾"之一的雷劫:"但到了五百年后,天降雷灾打你,须要见性明心,预先躲避。躲得过寿与天齐,躲不过就此绝命。"民间有关异类修炼遭劫的传说,在某种程度上也反映了人的妄自尊大,蒲松龄借此为由头,构思出异类"人情美"的故事,堪称化腐朽为神奇,引人深思。

(选自赵伯陶《聊斋志异详评新注》,人民文学出版社2015年版)

二、鲁迅评《聊斋志异》

《聊斋志异》虽亦如当时同类之书,不外记神仙狐鬼精魅故事,然描写委曲,叙次井然,用传奇法,而以志怪,变幻之状,如在目前;又或易调改弦,别叙畸人异行,出于幻域,顿入人间;偶述琐闻,亦多简洁,故读者耳目,为之一新。又相传渔洋山人(王士禛)激赏其书,欲市之而不得,故声名益振,竞相传钞。然终著者之世,竟未刻,至乾隆末始刊于严州;后但明伦、吕湛恩皆有注。

明末志怪群书,大抵简略,又多荒怪,诞而不情,《聊斋志异》独于详尽之外,示以平常,使花妖狐魅,多具人情,和易可亲,忘为异类,而又偶见鹘突,知复非人。如《狐谐》言博兴万福于济南娶狐女,而女雅善谈谐,倾倒一坐,后忽别去,悉如常人;《黄英》记马子才得陶氏黄英为妇,实乃菊精,居积取盈,与人无异,然其弟醉倒,忽化菊花,则变怪即骤现也。

(选自鲁迅《中国小说史略》,商务印书馆2011年版)

红　楼　梦(节选)①

曹雪芹

　　曹雪芹(?—1763,一作 1764),名霑,字梦阮,号雪芹,又号芹溪、芹圃,清代小说家。曹家从他曾祖父起,三代任江宁织造,是江南名门望族。祖父曹寅一代,曹家进入鼎盛时期。康熙帝六次南巡,曹寅接驾四次,备受恩宠。曹雪芹小时候在南京过了一段"锦衣纨绔""饫甘餍肥"的贵族公子生活。雍正五年(1727),其父曹頫任江宁织造,因亏空被罢官,家产被查抄,曹家从此衰落,次年迁回北京,此后情况不详。据曹雪芹的朋友记载,曹雪芹晚年迁往北京西郊,过着"举家食粥"的贫困生活。

　　《红楼梦》的写作,约始于清乾隆九年(1744),至清乾隆十九年(1754),其间"披阅十载,增删五次",基本上完成了前八十回,并定名为《石头记》。八十回以后,仅写出了若干初稿,但作者在世时,这部分初稿已散失。故现今可见的曹雪芹亲作的版本,止于前八十回,后四十回由高鹗续成。高鹗(约 1738—约 1815),字兰墅,清乾隆六十年(1795)进士。他续补《红楼梦》在清乾隆五十五年(1790),即中进士之前。1791 年高鹗续本《红楼梦》由程伟元协助用活字排印出版,是为程甲本。旋又改订印行,是为程乙本。

　　《红楼梦》规模宏大,视野广阔,以贾、王、史、薛四大家族为背景,以贾宝玉、林黛玉的爱情悲剧为主要线索,着重描写了四大家族由盛到衰的过程,从多方面对腐败黑暗的封建社会和封建礼教进行了深刻的揭露和无情的批判,歌颂了具有叛逆精神的青年男女,反映了争取平等、婚姻自由的民主思想,显示了中国封建社会行将灭亡的历史趋势。小说规模宏大、结构严谨、善于刻画人物,塑造了众多具有典型性格的艺术形象,语言优美、生动。无论从思想内容还是从艺术成就上看,《红楼梦》都达到了中国古代长篇小说的高峰。

　　原来宝玉会过雨村回来听见了,便知金钏儿含羞赌气自尽,心中早又五内摧伤,进来被王夫人数落教训,也无可回说。见宝钗进来,方得便出来,茫然不知何往,背着手,低头一面感叹,一面慢慢的走着,信步来至厅上。

　　刚转过屏门,不想对面来了一人正往里走,可巧儿撞了个满怀。只听那人喝了一声"站住!"宝玉唬了一跳,抬头一看,不是别人,却是他父亲,不觉的倒抽了一口气,只得垂手一旁站了。贾政道:"好端端的,你垂头丧气嗐些什么?方才雨村来了要见你,叫你那

---

① 选自曹雪芹《红楼梦》,中国艺术研究院红楼梦研究所校注,人民文学出版社 1996 年版。

半天你才出来；既出来了，全无一点慷慨挥洒谈吐，仍是葳葳蕤蕤。我看你脸上一团思欲愁闷气色，这会子又咳声叹气。你那些还不足，还不自在？无故这样，却是为何？"宝玉素日虽是口角伶俐，只是此时一心总为金钏儿感伤，恨不得此时也身亡命殒，跟了金钏儿去。如今见了他父亲说这些话，究竟不曾听见，只是怔呵呵的站着。

贾政见他惶悚①，应对不似往日，原本无气的，这一来倒生了三分气。方欲说话，忽有回事人来回："忠顺亲王府里有人来，要见老爷。"贾政听了，心下疑惑，暗暗思忖道："素日并不和忠顺府来往，为什么今日打发人来？"一面想，一面令"快请"，急走出来看时，却是忠顺府长史官②，忙接进厅上坐了献茶。

未及叙谈，那长史官先就说道："下官此来，并非擅造潭府③，皆因奉王命而来，有一件事相求。看王爷面上，敢烦老大人作主，不但王爷知情，且连下官辈亦感谢不尽。"贾政听了这话，抓不住头脑，忙陪笑起身问道："大人既奉王命而来，不知有何见谕，望大人宣明，学生好遵谕承办。"那长史官便冷笑道："也不必承办，只用大人一句话就完了。我们府里有一个做小旦的琪官，一向好好在府里，如今竟三五日不见回去，各处去找，又摸不着他的道路④，因此各处访察。这一城内，十停人倒有八停人都说⑤，他近日和衔玉的那位令郎相与甚厚。下官辈等听了，尊府不比别家，可以擅入索取，因此启明王爷。王爷亦云：'若是别的戏子呢，一百个也罢了；只是这琪官随机应答，谨慎老诚，甚合我老人家的心，竟断断少不得此人。'故此求老大人转谕令郎，请将琪官放回，一则可慰王爷谆谆奉恳，二则下官辈也可免操劳求觅之苦。"说毕，忙打一躬。

贾政听了这话，又惊又气，即命唤宝玉来。宝玉也不知何原故，忙赶来时，贾政便问："该死的奴才！你在家不读书也罢了，怎么又做出这些无法无天的事来！那琪官现是忠顺王爷驾前承奉的人，你是何等草芥，无故引逗他出来，如今祸及于我。"宝玉听了唬了一跳，忙回道："实在不知此事。究竟连'琪官'两个字不知为何物，岂更又加'引逗'二字！"说着便哭了。

贾政未及开言，只见那长史官冷笑："公子也不必掩饰。或隐藏在家，或知其下落，早说了出来，我们也少受些辛苦，岂不念公子之德？"宝玉连说不知，"恐是讹传，也未见得。"那长史官冷笑道："现有据证，何必还赖？必定当着老大人说了出来，公子岂不吃亏？既云不知此人，那红汗巾子怎么到了公子腰里⑥？"宝玉听了这话，不觉轰去魂魄，目瞪口呆，心下自思："这话他如何得知！他既连这样机密事都知道，大约别的瞒他不过，不如打发他去了，免的再说出别的事来。"因说道："大人既知他的底细，如何连他置买房舍这样大事倒不晓得了？听得说他如今在东郊离城二十里有个什么紫檀堡，他在那里置了几亩田地几间房舍。想是在那里也未可知。"那长史官听了，笑道："这样说，一定是在那里。我且去找一回，若有了便罢，若没有，还要来请教。"说着，便忙忙的走了。

贾政此时气的目瞪口歪，一面送那长史官，一面回头命宝玉"不许动！回来有话问

---

① 惶悚(sǒng)：惶恐。悚，害怕，恐惧。　② 长史官：总管王府内事务的官吏。从南朝起始设，以后各代王府都沿设。　③ 潭府：深宅大院。常用作他人住宅的尊称。潭，深邃。　④ 道路：行踪，去向。　⑤ 停：总数分成几份，其中一份叫一停。　⑥ 汗巾子：系内裤用的腰巾，因近身受汗，故名。

你!"一直送那官员去了。才回身,忽见贾环带着几个小厮一阵乱跑。贾政喝令小厮"快打,快打!"贾环见了他父亲,唬的骨软筋酥,忙低头站住。贾政便问:"你跑什么?带着你的那些人都不管你,不知往那里逛去,由你野马一般!"喝令叫跟上学的人来。贾环见他父亲盛怒,便乘机说道:"方才原不曾跑,只因从那井边一过,那井里淹死了一个丫头,我看见人头这样大,身子这样粗,泡的实在可怕,所以才赶着跑了过来。"贾政听了惊疑,问道:"好端端的,谁去跳井?我家从无这样事情,自祖宗以来,皆是宽柔以待下人。——大约我近年于家务疏懒,自然执事人操克夺之权①,致使生出这暴殄轻生的祸患②。若外人知道,祖宗颜面何在!"喝令快叫贾琏、赖大、来兴。

小厮们答应了一声,方欲叫去,贾环忙上前拉住贾政的袍襟,贴膝跪下道:"父亲不用生气。此事除太太房里的人,别人一点也不知道。我听见我母亲说……"说到这里,便回头四顾一看。贾政知意,将眼一看众小厮,小厮们明白,都往两边后面退去。贾环便悄悄说道:"我母亲告诉我说,宝玉哥哥前日在太太屋里,拉着太太的丫头金钏儿强奸不遂,打了一顿。那金钏儿便赌气投井死了。"

话未说完,把个贾政气的面如金纸,大喝"快拿宝玉来!"一面说,一面便往里边书房里去,喝令"今日再有人劝我,我把这冠带家私一应交与他与宝玉去③!我免不得做个罪人,把这几根烦恼鬓毛剃去,寻个干净去处自了,④也免得上辱先人下生逆子之罪。"众门客仆从见贾政这个形景,便知又是为宝玉了,一个个都是咂指咬舌,连忙退出。那贾政喘吁吁直挺挺坐在椅子上,满面泪痕,一叠声"拿宝玉!拿大棍!拿索子捆上!把各门都关上!有人传信往里头去,立刻打死!"众小厮们只得齐声答应,有几个来找宝玉。

那宝玉听见贾政吩咐他"不许动",早知多凶少吉,那里承望贾环又添了许多的话。正在厅上干转,怎得个人来往里头去捎信,偏生没个人,连焙茗也不知在那里。正盼望时,只见一个老姆姆出来。宝玉如得了珍宝,便赶上来拉他,说道:"快进去告诉:老爷要打我呢!快去,快去!要紧,要紧!"宝玉一则急了,说话不明白;二则老婆子偏生又聋,竟不曾听见是什么话,把"要紧"二字只听作"跳井"二字,便笑道:"跳井让他跳去,二爷怕什么?"宝玉见是个聋子,便着急道:"你出去叫我的小厮来罢。"那婆子道:"有什么不了的事?老早的完了。太太又赏了衣服,又赏了银子,怎么不了事的!"

宝玉急的跺脚,正没抓寻处,只见贾政的小厮走来,逼着他出去了。贾政一见,眼都红紫了,也不暇问他在外流荡优伶,表赠私物,在家荒疏学业,淫辱母婢等语,只喝令"堵起嘴来,着实打死!"小厮们不敢违拗,只得将宝玉按在凳上,举起大板打了十来下。贾政犹嫌打轻了,一脚踢开掌板的,自己夺过来,咬着牙狠命盖了三四十下。众门客见打的不祥了,忙上前夺劝。贾政那里肯听,说道:"你们问问他干的勾当可饶不可饶!素日

---

① 执事人:具体操办某件事务的人。克夺之权:生杀予夺之权。 ② 暴殄(tiǎn):恣意糟踏。殄,灭绝。轻生,不爱惜生命。 ③ 冠带:帽子和束带,是官服的代称,这里代指官爵。家私:财产,代指家业。一应:所有的一切。 ④ 鬓毛:即头发,佛家称为"烦恼丝"。干净:佛家以为人世污浊不净,唯有佛门才能通向清净世界,即所谓净土。剃去烦恼鬓毛与寻个干净去处,都是出家当和尚的意思。

皆是你们这些人把他酿坏了①,到这步田地还来解劝。明日酿到他弑君杀父,你们才不劝不成!"

众人听这话不好听,知道气急了,忙又退出,只得觅人进去给信。王夫人不敢先回贾母,只得忙穿衣出来,也不顾有人没人,忙忙赶往书房中来,慌的众门客小厮等避之不及。王夫人一进房来,贾政更如火上浇油一般,那板子越发下去的又狠又快。按宝玉的两个小厮忙松了手走开,宝玉早已动弹不得了。

贾政还欲打时,早被王夫人抱住板子。贾政道:"罢了,罢了!今日必定要气死我才罢!"王夫人哭道:"宝玉虽然该打,老爷也要自重。况且炎天暑日的,老太太身上也不大好,打死宝玉事小,倘或老太太一时不自在了,岂不事大!"贾政冷笑道:"倒休提这话。我养了这不肖的孽障,已不孝;教训他一番,又有众人护持;不如趁今日一发勒死了,以绝将来之患!"说着,便要绳索来勒死。

王夫人连忙抱住哭道:"老爷虽然应当管教儿子,也要看夫妻分上。我如今已将五十岁的人,只有这个孽障,必定苦苦的以他为法,我也不敢深劝。今日越发要他死,岂不是有意绝我。既要勒死他,快拿绳子来先勒死我,再勒死他。我们娘儿们不敢含怨,到底在阴司里得个依靠。"说毕,爬在宝玉身上大哭起来。

贾政听了此话,不觉长叹一声,向椅上坐了,泪如雨下。王夫人抱着宝玉,只见他面白气弱,底下穿着一条绿纱小衣皆是血渍,禁不住解下汗巾看,由臀至胫,或青或紫,或整或破,竟无一点好处,不觉失声大哭起来,"苦命的儿吓!"因哭出"苦命儿"来,忽又想起贾珠来,便叫着贾珠哭道:"若有你活着,便死一百个我也不管了。"此时里面的人闻得王夫人出来,那李宫裁王熙凤与迎春姊妹早已出来了。王夫人哭着贾珠的名字,别人还可,惟有宫裁禁不住也放声哭了。贾政听了,那泪珠更似滚瓜一般滚了下来。

正没开交处,忽听丫鬟来说:"老太太来了。"一句话未了,只听窗外颤巍巍的声气说道:"先打死我,再打死他,岂不干净了!"贾政见他母亲来了,又急又痛,连忙迎接出来,只见贾母扶着丫头,喘吁吁的走来。

贾政上前躬身陪笑道:"大暑热天,母亲有何生气亲自走来?有话只该叫了儿子进去吩咐。"贾母听说,便止住步喘息一回,厉声说道:"你原来是和我说话!我倒有话吩咐,只是可怜我一生没养个好儿子,却教我和谁说去!"贾政听这话不像,忙跪下含泪说道:"为儿的教训儿子,也为的是光宗耀祖。母亲这话,我做儿的如何禁得起?"贾母听说,便啐了一口,说道:"我说一句话,你就禁不起,你那样下死手的板子,难道宝玉就禁得起了?你说教训儿子是光宗耀祖,当初你父亲怎么教训你来!"说着,不觉就滚下泪来。

贾政又陪笑道:"母亲也不必伤感,皆是作儿的一时性起,从此以后再不打他了。"贾母便冷笑道:"你也不必和我使性子赌气的。你的儿子,我也不该管你打不打。我猜着你也厌烦我们娘儿们。不如我们赶早儿离了你,大家干净!"说着便令人去看轿马②,"我和你太太宝玉立刻回南京去!"家下人只得干答应着。

① 酿:纵容。　② 看:料理,备办。

贾母又叫王夫人道："你也不必哭了。如今宝玉年纪小，你疼他，他将来长大成人，为官作宰的，也未必想着你是他母亲了。你如今倒不要疼他，只怕将来还少生一口气呢。"贾政听说，忙叩头哭道："母亲如此说，贾政无立足之地。"贾母冷笑道："你分明使我无立足之地，你反说起你来！只是我们回去了，你心里干净，看有谁来许你打。"一面说，一面只令快打点行李车轿回去。贾政苦苦叩求认罪。

贾母一面说话，一面又记挂宝玉，忙进来看时，只见今日这顿打不比往日，又是心疼，又是生气，也抱着哭个不了。王夫人与凤姐等解劝了一会，方渐渐的止住。早有丫鬟媳妇等上来，要搀宝玉，凤姐便骂道："糊涂东西，也不睁开眼瞧瞧！打的这么个样儿，还要搀着走！还不快进去把那藤屉子春凳抬出来呢①。"众人听说连忙进去，果然抬出春凳来，将宝玉抬放凳上，随着贾母王夫人等进去，送至贾母房中。

彼时贾政见贾母气未全消，不敢自便，也跟了进去。看看宝玉，果然打重了。再看看王夫人，"儿"一声，"肉"一声，"你替珠儿早死了，留着珠儿，免你父亲生气，我也不白操这半世的心了。这会子你倘或有个好歹，丢下我，叫我靠那一个！"数落一场，又哭"不争气的儿"。贾政听了，也就灰心，自悔不该下毒手打到如此地步。先劝贾母，贾母含泪说道："你不出去，还在这里做什么！难道于心不足，还要眼看着他死了才去不成！"贾政听说，方退了出来。

此时薛姨妈同宝钗、香菱、袭人、史湘云也都在这里。袭人满心委屈，只不好十分使出来，见众人围着，灌水的灌水，打扇的打扇，自己插不下手去，便越性走出来到二门前，令小厮们找了焙茗来细问："方才好端端的，为什么打起来？你也不早来透个信儿！"焙茗急的说："偏生我没在跟前，打到半中间我才听见了。忙打听原故，却是为琪官金钏姐姐的事。"袭人道："老爷怎么得知道的？"焙茗道："那琪官的事，多半是薛大爷素日吃醋，没法儿出气，不知在外头唆挑了谁来，在老爷跟前下的火②。那金钏儿的事是三爷说的，我也是听见老爷的人说的。"袭人听了这两件事都对景③，心中也就信了八九分。然后回来，只见众人都替宝玉疗治。调停完备，贾母令"好生抬到他房内去"。众人答应，七手八脚，忙把宝玉送入怡红院内自己床上卧好。又乱了半日，众人渐渐散去，袭人方进前来经心服侍，问他端的。且听下回分解。**（节选自第三十三回）**

话说袭人见贾母王夫人等去后，便走来宝玉身边坐下，含泪问他："怎么就打到这步田地？"宝玉叹气说道："不过为那些事，问他做什么！只是下半截疼的很，你瞧瞧打坏了那里。"袭人听说，便轻轻的伸手进去，将中衣褪下。宝玉略动一动，便咬着牙叫"嗳哟"，袭人连忙停住手，如此三四次才褪了下来。

袭人看时，只见腿上半段青紫，都有四指宽的僵痕高了起来。袭人咬着牙说道："我的娘，怎么下这般的狠手！你但凡听我一句话，也不得到这步地位。幸而没动筋骨，倘或打出个残疾来，可叫人怎么样呢！"

---

① 春凳：一种面较宽的可坐可卧的长凳。藤屉子：凳面用藤皮编成。　② 下的火：使坏进谗的意思。　③ 对景：对得上号，情况符合。

正说着，只听丫鬟们说："宝姑娘来了。"袭人听见，知道穿不及中衣，便拿了一床袷纱被替宝玉盖了①。只见宝钗手里托着一丸药走进来，向袭人说道："晚上把这药用酒研开，替他敷上，把那淤血的热毒散开，可以就好了。"说毕，递与袭人，又问道："这会子可好些？"宝玉一面道谢说："好了。"又让坐。

宝钗见他睁开眼说话，不像先时，心中也宽慰了好些，便点头叹道："早听人一句话，也不至今日。别说老太太、太太心疼，就是我们看着，心里也疼"刚说了半句又忙咽住，自悔说的话急了，不觉的就红了脸，低下头来。宝玉听得这话如此亲切稠密，大有深意，忽见他又咽住不往下说，红了脸，低下头只管弄衣带，那一种娇羞怯怯，非可形容得出者，不觉心中大畅，将疼痛早丢在九霄云外，心中自思："我不过挨了几下打，他们一个个就有这些怜惜悲感之态露出，令人可玩可观，可怜可敬。假若我一时竟遭殃横死，他们还不知是何等悲感呢！既是他们这样，我便一时死了，得他们如此，一生事业纵然尽付东流，亦无足叹惜，冥冥之中若不怡然自得，亦可谓糊涂鬼祟矣。"想着，只听宝钗问袭人道："怎么好好的动了气，就打起来了？"袭人便把焙茗的话说了出来。

宝玉原来还不知道贾环的话，见袭人说出方才知道。因又拉上薛蟠，惟恐宝钗沉心②，忙又止住袭人道："薛大哥哥从来不这样的，你们不可混猜度。"宝钗听说，便知道是怕他多心，用话相拦袭人，因心中暗暗想道："打的这个形象，疼还顾不过来，还是这样细心，怕得罪了人，可见在我们身上也算是用心了。你既这样用心，何不在外头大事上做工夫，老爷也欢喜了，也不能吃这亏。但你固然怕我沉心，所以拦袭人的话，难道我就不知我的哥哥素日恣心纵欲，毫无防范的那种心性。当日为一个秦钟，还闹的天翻地覆，自然如今比先又更利害了。"想毕，因笑道："你们也不必怨这个，怨那个。据我想，到底宝兄弟素日不正，肯和那些人来往，老爷才生气。就是我哥哥说话不防头③，一时说出宝兄弟来，也不是有心调唆：一则也是本来的实话，二则他原不理论这些防嫌小事④。袭姑娘从小儿只见宝兄弟这么样细心的人，你何尝见过天不怕地不怕、心里有什么口里就说什么的人。"

袭人因说出薛蟠来，见宝玉拦他的话，早已明白自己说造次了，恐宝钗没意思，听宝钗如此说，更觉羞愧无言。宝玉又听宝钗这番话，一半是堂皇正大，一半是去己疑心，更觉比先畅快了。方欲说话时，只见宝钗起身说道："明儿再来看你，你好生养着罢。方才我拿了药来交给袭人，晚上敷上管就好了。"说着便走出门去。袭人赶着送出院外，说："姑娘倒费心了。改日宝二爷好了，亲自来谢。"宝钗回头笑道："有什么谢处。你只劝他好生静养，别胡思乱想的就好了。不必惊动老太太、太太众人，倘或吹到老爷耳朵里，虽然彼时不怎么样，将来对景，终是要吃亏的。"说着，一面去了。

袭人抽身回来，心内着实感激宝钗。进来见宝玉沉思默默似睡非睡的模样，因而退出房外，自去栉沐⑤。宝玉默默的躺在床上，无奈臀上作痛，如针挑刀挖一般，更又热如

---

① 袷(jiá)纱被：表里两层的纱被。袷，同"夹"。　②沉心：多指言者无意而听者有心，陡生不快。也叫"吃心"或"嗔心"。　③不防头：不留神，不经意。　④不理论：不注意，不在意。　⑤栉(zhì)沐：梳洗。

火炙,略展转时,禁不住"嗳哟"之声。那时天色将晚,因见袭人去了,却有两三个丫鬟伺候,此时并无呼唤之事,因说道:"你们且去梳洗,等我叫时再来。"众人听了,也都退出。

这里宝玉昏昏默默,只见蒋玉菡走了进来,诉说忠顺府拿他之事;又见金钏儿进来哭说为他投井之情。宝玉半梦半醒,都不在意。忽又觉有人推他,恍恍忽忽听得有人悲戚之声。宝玉从梦中惊醒,睁眼一看,不是别人,却是林黛玉。

宝玉犹恐是梦,忙又将身子欠起来,向脸上细细一认,只见两个眼睛肿的桃儿一般,满面泪光,不是黛玉,却是那个?宝玉还欲看时,怎奈下半截疼痛难忍,支持不住,便"嗳哟"一声,仍就倒下,叹了一声,说道:"你又做什么跑来!虽说太阳落下去,那地上的余热未散,走两趟又要受了暑。我虽然挨了打,并不觉疼痛。我这个样儿,只装出来哄他们,好在外头布散与老爷听,其实是假的。你不可认真。"此时林黛玉虽不是嚎啕大哭,然越是这等无声之泣,气噎喉堵,更觉得利害。听了宝玉这番话,心中虽然有万句言词,只是不能说得,半日,方抽抽噎噎的说道:"你从此可都改了罢!"宝玉听说,便长叹一声,道:"你放心,别说这样话。就便为这些人死了,也是情愿的!"

一句话未了,只见院外人说:"二奶奶来了。"林黛玉便知是凤姐来了,连忙立起身说道:"我从后院子去罢,回来再来。"宝玉一把拉住道:"这可奇了,好好的怎么怕起他来。"林黛玉急的跺脚,悄悄的说道:"你瞧瞧我的眼睛,又该他取笑开心呢。"宝玉听说赶忙的放手。黛玉三步两步转过床后,出后院而去。**(节选自第三十四回)**

思考与练习

一、宝玉挨打的原因是什么?
二、宝玉挨打的情节集中反映了哪些矛盾冲突?
三、分析贾宝玉的主要性格特征。
四、钗、黛二人对"宝玉挨打"各有怎样的反应?据这一情节分析两人性格特点。
五、通过宝玉挨打这一件事分析贾政、王夫人、贾母的形象。

延伸阅读

大事件——宝玉挨打

王 蒙

第三十三回宝玉挨打是小说上半部的一大高潮。本书没有写到战争革命造反镇压,没有写到暴力犯罪侦缉搜捕,没有写到地震洪水空难车祸,没有写到复仇刺杀间谍阴谋,这次挨打就算是够刺激的了。

挨打的表面原因是与琪官关系的败露及金钏之事。金钏投井,这本身就是一个极不祥的警号。前面写秦可卿之死也有所震动,但可卿不是宝玉圈子——阵营中人物,死得扑朔迷离,又早有病,她的死与丧事很重大,但未见很大的冲击波。金钏不同,其死明明白白地与宝玉、与宝玉的亲娘王夫人有关。当然,贾政大怒还是由于贾环的添油加醋"诬告"。曹雪芹写各种人物应该说是相当客观的,褒贬不形于色的,他的人物是"圆"的而不是扁的。从宝玉起,黛玉宝钗也罢,王熙凤也罢,晴雯袭人也罢,贾政也罢,写得都很立体,不搞那种简单化的善恶白黑处理,这也是《红楼梦》有别于其他中国传统小说的地方。它不对人物进行简单化的道德定性与道德裁决。唯独对于赵姨娘与贾环,笔到之处,充满厌恶。贾环做个谜语也是那等拙劣不通。贾环一有机会就用卑劣手段对乃兄下毒手,把蜡推倒烫伤宝玉之手,够恶劣的了,此次诬告更下作,真是个下流坯子。但这种写法总令人觉得有失公允,贾环这个人物失去了更多的深度和可评论性。这种写法不免使人怀疑曹雪芹心理上有一种刻骨的厌恨,说不定他自己有过这种与庶出兄弟关系方面的极不愉快的经验。

贾政与宝玉的矛盾的焦点在于价值观念、人生道路的选择、正统与非正统,换句话说,是两种世界观两种价值取向两种文化思潮的斗争。贾政希望宝玉成材,光宗耀祖。宝玉偏偏拒绝成材。贾政要的是道德文章、仕途经济。宝玉要的是情场、是知己、是得乐且乐得过且过,反正最后化灰化烟。宝玉的思想里充满着颓废。而维护正统者是容不得颓废的。嵇康不造反也有罪,因为他颓废。三十三回贾政一见宝玉那副灰溜溜的样子就来了气。颓废永远不是主流,不是正统,对国计民生家业不利,宝玉自知,所以不论何时一见贾政就如老鼠见了猫一样。这不仅是因为贾政是父亲,父为子纲,而且因为贾政是正统而宝玉是异端,是"顽劣""不肖""无能""狂痴"乃至"下流",在封建社会非正统不仅是观念问题,而且是生理健康与道德状况的可疑。

这样一种世界观冲突,最后演变为暴力冲突,贾政不仅用言语和态度,最后还要用"板子"来批判宝玉,这是必然的。因为二者不可调和。因为宝玉这只老鼠虽然怕猫,却顽固地坚持自己的鼠性,拒绝与猫认同。而且宝玉有贾母的护持,有众姐妹众丫头的好感。宝玉被打了个不亦乐乎,一个个女孩子来慰问,连宝钗都为他红了脸、咽住话,宝玉因之竟然"心中大畅""既是他们这样,我便一时死了……一生事业纵然尽付东流,亦无足叹息",然后,宝玉向黛玉宣告:"就便为这些人死了,也是情愿的"。他的选择,铁定了。

宝玉挨打是一个疾风暴雨的大场面,要写得急,才有气氛。三十三回从宝玉撞到贾政怀里到挨打,迅雷不及掩耳,琪官事件、金钏事件,贾政不审不察,火气上来就揍,没有了程序。连作者在此也来不及细描。但整个过程又写得很有层次,很有区分,两个"插曲"最令人击节赞赏。一个是王夫人来了,从哭宝玉到哭起贾珠来,而一哭贾珠的遗孀李纨也大哭起来。王夫人哭道:"若有你(贾珠)活着,便死一百个我也不管了!"这是以退为进,表面上是贬宝玉而褒贾珠,实际上是提醒丈夫,长子已夭,还要次子的命吗?实际上突出了宝玉的独一无二、不可替代、不可弥补的位置,使形势更为严峻,使贾政感情上也受到极大压力,迫使贾政不能不把对王夫人、对贾珠、以至对李纨的情分与宝玉的命运联系起来。一是贾母来后制止了贾政的暴力行为,丫环媳妇等上来要搀宝玉,遭到凤姐训斥:"糊涂东西,也不睁开眼瞧瞧!打的这么个样儿,还要搀着走!还不快进去把那藤屉子春凳抬出来……"即使这样的混乱中,王熙凤仍然是透着干练和周到!有了这些陪衬,挨打种种就更加真实立体可信。

挨打的冲击波很多很多。贾政其实是失败了。孝的要求本身就包含着悖论。贾政要孝贾母就无法再要求宝玉孝自己。贾政可以向来劝的门客指出宝玉的问题会发展到"弑君杀父"的地步,是个生死攸关的问题,却不敢向贾母抬出这样的大帽子。贾政的虎头蛇尾使挨打一事带上了喜剧性色彩,虽然这一节几乎人人都哭了,哭得其实相当可笑。

宝玉通过这次挨打,他的独特的价值取向更加顽强了。宝钗这是第一次动了情,使泛爱博爱的宝玉大为满足。袭人说薛蟠说漏了嘴,宝钗一面处之泰然一面回家找薛蟠算账,无怪乎薛蟠气急败坏,被迫揭露了宝钗的私心,打中要害。袭人通过发表批评宝玉的有远见有责任感的评论而取得了王夫人的感激涕零的信任,宝玉和黛玉的相互理解相互支持更加深化。宝玉送给黛玉旧手帕,黛玉在上面题诗,"眼空蓄泪泪空垂"……

当然,也有许多"空白点"。晴雯对宝玉挨打有何反应?贾环赵姨娘用谗成功,有何畅快?迎、探、惜"三春"态度若何?宁府有反应吗?甚至重要人物凤姐的反应亦不明晰,虽然她有精彩的技术性指挥,却没有倾向性评论。贾府太大,写不完的,空白处只能留给读者去捉摸猜测了。

挨打一场感人,还因为一打,动了真情,是一次难得的感情交流。一百二十回《红楼梦》,哪一回见王夫人与贾政交流过感情?哪一回见"槁木死灰"般的李纨流露过感情?哪一回见宝钗流露过感情?哪一回见贾母、贾政这样激动过?打人的贾政的激动程度超过了挨打的宝玉。他说的话之决绝,亲自动手"掌板"与"气喘吁吁,泪如雨下"的样子,直到见母后的至诚至孝的大正人君子形象,怎不令读者泪下?看来贾政并不虚伪,他的正统是充满真诚和情感的,他律己与律自己的儿子都是严的。但为何这么好的一个人却听凭周围发生那么多卑污腐烂呢?难道只因为他清高?"不以俗务为念"?反正他的正统脱离了实际,对实际问题一筹莫展。而不联系实际的"正统"只能招致怀疑、嘲弄和厌恶。

(选自王蒙《红楼启示录》(第二版),生活·读书·新知三联书店2005年版)

伤　　逝[①]
——涓生的手记

鲁　迅

  鲁迅（1881—1936），中国现代伟大的文学家、思想家，浙江绍兴人，原名周樟寿，字豫山，1892年进三味书屋读书时改为豫才，1898年去南京求学时取学名周树人。青年时代受进化论思想影响，1902年赴日留学，后弃医从文。1918年5月，首次用"鲁迅"的笔名在《新青年》上发表《狂人日记》，这是中国现代第一篇白话文小说。

  鲁迅是中国现代文学的奠基人之一。鲁迅的文学创作不仅最先显示了五四文学革命的实绩，而且在中国整个20世纪文学发展史中具有崇高地位。他创作于五四时期的白话短篇小说分别被收入《呐喊》和《彷徨》两本小说集。20世纪30年代，鲁迅写了《非攻》《理水》《采薇》《出关》《起死》等几篇"神话传说的演义"性质的小说，这几篇历史小说与写于20世纪20年代的《补天》《奔月》《铸剑》几篇同类作品一并被收入《故事新编》。鲁迅从事过多种体裁的文学创作：散文集有《朝花夕拾》，散文诗集《野草》，杂文集《坟》《热风》《华盖集》《华盖集续编》《而已集》《且介亭杂文》等。鲁迅还积极翻译介绍外国文学及美术作品，整理研究古代文化遗产，对中国文化事业做出了巨大贡献。

  《伤逝》是鲁迅于1925年创作的反映"五四"时期知识分子命运的短篇小说，是鲁迅小说中唯一以青年爱情为题材的作品。小说以主人公涓生哀婉悲愤的内心独白的方式，讲述了他和子君作为20世纪20年代初期具有民主思想的知识青年，情趣相投、志同道合，产生了真挚的爱情。在共同的思想基础上，他们毅然冲出了封建家庭的樊篱，冲破封建势力的重重阻碍，追求婚姻自主，建立起了一个温馨的家庭。但在当时的社会条件下、共同的生活中，他们的爱情逐渐褪色，直至出现危机，二人最终悲惨离异，子君凄凉地死去，涓生悔恨交加，最终以一"伤"一"逝"结局。

  如果我能够，我要写下我的悔恨和悲哀，为子君，为自己。

  会馆[②]里的被遗忘在偏僻里的破屋是这样地寂静和空虚。时光过得真快，我爱子君，仗着她逃出这寂静和空虚，已经满一年了。事情又这么不凑巧，我重来时，偏偏空着

---

  ① 选自《鲁迅全集（第二卷）》，人民文学出版社2005年版。其中有些字词的用法与今不同，以所选版本为准，学习时注意区分即可。　② 会馆：旧时都市中同乡会或同业公会设立的馆舍，供同乡或同业旅居、聚会之用。

的又只有这一间屋。依然是这样的破窗,这样的窗外的半枯的槐树和老紫藤,这样的窗前的方桌,这样的败壁,这样的靠壁的板床。深夜中独自躺在床上,就如我未曾和子君同居以前一般,过去一年中的时光全被消灭,全未有过,我并没有曾经从这破屋子搬出,在吉兆胡同创立了满怀希望的小小的家庭。

不但如此。在一年之前,这寂静和空虚是并不这样的,常常含着期待;期待子君的到来。在久待的焦躁中,一听到皮鞋的高底尖触着砖路的清响,是怎样地使我骤然生动起来呵! 于是就看见带着笑涡的苍白的圆脸,苍白的瘦的臂膊,布的有条纹的衫子,玄色的裙。她又带了窗外的半枯的槐树的新叶来,使我看见,还有挂在铁似的老干上的一房一房的紫白的藤花。

然而现在呢,只有寂静和空虚依旧,子君却决不再来了,而且永远,永远地!……

子君不在我这破屋里时,我什么也看不见。在百无聊赖中,顺手抓过一本书来,科学也好,文学也好,横竖什么都一样;看下去,看下去,忽而自己觉得,已经翻了十多页了,但是毫不记得书上所说的事。只是耳朵却分外地灵,仿佛听到大门外一切往来的履声,从中便有子君的,而且橐橐地逐渐临近,——但是,往往又逐渐渺茫,终于消失在别的步声的杂沓中了。我憎恶那不像子君鞋声的穿布底鞋的长班①的儿子,我憎恶那太像子君鞋声的常常穿着新皮鞋的邻院的搽雪花膏的小东西!

莫非她翻了车么? 莫非她被电车撞伤了么?……

我便要取了帽子去看她,然而她的胞叔就曾经当面骂过我。

蓦然,她的鞋声近来了,一步响于一步,迎出去时,却已经走过紫藤棚下,脸上带着微笑的酒涡。她在她叔子的家里大约并未受气;我的心宁帖了,默默地相视片时之后,破屋里便渐渐充满了我的语声,谈家庭专制,谈打破旧习惯,谈男女平等,谈伊孛生,谈泰戈尔,谈雪莱②……。她总是微笑点头,两眼里弥漫着稚气的好奇的光泽。壁上就钉着一张铜板的雪莱半身像,是从杂志上裁下来的,是他的最美的一张像。当我指给她看时,她却只草草一看,便低了头,似乎不好意思了。这些地方,子君就大概还未脱尽旧思想的束缚,——我后来也想,倒不如换一张雪莱淹死在海里的纪念像或是伊孛生的罢;但也终于没有换,现在是连这一张也不知那里去了。

"我是我自己的,他们谁也没有干涉我的权利!"

这是我们交际了半年,又谈起她在这里的胞叔和在家的父亲时,她默想了一会之后,分明地,坚决地,沉静地说了出来的话。其时是我已经说尽了我的意见,我的身世,我的缺点,很少隐瞒;她也完全了解的了。这几句话很震动了我的灵魂,此后许多天还在耳中发响,而且说不出的狂喜,知道中国女性,并不如厌世家所说那样的无法可施,在不远的将来,便要看见辉煌的曙色的。

---

① 长班:旧时官员的随身仆人,也用来称呼一般的"听差"。 ② 伊孛生(H. Ibsen, 1828—1906):通译易卜生,挪威剧作家。泰戈尔(R. Tagore, 1861—1941),印度诗人。1924 年曾来过我国。当时他的诗作译成中文的有《新月集》《飞鸟集》等。雪莱(P. B. Shelley, 1792—1822),英国诗人。曾参加爱尔兰民族独立运动,因传播革命思想和争取婚姻自由屡遭迫害。后在海里覆舟淹死。他的《西风颂》《云雀颂》等著名短诗,"五四"后被介绍到我国。

送她出门，照例是相离十多步远；照例是那鲇鱼须的老东西的脸又紧帖在脏的窗玻璃上了，连鼻尖都挤成一个小平面；到外院，照例又是明晃晃的玻璃窗里的那小东西的脸，加厚的雪花膏。她目不邪视地骄傲地走了，没有看见；我骄傲地回来。

"我是我自己的，他们谁也没有干涉我的权利！"这彻底的思想就在她的脑里，比我还透澈，坚强得多。半瓶雪花膏和鼻尖的小平面，于她能算什么东西呢？

我已经记不清那时怎样地将我的纯真热烈的爱表示给她。岂但现在，那时的事后便已模胡，夜间回想，早只剩了一些断片了；同居以后一两月，便连这些断片也化作无可追踪的梦影。我只记得那时以前的十几天，曾经很仔细地研究过表示的态度，排列过措辞的先后，以及倘或遭了拒绝以后的情形。可是临时似乎都无用，在慌张中，身不由己地竟用了在电影上见过的方法了。后来一想到，就使我很愧恧，但在记忆上却偏只有这一点永远留遗，至今还如暗室的孤灯一般，照见我含泪握着她的手，一条腿跪了下去……。

不但我自己的，便是子君的言语举动，我那时就没有看得分明；仅知道她已经允许我了。但也还仿佛记得她脸色变成青白，后来又渐渐转作绯红，——没有见过，也没有再见的绯红；孩子似的眼里射出悲喜，但是夹着惊疑的光，虽然力避我的视线，张皇地似乎要破窗飞去。然而我知道她已经允许我了，没有知道她怎样说或是没有说。

她却是什么都记得：我的言辞，竟至于读熟了的一般，能够滔滔背诵；我的举动，就如有一张我所看不见的影片挂在眼下，叙述得如生，很细微，自然连那使我不愿再想的浅薄的电影的一闪。夜阑人静，是相对温习的时候了，我常是被质问，被考验，并且被命复述当时的言语，然而常须由她补足，由她纠正，像一个丁等的学生。

这温习后来也渐渐稀疏起来。但我只要看见她两眼注视空中，出神似的凝想着，于是神色越加柔和，笑窝也深下去，便知道她又在自修旧课了，只是我很怕她看到我那可笑的电影的一闪。但我又知道，她一定要看见，而且也非看不可的。

然而她并不觉得可笑。即使我自己以为可笑，甚而至于可鄙的，她也毫不以为可笑。这事我知道得很清楚，因为她爱我，是这样地热烈，这样地纯真。

去年的暮春是最为幸福，也是最为忙碌的时光。我的心平静下去了，但又有别一部分和身体一同忙碌起来。我们这时才在路上同行，也到过几回公园，最多的是寻住所。我觉得在路上时时遇到探索，讥笑，猥亵和轻蔑的眼光，一不小心，便使我的全身有些瑟缩，只得即刻提起我的骄傲和反抗来支持。她却是大无畏的，对于这些全不关心，只是镇静地缓缓前行，坦然如入无人之境。

寻住所实在不是容易事，大半是被托辞拒绝，小半是我们以为不相宜。起先我们选择得很苛酷，——也非苛酷，因为看去大抵不像是我们的安身之所；后来，便只要他们能相容了。看了二十多处，这才得到可以暂且敷衍的处所，是吉兆胡同一所小屋里的两间南屋；主人是一个小官，然而倒是明白人，自住着正屋和厢房。他只有夫人和一个不到周岁的女孩子，雇一个乡下的女工，只要孩子不啼哭，是极其安闲幽静的。

我们的家具很简单,但已经用去了我的筹来的款子的大半;子君还卖掉了她唯一的金戒指和耳环。我拦阻她,还是定要卖,我也就不再坚持下去了;我知道不给她加入一点股分去,她是住不舒服的。

　　和她的叔子,她早经闹开,至于使他气愤到不再认她做侄女;我也陆续和几个自以为忠告,其实是替我胆怯,或者竟是嫉妒的朋友绝了交。然而这倒很清静。每日办公散后,虽然已近黄昏,车夫又一定走得这样慢,但究竟还有二人相对的时候。我们先是沉默的相视,接着是放怀而亲密的交谈,后来又是沉默。大家低头沉思着,却并未想着什么事。我也渐渐清醒地读遍了她的身体,她的灵魂,不过三星期,我似乎于她已经更加了解,揭去许多先前以为了解而现在看来却是隔膜,即所谓真的隔膜了。

　　子君也逐日活泼起来。但她并不爱花,我在庙会时买来的两盆小草花,四天不浇,枯死在壁角了,我又没有照顾一切的闲暇。然而她爱动物,也许是从官太太那里传染的罢,不一月,我们的眷属便骤然加得很多,四只小油鸡,在小院子里和房主人的十多只在一同走。但她们却认识鸡的相貌,各知道那一只是自家的。还有一只花白的叭儿狗,从庙会买来,记得似乎原有名字,子君却给它另起了一个,叫作阿随。我就叫它阿随,但我不喜欢这名字。

　　这是真的,爱情必须时时更新,生长,创造。我和子君说起这,她也领会地点点头。

　　唉唉,那是怎样的宁静而幸福的夜呵!

　　安宁和幸福是要凝固的,永久是这样的安宁和幸福。我们在会馆里时,还偶有议论的冲突和意思的误会,自从到吉兆胡同以来,连这一点也没有了;我们只在灯下对坐的怀旧谭中,回味那时冲突以后的和解的重生一般的乐趣。

　　子君竟胖了起来,脸色也红活了;可惜的是忙。管了家务便连谈天的工夫也没有,何况读书和散步。我们常说,我们总还得雇一个女工。

　　这就使我也一样地不快活,傍晚回来,常见她包藏着不快活的颜色,尤其使我不乐的是她要装作勉强的笑容。幸而探听出来了,也还是和那小官太太的暗斗,导火线便是两家的小油鸡。但又何必硬不告诉我呢?人总该有一个独立的家庭。这样的处所,是不能居住的。

　　我的路也铸定了,每星期中的六天,是由家到局,又由局到家。在局里便坐在办公桌前钞,钞,钞些公文和信件;在家里是和她相对或帮她生白炉子,煮饭,蒸馒头。我的学会了煮饭,就在这时候。

　　但我的食品却比在会馆里时好得多了。做菜虽不是子君的特长,然而她于此却倾注着全力;对于她的日夜的操心,使我也不能不一同操心,来算作分甘共苦。况且她又这样地终日汗流满面,短发都粘在脑额上;两只手又只是这样地粗糙起来。

　　况且还要饲阿随,饲油鸡,……都是非她不可的工作。

　　我曾经忠告她:我不吃,倒也罢了;却万不可这样地操劳。她只看了我一眼,不开口,神色却似乎有点凄然;我也只好不开口。然而她还是这样地操劳。

我所豫期的打击果然到来。双十节的前一晚,我呆坐着,她在洗碗。听到打门声,我去开门时,是局里的信差,交给我一张油印的纸条。我就有些料到了,到灯下去一看,果然,印着的就是:

奉
局长谕史涓生着毋庸到局办事
秘书处启 十月九号

这在会馆里时,我就早已料到了;那雪花膏便是局长的儿子的赌友,一定要去添些谣言,设法报告的。到现在才发生效验,已经要算是很晚的了。其实这在我不能算是一个打击,因为我早就决定,可以给别人去钞写,或者教读,或者虽然费力,也还可以译点书,况且《自由之友》的总编辑便是见过几次的熟人,两月前还通过信。但我的心却跳跃着。那么一个无畏的子君也变了色,尤其使我痛心;她近来似乎也较为怯弱了。

"那算什么。哼,我们干新的。我们……。"她说。

她的话没有说完;不知怎地,那声音在我听去却只是浮浮的;灯光也觉得格外黯淡。人们真是可笑的动物,一点极微末的小事情,便会受着很深的影响。我们先是默默地相视,逐渐商量起来,终于决定将现有的钱竭力节省,一面登"小广告"去寻求钞写和教读,一面写信给《自由之友》的总编辑,说明我目下的遭遇,请他收用我的译本,给我帮一点艰辛时候的忙。

"说做,就做罢!来开一条新的路!"

我立刻转身向了书案,推开盛香油的瓶子和醋碟,子君便送过那黯淡的灯来。我先拟广告;其次是选定可译的书,迁移以来未曾翻阅过,每本的头上都满漫着灰尘了;最后才写信。

我很费踌蹰,不知道怎样措辞好,当停笔凝思的时候,转眼去一瞥她的脸,在昏暗的灯光下,又很见得凄然。我真不料这样微细的小事情,竟会给坚决的,无畏的子君以这么显著的变化。她近来实在变得很怯弱了,但也并不是今夜才开始的。我的心因此更缭乱,忽然有安宁的生活的影像——会馆里的破屋的寂静,在眼前一闪,刚刚想定睛凝视,却又看见了昏暗的灯光。

许久之后,信也写成了,是一封颇长的信;很觉得疲劳,仿佛近来自己也较为怯弱了。于是我们决定,广告和发信,就在明日一同实行。大家不约而同地伸直了腰肢,在无言中,似乎又都感到彼此的坚忍倔强的精神,还看见从新萌芽起来的将来的希望。

外来的打击其实倒是振作了我们的新精神。局里的生活,原如鸟贩子手里的禽鸟一般,仅有一点小米维系残生,决不会肥胖;日子一久,只落得麻痹了翅子,即使放出笼外,早已不能奋飞。现在总算脱出这牢笼了,我从此要在新的开阔的天空中翱翔,趁我还未忘却了我的翅子的扇动。

小广告是一时自然不会发生效力的;但译书也不是容易事,先前看过,以为已经懂得的,一动手,却疑难百出了,进行得很慢。然而我决计努力地做,一本半新的字典,不到半月,边上便有了一大片乌黑的指痕,这就证明着我的工作的切实。《自由之友》的总编辑曾经说过,他的刊物是决不会埋没好稿子的。

可惜的是我没有一间静室,子君又没有先前那么幽静,善于体帖①了,屋子里总是散乱着碗碟,弥漫着煤烟,使人不能安心做事,但是这自然还只能怨我自己无力置一间书斋。然而又加以阿随,加以油鸡们。加以油鸡们又大起来了,更容易成为两家争吵的引线。

加以每日的"川流不息"的吃饭;子君的功业,仿佛就完全建立在这吃饭中。吃了筹钱,筹来吃饭,还要喂阿随,饲油鸡;她似乎将先前所知道的全都忘掉了,也不想到我的构思就常常为了这催促吃饭而打断。即使在坐中给看一点怒色,她总是不改变,仍然毫无感触似的大嚼起来。

使她明白了我的作工不能受规定的吃饭的束缚,就费去五星期。她明白之后,大约很不高兴罢,可是没有说。我的工作果然从此较为迅速地进行,不久就共译了五万言,只要润色一回,便可以和做好的两篇小品,一同寄给《自由之友》去。只是吃饭却依然给我苦恼。菜冷,是无妨的,然而竟不够;有时连饭也不够,虽然我因为终日坐在家里用脑,饭量已经比先前要减少得多。这是先去喂了阿随了,有时还并那近来连自己也轻易不吃的羊肉。她说,阿随实在瘦得太可怜,房东太太还因此嗤笑我们了,她受不住这样的奚落。

于是吃我残饭的便只有油鸡们。这是我积久才看出来的,但同时也如赫胥黎②的论定"人类在宇宙间的位置"一般,自觉了我在这里的位置:不过是叭儿狗和油鸡之间。

后来,经多次的抗争和催逼,油鸡们也逐渐成为肴馔,我们和阿随都享用了十多日的鲜肥;可是其实都很瘦,因为它们早已每日只能得到几粒高粱了。从此便清静得多。只有子君很颓唐,似乎常觉得凄苦和无聊,至于不大愿意开口。我想,人是多么容易改变呵!

但是阿随也将留不住了。我们已经不能再希望从什么地方会有来信,子君也早没有一点食物可以引它打拱或直立起来。冬季又逼近得这么快,火炉就要成为很大的问题;它的食量,在我们其实早是一个极易觉得的很重的负担。于是连它也留不住了。

倘使插了草标③到庙市去出卖,也许能得几文钱罢,然而我们都不能,也不愿这样做。终于是用包袱蒙着头,由我带到西郊去放掉了,还要追上来,便推在一个并不很深的土坑里。

我一回寓,觉得又清静得多多了;但子君的凄惨的神色,却使我很吃惊。那是没有

---

① 体帖:现同"体贴"。　② 赫胥黎(T.Huxley,1825—1895):英国生物学家。他的《人类在宇宙间的位置》(今译《人类在自然界的位置》),是宣传达尔文的进化论的重要著作。　③ 草标:旧时在被卖的人身或物品上插置的草秆,作为出卖的标志。

见过的神色,自然是为阿随。但又何至于此呢?我还没有说起推在土坑里的事。

到夜间,在她的凄惨的神色中,加上冰冷的分子了。

"奇怪。——子君,你怎么今天这样儿了?"我忍不住问。

"什么?"她连看也不看我。

"你的脸色……。"

"没有什么,——什么也没有。"

我终于从她言动上看出,她大概已经认定我是一个忍心的人。其实,我一个人,是容易生活的,虽然因为骄傲,向来不与世交来往,迁居以后,也疏远了所有旧识的人,然而只要能远走高飞,生路还宽广得很。现在忍受着这生活压迫的苦痛,大半倒是为她,便是放掉阿随,也何尝不如此。但子君的识见却似乎只是浅薄起来,竟至于连这一点也想不到了。

我拣了一个机会,将这些道理暗示她;她领会似的点头。然而看她后来的情形,她是没有懂,或者是并不相信的。

天气的冷和神情的冷,逼迫我不能在家庭中安身。但是,往那里去呢?大道上,公园里,虽然没有冰冷的神情,冷风究竟也刺得人皮肤欲裂。我终于在通俗图书馆里觅得了我的天堂。

那里无须买票;阅书室里又装着两个铁火炉。纵使不过是烧着不死不活的煤的火炉,但单是看见装着它,精神上也就总觉得有些温暖。书却无可看:旧的陈腐,新的是几乎没有的。

好在我到那里去也并非为看书。另外时常还有几个人,多则十余人,都是单薄衣裳,正如我,各人看各人的书,作为取暖的口实。这于我尤为合式。道路上容易遇见熟人,得到轻蔑的一瞥,但此地却决无那样的横祸,因为他们是永远围在别的铁炉旁,或者靠在自家的白炉边的。

那里虽然没有书给我看,却还有安闲容得我想。待到孤身枯坐,回忆从前,这才觉得大半年来,只为了爱,——盲目的爱,——而将别的人生的要义全盘疏忽了。第一,便是生活。人必生活着,爱才有所附丽。世界上并非没有为了奋斗者而开的活路;我也还未忘却翅子的扇动,虽然比先前已经颓唐得多……。

屋子和读者渐渐消失了,我看见怒涛中的渔夫,战壕中的兵士,摩托车①中的贵人,洋场上的投机家,深山密林中的豪杰,讲台上的教授,昏夜的运动者和深夜的偷儿……。子君,——不在近旁。她的勇气都失掉了,只为着阿随悲愤,为着做饭出神;然而奇怪的是倒也并不怎样瘦损……。

冷了起来,火炉里的不死不活的几片硬煤,也终于烧尽了,已是闭馆的时候。又须回到吉兆胡同,领略冰冷的颜色去了。近来也间或遇到温暖的神情,但这却反而增加我的苦痛。记得有一夜,子君的眼里忽而又发出久已不见的稚气的光来,笑着和我谈到还在会馆时候的情形,时时又很带些恐怖的神色。我知道我近来的超过她的冷漠,已经引

---

① 摩托车:当时对小汽车的称呼。

起她的忧疑来,只得也勉力谈笑,想给她一点慰藉。然而我的笑貌一上脸,我的话一出口,却即刻变为空虚,这空虚又即刻发生反响,回向我的耳目里,给我一个难堪的恶毒的冷嘲。

　　子君似乎也觉得的,从此便失掉了她往常的麻木似的镇静,虽然竭力掩饰,总还是时时露出忧疑的神色来,但对我却温和得多了。

　　我要明告她,但我还没有敢,当决心要说的时候,看见她孩子一般的眼色,就使我只得暂且改作勉强的欢容。但是这又即刻来冷嘲我,并使我失却那冷漠的镇静。

　　她从此又开始了往事的温习和新的考验,逼我做出许多虚伪的温存的答案来,将温存示给她,虚伪的草稿便写在自己的心上。我的心渐被这些草稿填满了,常觉得难于呼吸。我在苦恼中常常想,说真实自然须有极大的勇气的;假如没有这勇气,而苟安于虚伪,那也便是不能开辟新的生路的人。不独不是这个,连这人也未尝有!

　　子君有怨色,在早晨,极冷的早晨,这是从未见过的,但也许是从我看来的怨色。我那时冷冷地气愤和暗笑了;她所磨练的思想和豁达无畏的言论,到底也还是一个空虚,而对于这空虚却并未自觉。她早已什么书也不看,已不知道人的生活的第一着是求生,向着这求生的道路,是必须携手同行,或奋身孤往的了,倘使只知道捶着一个人的衣角,那便是虽战士也难于战斗,只得一同灭亡。

　　我觉得新的希望就只在我们的分离;她应该决然舍去,——我也突然想到她的死,然而立刻自责,忏悔了。幸而是早晨,时间正多,我可以说我的真实。我们的新的道路的开辟,便在这一遭。

　　我和她闲谈,故意地引起我们的往事,提到文艺,于是涉及外国的文人,文人的作品:《诺拉》《海的女人》①。称扬诺拉的果决……。也还是去年在会馆的破屋里讲过的那些话,但现在已经变成空虚,从我的嘴传入自己的耳中,时时疑心有一个隐形的坏孩子,在背后恶意地刻毒地学舌。

　　她还是点头答应着倾听,后来沉默了。我也就断续地说完了我的话,连余音都消失在虚空中了。

　　"是的。"她又沉默了一会,说,"但是,……涓生,我觉得你近来很两样了。可是的?你,——你老实告诉我。"

　　我觉得这似乎给了我当头一击,但也立即定了神,说出我的意见和主张来:新的路的开辟,新的生活的再造,为的是免得一同灭亡。

　　临末,我用了十分的决心,加上这几句话:

　　"……况且你已经可以无须顾虑,勇往直前了。你要我老实说;是的,人是不该虚伪的。我老实说罢:因为,因为我已经不爱你了!但这于你倒好得多,因为你更可以毫无挂念地做事……。"

---

　　①《诺拉》:通译《娜拉》(又译作《玩偶之家》)。《海的女人》:通译《海上夫人》。都是易卜生的著名剧作。

我同时豫期着大的变故的到来,然而只有沉默。她脸色陡然变成灰黄,死了似的;瞬间便又苏生,眼里也发了稚气的闪闪的光泽。这眼光射向四处,正如孩子在饥渴中寻求着慈爱的母亲,但只在空中寻求,恐怖地回避着我的眼。

我不能看下去了,幸而是早晨,我冒着寒风径奔通俗图书馆。

在那里看见《自由之友》,我的小品文都登出了。这使我一惊,仿佛得了一点生气。我想,生活的路还很多,——但是,现在这样也还是不行的。

我开始去访问久已不相闻问的熟人,但这也不过一两次;他们的屋子自然是暖和的,我在骨髓中却觉得寒冽。夜间,便蜷伏在比冰还冷的冷屋中。

冰的针刺着我的灵魂,使我永远苦于麻木的疼痛。生活的路还很多,我也还没有忘却翅子的扇动,我想。——我突然想到她的死,然而立刻自责,忏悔了。

在通俗图书馆里往往瞥见一闪的光明,新的生路横在前面。她勇猛地觉悟了,毅然走出这冰冷的家,而且,——毫无怨恨的神色。我便轻如行云,漂浮空际,上有蔚蓝的天,下是深山大海,广厦高楼,战场,摩托车,洋场,公馆,晴明的闹市,黑暗的夜……。

而且,真的,我豫感得这新生面便要来到了。

我们总算度过了极难忍受的冬天,这北京的冬天;就如蜻蜓落在恶作剧的坏孩子的手里一般,被系着细线,尽情玩弄,虐待,虽然幸而没有送掉性命,结果也还是躺在地上,只争着一个迟早之间。

写给《自由之友》的总编辑已经有三封信,这才得到回信,信封里只有两张书券①:两角的和三角的。我却单是催,就用了九分的邮票,一天的饥饿,又都白挨给于己一无所得的空虚了。

然而觉得要来的事,却终于来到了。

这是冬春之交的事,风已没有这么冷,我也更久地在外面徘徊;待到回家,大概已经昏黑。就在这样一个昏黑的晚上,我照常没精打采地回来,一看见寓所的门,也照常更加丧气,使脚步放得更缓。但终于走进自己的屋子里了,没有灯火;摸火柴点起来时,是异样的寂寞和空虚!

正在错愕中,官太太便到窗外来叫我出去。

"今天子君的父亲来到这里,将她接回去了。"她很简单地说。

这似乎又不是意料中的事,我便如脑后受了一击,无言地站着。

"她去了么?"过了些时,我只问出这样一句话。

"她去了。"

"她,——她可说什么?"

"没说什么。单是托我见你回来时告诉你,说她去了。"

---

① 书券:购书用的代价券,可按券面金额到指定书店选购。旧时有的报刊用它代替现金支付稿酬。

我不信；但是屋子里是异样的寂寞和空虚。我遍看各处，寻觅子君；只见几件破旧而黯淡的家具，都显得极其清疏，在证明着它们毫无隐匿一人一物的能力。我转念寻信或她留下的字迹，也没有；只是盐和干辣椒，面粉，半株白菜，却聚集在一处了，旁边还有几十枚铜元。这是我们两人生活材料的全副，现在她就郑重地将这留给我一个人，在不言中，教我借此去维持较久的生活。

我似乎被周围所排挤，奔到院子中间，有昏黑在我的周围；正屋的纸窗上映出明亮的灯光，他们正在逗着孩子玩笑。我的心也沉静下来，觉得在沉重的迫压中，渐渐隐约地现出脱走的路径：深山大泽，洋场，电灯下的盛筵，壕沟，最黑最黑的深夜，利刃的一击，毫无声响的脚步……。

心地有些轻松，舒展了，想到旅费，并且嘘一口气。

躺着，在合着的眼前经过的豫想的前途，不到半夜已经现尽；暗中忽然仿佛看见一堆食物，这之后，便浮出一个子君的灰黄的脸来，睁了孩子气的眼睛，恳托似的看着我。我一定神，什么也没有了。

但我的心却又觉得沉重。我为什么偏不忍耐几天，要这样急急地告诉她真话的呢？现在她知道，她以后所有的只是她父亲——儿女的债主——的烈日一般的严威和旁人的赛过冰霜的冷眼。此外便是虚空。负着虚空的重担，在严威和冷眼中走着所谓人生的路，这是怎么可怕的事呵！而况这路的尽头，又不过是——连墓碑也没有的坟墓。

我不应该将真实说给子君，我们相爱过，我应该永久奉献她我的说谎。如果真实可以宝贵，这在子君就不该是一个沉重的空虚。谎语当然也是一个空虚，然而临末，至多也不过这样地沉重。

我以为将真实说给子君，她便可以毫无顾虑，坚决地毅然前行，一如我们将要同居时那样。但这恐怕是我错误了。她当时的勇敢和无畏是因为爱。

我没有负着虚伪的重担的勇气，却将真实的重担卸给她了。她爱我之后，就要负了这重担，在严威和冷眼中走着所谓人生的路。

我想到她的死……。我看见我是一个卑怯者，应该被摈于强有力的人们，无论是真实者，虚伪者。然而她却自始至终，还希望我维持较久的生活……。

我要离开吉兆胡同，在这里是异样的空虚和寂寞。我想，只要离开这里，子君便如还在我的身边；至少，也如还在城中，有一天，将要出乎意表地访我，像住在会馆时候似的。

然而一切请托和书信，都是一无反响；我不得已，只好访问一个久不问候的世交去了。他是我伯父的幼年的同窗，以正经出名的拔贡①，寓京很久，交游也广阔的。

大概因为衣服的破旧罢，一登门便很遭门房的白眼。好容易才相见，也还相识，但

---

① 拔贡：清代科举考试制度，在规定的年限（原定六年，后改为十二年）选拔"文行计优"的秀才，保送到京师，贡入国子监，称为"拔贡"，是贡生的一种。

是很冷落。我们的往事,他全都知道了。

"自然,你也不能在这里了,"他听了我托他在别处觅事之后,冷冷地说,"但那里去呢? 很难。——你那,什么呢,你的朋友罢,子君,你可知道,她死了。"

我惊得没有话。

"真的?"我终于不自觉地问。

"哈哈。自然真的。我家的王升的家,就和她家同村。"

"但是,——不知道是怎么死的?"

"谁知道呢。总之是死了就是了。"

我已经忘却了怎样辞别他,回到自己的寓所。我知道他是不说谎话的;子君总不会再来的了,像去年那样。她虽是想在严威和冷眼中负着虚空的重担来走所谓人生的路,也已经不能。她的命运,已经决定她在我所给与的真实——无爱的人间死灭了!

自然,我不能在这里了;但是,"那里去呢?"

四围是广大的空虚,还有死的寂静。死于无爱的人们的眼前的黑暗,我仿佛一一看见,还听得一切苦闷和绝望的挣扎的声音。

我还期待着新的东西到来,无名的,意外的。但一天一天,无非是死的寂静。

我比先前已经不大出门,只坐卧在广大的空虚里,一任这死的寂静侵蚀着我的灵魂。死的寂静有时也自己战栗,自己退藏,于是在这绝续之交,便闪出无名的,意外的,新的期待。

一天是阴沉的上午,太阳还不能从云里面挣扎出来,连空气都疲乏着。耳中听到细碎的步声和咻咻的鼻息,使我睁开眼。大致一看,屋子里还是空虚;但偶然看到地面,却盘旋着一匹小小的动物,瘦弱的,半死的,满身灰土的……。

我一细看,我的心就一停,接着便直跳起来。

那是阿随。它回来了。

我的离开吉兆胡同,也不单是为了房主人们和他家女工的冷眼,大半就为着这阿随。但是,"那里去呢?"新的生路自然还很多,我约略知道,也间或依稀看见,觉得就在我面前,然而我还没有知道跨进那里去的第一步的方法。

经过许多回的思量和比较,也还只有会馆是还能相容的地方。依然是这样的破屋,这样的板床,这样的半枯的槐树和紫藤,但那时使我希望,欢欣,爱,生活的,却全都逝去了,只有一个虚空,我用真实去换来的虚空存在。

新的生路还很多,我必须跨进去,因为我还活着。但我还不知道怎样跨出那第一步。有时,仿佛看见那生路就像一条灰白的长蛇,自己蜿蜒地向我奔来,我等着,等着,看看临近,但忽然便消失在黑暗里了。

初春的夜,还是那么长。长久的枯坐中记起上午在街头所见的葬式,前面是纸人纸马,后面是唱歌一般的哭声。我现在已经知道他们的聪明了,这是多么轻松简截的事。

然而子君的葬式却又在我的眼前,是独自负着虚空的重担,在灰白的长路上前行,而又即刻消失在周围的严威和冷眼里了。

我愿意真有所谓鬼魂,真有所谓地狱,那么,即使在孽风怒吼之中,我也将寻觅子君,当面说出我的悔恨和悲哀,祈求她的饶恕;否则,地狱的毒焰将围绕我,猛烈地烧尽我的悔恨和悲哀。

我将在孽风和毒焰中拥抱子君,乞她宽容,或者使她快意……。

但是,这却更虚空于新的生路;现在所有的只是初春的夜,竟还是那么长。我活着,我总得向着新的生路跨出去,那第一步,——却不过是写下我的悔恨和悲哀,为子君,为自己。

我仍然只有唱歌一般的哭声,给子君送葬,葬在遗忘中。

我要遗忘;我为自己,并且要不再想到这用了遗忘给子君送葬。

我要向着新的生路跨进第一步去,我要将真实深深地藏在心的创伤中,默默地前行,用遗忘和说谎做我的前导……。

一九二五年十月二十一日毕。

思考与练习

一、分析子君和涓生的人物形象。
二、涓生和子君爱情悲剧的原因是什么?
三、分析小说的艺术特色。
四、谈谈小说的现实价值。

延伸阅读

一、小说时代背景

20世纪初的中国,青年人的婚姻依然由媒妁之言、父母之命来决定,出现了许多痛苦的婚姻。在"五四"思想的影响下,青年纷纷起来反抗封建枷锁,首先打碎旧式婚姻,然后组建新式家庭。

五四时期,诉说婚姻不自由的痛苦,是许多青年的公意,争取恋爱婚姻自由已成为当时个性解放思想的重要内容。因此,20世纪20年代的小说创作,描写男女恋爱的占了很大比重,其中最多的是写婚姻不自由的。鲁迅对个性解放的反封建意义,是予以充分肯定的,但同时也敏锐地发现隐藏在恋爱婚姻自由背后的危机。早在1923年底,鲁迅就在《娜拉走后怎样》的演讲中指出,妇女要解放应该用"剧烈的战斗"去争取经济权,"如果经济制度竟改革了,那上文当然完全是废话"。到了1925年,鲁迅的世界观已处在根本转变的前夕。这时他则主张用"火与剑"的方式去彻底变革社会制度。1925年

10月写的《伤逝》,不同于当时流行的歌颂恋爱至上的作品,也不同于传统名著中以死殉情的悲剧。鲁迅用小说的形式,把妇女婚姻和青年知识分子的问题与整个社会制度和经济制度的变革联系起来,以启发广大青年摆脱束缚、探索个性解放和个人奋斗的新路。

二、对鲁迅短篇小说的评价

鲁迅的抒情短篇小说较比他的讽刺成功。这或者也是性情的关系。刻画一种绝望,空虚,沉痛的心境实在是他的能事,最好的实例便是《伤逝》。涓生的悲哀与子君之死同是真实的嘲弄。涓生用"真实"所换到的只有自己的空虚与恨悔和子君的死。从爱的优胜到爱的消逝,再到死的寂静本是极平凡的情节,但著者这一滴的"真实",却给了这故事异样的色彩。

(现代外交家叶公超)

主人公的幸运的恶化,主要原因都是经济压迫,但是我们听到的,不是被压迫者的引吭的绝叫,而是疲困的宛转的呻吟;这呻吟直刺入你的骨髓,像冬夜窗隙里的冷风,不由你不毛骨悚然。

(现代文学家茅盾)

《彷徨》是近代文学家鲁迅创作的小说集,于1926年8月由北京北新书局初版,列为作者所编的《乌合丛书》之一,后编入《鲁迅全集》。《彷徨》中共收了1924至1925年所作《祝福》《在酒楼上》《伤逝》等11篇小说。《彷徨》的写作时期,正值五四落潮,新文化运动阵营内部出现分化,作者一面因"成了游勇,布不成阵了"而"感到寂寞""荒凉","一面总结过去的经验,寻找新的战友,部署新的战斗。"作品表达了作者彻底的不妥协地反对封建主义的精神,是中国革命思想的镜子。作品主要包括农民和知识分子两类题材。前者以《祝福》和《示众》为代表;后者以《在酒楼上》和《孤独者》为代表。整部小说集贯穿着对生活在封建势力重压下的农民及知识分子"哀其不幸,怒其不争"的关怀。该小说集在深广的历史图景中,对人物命运的叙述渗透感情。

旧势力强大,不能停止战斗,而"新文苑"寂寞,"旧战场"平安,一卒荷戟,布不成阵,这怎能不使鲁迅产生一种沉重的孤独的感觉呢?一头是战斗的需要重任在肩,时不我待,一头是孤寂的心情,难以排解。《彷徨》十一篇真实地反映了当时这种现实,也准确地折射了鲁迅当时的这种心态。沿着这一线索去理解《彷徨》,也许是比较符合鲁迅原意的吧!

(王景山《鲁迅五书心读》)

第四部分　戏　　剧

戏 剧 概 述

戏剧指以语言、动作、舞蹈、音乐、木偶等形式达到叙事目的的舞台表演艺术的总称。文学上的戏剧概念是指为戏剧表演所创作的脚本,即剧本。

西方戏剧的曙光,普遍认为是古希腊悲剧,而古希腊悲剧则源于古希腊城邦的狄俄尼索斯(Dionysus)的崇拜仪式。在祭典中,人们扮演狄俄尼索斯,唱"戴神颂",跳"羊人舞"(羊是代表狄俄尼索斯的动物)。古希腊悲剧都是诗剧,作品特点是严谨古雅、庄重大气。

中国戏剧成熟的时间比较晚,大约在 13 世纪初,晚于诗歌、散文和小说,也晚于西方的戏剧。与西方戏剧相比,中国戏剧是一种综合性的艺术,包括对白、歌唱、舞蹈、武术、杂技、美术等多种元素,其中歌唱是最重要的一个元素,故称"戏曲"。

一、戏剧分类

戏剧是综合性的艺术形式,所以分类方法多样,主要有以下几种:①按照戏剧冲突的性质分类,可分为悲剧、喜剧和正剧。②按照回幕分类,戏剧文学可分为多幕剧、独幕剧和小品。③按照表现形式分类,可分为话剧、歌剧、诗剧、舞剧、戏曲等。④按照题材分类,可分为神话剧、历史剧、传奇剧、市民剧、社会剧、家庭剧、科学幻想剧等。下面,仅详细介绍悲剧、喜剧和正剧的概念。

悲剧,是最古老的戏剧种类,是戏剧主要体裁之一。悲剧作品主要以剧中主人公与现实之间不可调和的冲突及其悲惨的结局构成基本内容。它的主人公多是现实生活中人们理想、愿望的代表者,悲剧多以这些代表者悲惨的结局来揭示生活中的罪恶,从而激起观众的悲愤及崇敬。古希腊三大悲剧诗人是埃斯库罗斯、欧里庇得斯和索福克勒斯。埃斯库罗斯被称为"悲剧之父",著有《被缚的普罗米修斯》《阿伽门农》和《复仇女神》等;欧里庇得斯的代表作有《美狄亚》《海伦》等;索福克勒斯的代表作是《俄狄浦斯王》等。欧洲文艺复兴时期,以莎士比亚为代表的戏剧家们,把悲剧艺术推向高峰。莎士比亚四大悲剧为《哈姆雷特》《奥赛罗》《李尔王》《麦克白》。

喜剧,亚里士多德在《诗学》中谈到喜剧的特征。他认为:"喜剧模仿的是比一般人较差的人物,所谓'较差',并非指一般意义上的'坏',而是指丑的一种形式,即可笑性(或滑稽),可笑的东西是一种对旁人无伤,不会引起痛感的丑陋或乖讹。"所以,喜剧是以夸张的手法、巧妙的结构、诙谐的台词及对人物喜剧性格的刻画,引起人们对丑的、滑稽的嘲笑，对正常的人生和美好的理想予以肯定。1895年6月10日，法国路易斯·卢米埃尔出品了世界上第一部喜剧片《水浇园丁》，开辟了喜剧片的先河。喜剧代表作品有英国剧作家莎士比亚的《仲夏夜之梦》《第十二夜》《温莎的风流娘儿们》《驯悍记》，意大利戏剧家哥尔多尼的《一仆二主》《女店主》，法国戏剧家博马舍的《费加罗的婚姻》等。

正剧，从古代希腊到古典主义时期，悲剧与喜剧作为两种戏剧体裁界分严格，不能混淆。但是，在这期间出现的某些戏剧作品，特别是莎士比亚的传奇剧，却很难归类于悲剧或喜剧。18世纪，启蒙运动时期的哲学家、美学家狄德罗写了剧本《私生子》，并阐明建立严肃剧的主张，指出严肃剧介于"两个极端类型的戏剧种类之间"，他所说的"严肃剧"，也就是后世的正剧。黑格尔把这种戏剧体裁界定为"把悲剧的掌握方式和喜剧的掌握方式调解成为一个新的整体的较深刻的方式"。比如，英国莎士比亚的《一报还一报》《暴风雨》，法国狄德罗的《私生子》《一家之主》，我国王实甫的《西厢记》和汤显祖的《牡丹亭》。曹禺的《北京人》被研究者称为"中国最伟大的正剧"。

二、中国戏剧概述

中国戏剧的源头可以追溯到上古时期原始歌舞和祭祀活动。前者如《吕氏春秋·古乐》的记载："昔葛天氏之乐，三人操牛尾，投足以歌八阕"。后者如《论语·乡党》里提到的"乡人傩"和屈原《九歌》的内容来源——楚地的祭祀鬼神仪式中的歌舞傩戏。汉代的百戏、隋唐五代的优戏和歌舞戏，虽然有一定的程式，并配有音乐、舞蹈等，但还不是真正意义上的"戏剧"。

宋金杂剧融合了说、唱、舞、伎，分派了不同的角色，有特定的结构形式，并有戏剧人物和情节，是中国戏剧的雏形，是元杂剧的直接源头。金末元初，在金院本和诸官调相结合的基础上，北杂剧终于诞生了。

元朝时期，杂剧开始流行全国。据钟嗣成《录鬼簿》、贾仲明《录鬼簿续编》、朱权《太和正音谱》记载，元杂剧知名作家有二百人左右，作品有七百余种。代表作有"四大爱情戏"，即关汉卿的《拜月亭》、白朴的《墙头马上》、王实甫的《西厢记》和郑光祖的《倩女离魂》。还有马致远的《汉宫秋》、白朴的《梧桐雨》、关汉卿的《窦娥冤》和《救风尘》等。元末，杂剧开始势衰，但在体制的灵活和抒情短剧、讽刺喜剧上有所创新，且越来越成为文人娱宾遣兴、抒写心曲的工具，而不太适合舞台表演了。

明朝时期，南戏开始逐步规格化，宫调系统也渐渐严密起来，文人、士大夫开始参与创作，文词向着典雅骈俪发展。随着"四大声腔"的成熟和传播，这种不同于杂剧的戏曲，便被称为"传奇"，成为明朝戏曲主流。此时最出名的就是汤显祖和"临川派"。

清朝初期（顺治、康熙两朝），戏曲创作保持了明末的旺盛势头，戏剧这种艺术形式进一步获得了与传统的诗、词、文并立的地位，产生了两大名剧——洪昇的《长生殿》和孔尚任的《桃花扇》。清朝中期后，由于昆曲过于雅化和以伦理教诲为宗旨，文人戏曲陷入衰落。清乾隆五十五年（1790）四大徽班进京后，戏剧结合南北特点，又形成了京剧。

1902年起，梁启超号召喜剧革命。1904年，柳亚子、陈去病、汪笑侬在上海创办了我国第一本戏剧杂志——《二十世纪大舞台》，举起了"梨园革命军"的大旗，把戏剧改良推向高潮，揭开了我国戏剧史上的新一页。之后，曹禺的《雷雨》和《日出》代表着我国现代话剧的成熟,其他剧作还有夏衍的《赛金花》和《上海屋檐下》、田汉的《名优之死》、洪深的《农村三部曲》、丁毅和贺敬之的《白毛女》等。

中华人民共和国成立后,戏剧创作强调意识形态,强调戏剧配合社会的政治运动,但不乏佳作。如老舍的《龙须沟》和《茶馆》、郭沫若的《蔡文姬》、田汉的《关汉卿》、曹禺的《王昭君》。表现现实的剧作有《霓虹灯下的哨兵》《杜鹃山》《千万不要忘记》等。20世纪60、70年代,产生了"八个革命样板戏",即《沙家浜》《红灯记》等。

进入新时期后,文学理论、文学流派、文学实验多了起来,戏剧进入多产时期。代表作有崔德志的《报春花》、沙叶新的《陈毅市长》、锦云的《狗儿爷涅槃》、孟京辉的《恋爱的犀牛》等相继面世。

三、戏剧鉴赏基本方法

戏剧剧本和小说的鉴赏有些相似,可以从了解剧情、厘清线索、分析人物和领会作者意图几方面入手,但戏剧是表演艺术,所以作为文学体裁的戏剧要比小说具有更多的表现手法。我们可以从以下几个方面去欣赏戏剧。

首先,把握戏剧节奏。戏剧节奏,指的是戏剧情节发展的速度,与戏剧的情节、冲突、主题思想有着紧密联系,并深受它们的影响。戏剧节奏的本质是动态变化,涉及戏剧表演过程中的时间把握、空间利用、情感变化,是理性观念与感性形式的结合。所以,把握戏剧节奏是观赏戏剧的基本立足点。

其次,了解戏剧语言。戏剧语言包括舞台说明和人物语言。舞台说明又叫舞台提示,是剧本里的一些说明性文字,其内容包括剧中人物表,剧情发生的时间、地点、服装、道具、布景以及人物的表情、动作、上下场等。这些说明对刻画人物性格和推动戏剧情节发展有一定的作用。

人物语言也叫台词,在剧本创作中,台词是决定戏剧作品艺术性的重要因素。剧作家通过人物语言来展开戏剧冲突,塑造人物形象,揭示戏剧主题,表达自己对生活的认识。人物语言包括对话、独白、旁白等,是人物心理、动作的外观。对白是剧本中角色之间的对话,是戏剧台词的主要形式;独白是角色在舞台上独自说出的台词,它从古典悲剧发展而来,在文艺复兴时期的戏剧中使用十分广泛,是把人物的内心感情和思想直接倾诉给观众的一种艺术手段,往往用于人物内心活动最剧烈最复杂的场面;旁白是剧中某个角色背着台上其他剧中人从旁侧对观众说的话。在欣赏戏剧时,品味个性化人物语言,掌握人物语言中的潜台词,欣赏动作性语言是非常重要的环节。

最后,欣赏"蒙太奇"手法。蒙太奇是影视艺术独特的语言,是将具有描述性的、含义单一、而性质中立的多个镜头,组合成完整的段落和内容,常用来表现时间的流逝、时代的到来,或是情绪的转变,是非常重要的戏剧表现手法。

惊　　梦(节选)①

汤显祖

　　汤显祖(1550—1616),明代戏曲家、文学家。字义仍,号若士,又号海若,自署清远道人,江西临川(今江西抚州)人。出身于书香世家,少年即有文名,因不肯巴结权贵,直到34岁才中进士,授南京太常博士(闲职)。后改任南京礼部主事,因上疏批评朝政,被贬为徐闻典史,后改任遂昌知县。明万历二十六年(1598),终因不满朝政,弃官归家,从事戏曲诗文创作。

　　汤显祖深受当时著名思想家李贽的影响,反对程朱理学对人们思想的禁锢,宣扬个性解放。对戏曲创作,他主张"以意趣神色为主",反对拘泥于形式格律、死守教条。他的戏曲作品和诗文相当丰富,戏曲有《紫钗记》《牡丹亭》(又名《还魂记》)《南柯记》《邯郸记》,合称"临川四梦"。汤显祖所居名玉茗堂,又称"玉茗堂四梦"。《牡丹亭》是其代表作,蜚声剧坛。诗文有《红泉逸草》《问棘邮草》《玉茗堂集》等。

　　〔商调引子〕②【绕池游③】(旦上④)梦回莺啭⑤,乱煞年光遍⑥。人立小庭深院。(贴⑦)炷尽沉烟⑧,抛残绣线⑨,恁今春关情似去年⑩?

　　〔乌夜啼〕⑪"(旦)晓来望断梅关⑫,宿妆残⑬。(贴)你侧著宜春髻子恰凭阑⑭。(旦)翦不断,理还乱,闷无端⑮。(贴)已分付催花莺燕借春看。"(旦)春香,可曾叫人扫除花径?

---

　　① 选自汤显祖《牡丹亭》,徐朔方、杨笑梅校注,人民文学出版社1963年版。　② 〔商调引子〕:商调是宫调名,相当于现代音乐中的D调式。引子是南曲中专用的曲调(北曲无引子),凡角色上场,一般先唱引子。　③ 绕池游:引子的曲牌名。　④ 旦:传统戏曲中的角色,扮演女性人物。在传奇中扮演女主角的演员称"旦",这里指扮演杜丽娘的演员。上:上场。　⑤ 梦回莺啭(zhuàn):梦中醒来听得黄莺婉转的叫声。啭,鸟婉转的叫声。　⑥ 乱煞年光遍:到处弥漫着扰乱人心的春光。　⑦ 贴:"贴旦"的简称,扮演剧中次要的角色。这里指扮演丫头春香的演员。　⑧ 炷(zhù)尽沉烟:沉香燃烧完了。炷,焚烧。沉烟,沉香燃烧的烟。沉香是熏用的香料,下文的"炉添沉水香"中的"沉水香",也指沉香。　⑨ 抛残绣线:抛弃了绣剩的丝线。　⑩ 恁(nèn)今春关情似去年:为什么对今年春光的依恋胜似去年?恁,凭,为什么。关情,牵动人心的依恋情怀。似,胜似,超过。　⑪ 〔乌夜啼〕:词牌名。明清传奇有时说白中也采用诗词的形式,交替吟诵。　⑫ 望断:望尽。梅关:即江西与广东交界的大庾岭,从宋代开始,设有梅关。　⑬ 宿妆残:隔夜的妆粉还残留在脸上。这里指杜丽娘早晨懒于梳洗。　⑭ "侧著"句:侧着头正好凭栏远望,宜春髻子。相传立春那天,妇女剪彩绸为燕子状,上贴"宜春"二字,戴在头上。　⑮ 翦不断,理还乱:借用南唐李煜《乌夜啼》中的佳句,来比喻杜丽娘空虚、落寞、无聊的苦闷心情。闷无端:借用李煜《相见欢》,形容少女在春天的烦闷心情。无端,不知由来。

(贴)分付了。(旦)取镜台衣服来。(贴取镜台衣服上)"云髻罢梳还对镜,罗衣欲换更添香。①"镜台衣服在此。

【步步娇】(旦)袅晴丝②吹来闲庭院,摇漾③春如线。停半晌④、整花钿⑤。没揣菱花⑥,偷人半面⑦,迤逗的彩云偏⑧。(行介)⑨步香闺怎便把全身现!(贴)今日穿插⑩的好。

【醉扶归】(旦)你道翠生生出落的裙衫儿茜⑪,艳晶晶花簪八宝填⑫,可知我常一生儿爱好是天然⑬。恰三春好处⑭无人见。不堤防沉鱼落雁鸟惊喧⑮,则怕的羞花闭月花愁颤⑯。(贴)早茶时了,请行。(行介)你看:"画廊金粉半零星,池馆苍苔一片青。踏草怕泥⑰新绣袜,惜花疼煞小金铃⑱。"(旦)不到园林,怎知春色如许⑲!

【皂罗袍】原来姹紫嫣红⑳开遍,似这般都付与断井颓垣㉑。良辰美景奈何天,赏心乐事谁家院!㉒恁般景致,我老爷和奶奶再不提起。(合)朝飞暮卷,云霞翠轩;雨丝风片,烟波画船㉓——锦屏人忒看的这韶光贱㉔!(贴)是㉕花都放了,那牡丹还早。

【好姐姐】(旦)遍青山啼红了杜鹃㉖,荼蘼外烟丝醉软㉗。春香呵,牡丹虽好,他春归怎占的先!㉘(贴)成对儿莺燕呵。(合)闲凝眄㉙,生生燕语明如翦㉚,呖呖莺歌溜的圆㉛。(旦)去罢。(贴)这园子委是㉜观之不足也。(旦)提他怎的!(行介)

【隔尾】观之不足由他缱㉝,便赏遍了十二亭台是枉然。到不如兴尽回家闲过遣。

(作到介)(贴)"开我西阁门,展我东阁床㉞。瓶插映山紫㉟,炉添沉水香。"小姐,你歇息片时,俺

---

① "云髻"句:引唐薛逢《宫词》诗。云髻,指妇女的发髻卷曲如云。更添香,重新添些香料。 ② 袅(niǎo)晴丝:游丝摇曳飘荡。袅,摇曳飘荡。晴丝,即游丝,虫类所吐的丝,常飞扬于空中。 ③ 摇漾:摇摆荡漾。 ④ 半晌(shǎng):片刻。 ⑤ 花钿(diàn):妇女两鬓边的装饰物。 ⑥ 没揣:没有料到。菱花:镜子。古时铜镜背面多雕有菱花图案,故有此称。 ⑦ 偷人半面:偷偷地照着了自己的面孔的一半。 ⑧ 迤逗:引诱、挑逗。彩云:形容妇女发髻如彩云般美丽。 ⑨ 行介:表演行走的动作。介,剧本中指示角色表演动作时的用语。 ⑩ 穿插:穿戴。穿,穿衣。插,装饰。 ⑪ 翠生生:色彩光洁鲜艳。出落的:显得。茜(qiàn):红色。 ⑫ 艳晶晶:光彩夺目的样子。花簪八宝填:镶嵌着多种珍宝的簪子。 ⑬ 爱好是天然:爱美是天性。 ⑭ 三春好处:美丽的春光。这里比喻自己的青春美貌。 ⑮ 不堤防:没料到。堤防,同"提防"。沉鱼落雁:形容女子异常美丽。鱼儿见了她,自愧不如而往深处游去,雁儿贪看她的美色而停落下来。典出自《庄子·齐物论》。 ⑯ 羞花闭月:使花感到惭愧,使月亮躲起来亦形容女子异常美丽。 ⑰ 泥:作动词,玷污。 ⑱ 惜花疼煞小金铃:形容非常爱惜花草。据《开元天宝遗事》记载:唐天宝初年,宁王为了护花,便在花园拉上红绳,密系金铃,每当鸟鹊在花园上方徘徊,就让园丁拉系铃的绳子来驱赶。作者引用此典故,是说因为拉绳次数多了,小金铃都感到痛了。 ⑲ 如许:如此。 ⑳ 姹紫嫣红:指各色娇艳绚丽的鲜花。 ㉑ 断井颓垣:形容庭院破败。 ㉒ "良辰"二句:大好时光,绚丽景色,却无奈苍天,赏心悦目,欢乐好事,又降落谁家!写杜丽娘面对美好景色的感叹。 ㉓ "朝飞"四句:写杜丽娘对广阔春景的向往。语出唐代王勃《滕王阁序》 ㉔ 锦屏人:幽居深闺的女子。忒(tè):太。韶光:美好的春光。 ㉕ 是:凡是,所有的。 ㉖ 啼红了杜鹃:开遍了红色的杜鹃花。传说杜鹃鸟啼血,杜鹃花是由杜鹃鸟悲鸣而产生的。 ㉗ 荼蘼:晚春开花的落叶灌木,属蔷薇科。荼蘼开花预示花季即将结束。宋代王淇《春暮游小园》诗有"开到荼蘼花事了"句。烟丝:游丝。醉软:娇柔无力之貌。 ㉘ "牡丹"二句:牡丹花虽然开得美丽动人,但它在春暮之时开放,怎么能占得百花开放之先呢?这里暗示杜丽娘对于青春被耽误的伤感。 ㉙ 凝眄(miàn):注视。眄,斜视。 ㉚ 生生燕语明如翦:燕子的叫声同如剪刀一样明快动人。 ㉛ 呖呖:形容莺的叫声清脆。溜的圆:叫声圆润婉转。 ㉜ 委是:实在是。 ㉝ 缱(qiǎn):缠绵,难舍难分。 ㉞ "开我"句:改用《木兰辞》"开我东阁门,坐我西阁床"句。 ㉟ 映山紫:映山红的一种。

瞧老夫人去也。(下)

思考与练习

一、本折戏表达了怎样的主题？
二、分析杜丽娘的性格特征，并说明作者是怎样刻画杜丽娘的内心世界的。
三、解释下列句子中加点的字词。
1. 袅晴丝吹来闲庭院，摇漾春如线
2. 踏草怕泥新绣袜，惜花疼煞小金铃
3. 锦屏人忒看的这韶光贱
4. 是花都放了，那牡丹还早
5. 这园子委是观之不足也

延伸阅读

　　《牡丹亭》是我国古代的一部浪漫主义戏剧杰作，写南安太守杜宝之女杜丽娘，为追求爱情因梦而死，死而复生，历经波折与书生柳梦梅终成眷属的故事。全剧共五十五出。本文为第十出《惊梦》中的前半段。文中描写了杜丽娘为大好时光所吸引，私自跟丫环春香离开深闺到后花园欣赏春景的情景。大好春光中，她青春觉醒，产生了冲破封建礼教束缚的强烈愿望和对自由爱情的热烈追求，表现出"崇尚真性情，反对假道学"的进步思想。"游园"是《牡丹亭》情节发展中的重要关节，也是全剧最精彩的片段。

　　这出戏在艺术上很有特色。首先，人物形象个性鲜明。主人公杜丽娘的身上存在着对"情"的要求与"礼"的约束的矛盾冲突。她的为情而死，是受礼教压抑和摧残的结果；她的死而复生，则由于执着于"情"，以冥间的"自由之身"不屈不挠地追求爱情，表现出一个勇敢坚决的女性为获得婚姻自由的斗争精神。杜丽娘这一形象，成为人们冲破封建束缚、渴望个性自由的艺术象征。其次，心理刻画生动。"游园"的六支曲子，以杜丽娘内心情感发展的自然顺序为经，以杜丽娘寂寞生活与明媚的春光间的强烈对比为纬，在二者的艺术交汇中，展示她微妙、复杂的内心世界，心理刻画细腻生动。再次，寓情于景，情景交融。"游园"将春景与春情结合得天衣无缝，含蓄委婉，常常"意在言外，使人思而得之"(魏庆之《诗人玉屑》)，体现出借景抒情的明显特点。最后，该剧在语言上具有典雅清丽的突出特色。"游园"具有本色相兼的风格，曲文典雅，富有情采，重内容而不死守格律，"参差丽语，境往神来"(王骥德《曲律·杂论》)，绮丽缤纷而不失含蓄蕴藉。

《牡丹亭记》题词

　　天下女子有情，宁有如杜丽娘者乎！梦其人即病，病即弥连，至手画形容，传于世而后死。死三年矣，复能溟莫中求得其所梦者而生。如丽娘者，乃可谓之有情人耳。情不知所起，一往而深。生者可以死，死可以生。生而不可与死，死而不可复生者，皆非情之至也。梦中之情，何必非真？天下岂少梦中之人耶！必因荐枕而成亲，待挂冠而为密者，皆形骸之论也。传杜太守事者，仿佛晋武都守李仲文、广州守冯孝将儿女事。予稍为更而演之。至于杜守收拷柳生，亦如汉睢阳王收考谈生也。嗟夫！人世之事，非人世所可尽。自非通人，恒以理相格耳！第云理之所必无，安知情之所必有邪！

万历戊戌秋清远道人题

（选自徐朔方、杨笑梅校注《牡丹亭》，古典文学出版社1958年版）

茶　　馆(节选)[①]

老　舍

老舍(1899—1966),原名舒庆春,字舍予,原籍北京。现代作家、戏剧家、人民艺术家。出身于贫苦市民家庭。1918年毕业于北京师范学校,1924年赴英国,任伦敦大学东方学院汉语讲师。业余时间阅读了大量西方文学名著,并从事文学创作。1930年回国后,先后任齐鲁大学、山东大学等校教授。抗战开始后到武汉、重庆,任中华全国文艺界抗敌协会总务部主任,主持"文协"工作。1946年,应邀赴美讲学。回国后,历任中国文联副主席、中国作家协会副主席、中国民间文艺研究会副主席等职。1950年创作话剧《龙须沟》,获北京市人民政府授予的"人民艺术家"称号。1957年写作《茶馆》。

老舍作品大多取材于他所熟悉的城市下层居民生活,语言简练朴实、通俗易懂,表现出浓厚的北京地方色彩和强烈的生活气息,具有通俗自然而又诙谐幽默的独特风格。老舍的文学创作以长篇小说和剧作著称于世。其代表作品有长篇小说《骆驼祥子》《四世同堂》《离婚》《鼓书艺人》《二马》《老张的哲学》等;中短篇小说《月牙儿》《断魂枪》等;话剧《茶馆》《龙须沟》《春华秋实》《女店员》《全家福》《神拳》等。

〔常四爷提着小筐进来,筐里有些纸钱和花生米。他虽年过七十,可是腰板还不太弯。

常四爷:什么事这么好哇,老朋友!

王利发:哎哟!常四哥!我正想找你这么一个人说说话儿呢!我沏一壶顶好的茶来,咱们喝喝!〔去沏茶〕

〔秦仲义进来。他老得不像样子了,衣服也破旧不堪。

秦仲义:王掌柜在吗?

常四爷:在!您是……

秦仲义:我姓秦。

常四爷:秦二爷!

王利发:〔端茶来〕谁?秦二爷?正想去告诉您一声,这儿要大改良!坐!坐!

常四爷:我这儿有点花生米,〔抓〕喝茶吃花生米,这可真是个乐子!

秦仲义:可是谁嚼得动呢?

王利发:看多么邪门,好容易有了花生米,可全嚼不动!多么可笑!怎样啊?秦二

[①] 选自老舍《茶馆》,吴福辉选编,天津人民出版社2005年版。

爷！〔都坐下〕

秦仲义：别人都不理我啦，我来跟你说说：我到天津去了一趟，看看我的工厂！

王利发：不是没收了吗？又物归原主啦？这可是喜事！

秦仲义：拆了！

常四爷：拆了？

王利发：

秦仲义：拆了！我四十年的心血啊，拆了！别人不知道，王掌柜你知道：我从二十多岁起，就主张实业救国。到而今……抢去我的工厂，好，我的势力小，干不过他们！可倒好好地办哪，那是富国裕民的事业呀！结果，拆了，机器都当碎铜烂铁卖了！全世界，全世界找得到这样的政府找不到？我问你！

王利发：当初，我开得好好的公寓，您非盖仓库不可。看，仓库查封，货物全叫他们偷光！当初，我劝您别把财产都出手，您非都卖了开工厂不可！

常四爷：还记得吧？当初，我给那个卖小妞的小媳妇一碗面吃，您还说风凉话呢。

秦仲义：现在我明白了！王掌柜，求你一件事吧：〔掏出一二机器小零件和一支钢笔管来〕工厂拆平了，这是我由那儿捡来的小东西。这支笔上刻着我的名字呢。它知道，我用它签过多少张支票，写过多少计划书。我把它们交给你，没事的时候，你可以跟喝茶的人们当个笑话谈谈。你说呀：当初有那么一个不知好歹的秦某人，爱办实业。办了几十年，临完他只由工厂的土堆里捡回来这么点小东西！你应当劝告大家，有钱哪，就该吃喝嫖赌，胡作非为，可千万别干好事！告诉他们哪，秦某人七十多岁了才明白这点大道理！他是天生来的笨蛋！

王利发：您自己拿着这支笔吧，我马上就搬家啦！

常四爷：搬到哪儿去？

王利发：哪儿不一样呢！秦二爷，常四爷，我跟你们不一样：二爷财大业大心胸大，树大可就招风啊！四爷你，一辈子不服软，敢作敢当，专打抱不平。我呢，做了一辈子顺民，见谁都请安、鞠躬、作揖。我只盼着呀，孩子们有出息，冻不着、饿不着、没灾没病！可是，日本人在这儿，二拴子逃跑啦，老婆想儿子想死啦！好容易，日本人走啦，该缓一口气了吧？谁知道，〔惨笑〕哈哈，哈哈，哈哈！

常四爷：我也不比你强啊！自食其力，凭良心干了一辈子啊，我一事无成！七十多了，只落得卖花生米！个人算什么呢，我盼哪，盼哪，只盼国家像个样儿，不受外国人欺侮。可是……哈哈！

秦仲义：日本人在这儿，说什么合作，把我的工厂就合作过去了。咱们的政府回来了，工厂也不怎么又变成了逆产。仓库里〔指后边〕有多少货呀，全完！哈哈！

王利发：改良，我老没忘了改良，总不肯落在人家后头。卖茶不行啊，开公寓。公寓没啦，添评书！评书也不叫座儿呀。好，不怕丢人，想添女招待！人总得活着吧？我变尽了方法，不过为活下去！是呀，该贿赂的，我就递包袱。我可没做过缺德的事，伤天害理的事，为什么就不叫我活着呢？我得罪了谁？谁？皇上，娘娘那些狗男女都活得有滋有味的，单不许我吃窝窝头，谁出的主意？

常四爷：盼哪，盼哪，只盼谁都讲理，谁也不欺侮谁！可是，眼看着老朋友们一个个的不是饿死，就是叫人家杀了，我呀就是有眼泪也流不出来喽！松二爷，我的朋友，饿死啦，连棺材还是我给他化缘化来的！他还有我这么个朋友，给他化了一口四块板的棺材；我自己呢？我爱咱们的国呀，可是谁爱我呢？看，〔从筐中拿出些纸钱〕遇见出殡的，我就捡几张纸钱。没有寿衣，没有棺材，我只好给自己预备下点纸钱吧，哈哈，哈哈！

秦仲义：四爷，让咱们祭奠祭奠自己，把纸钱撒起来，算咱们三个老头子的吧！

王利发：对！四爷，照老年间出殡的规矩，喊喊！

常四爷：〔立起，喊〕四角儿的跟夫，本家赏钱一百二十吊！〔撒起几张纸钱〕①

秦仲义：
王利发：一百二十吊！

秦仲义：〔一手拉住一个〕我没得说了，再见吧！〔下〕

王利发：再见！

常四爷：再喝你一碗！〔一饮而尽〕再见！〔下〕

王利发：再见！

丁宝与小心眼进来。

丁宝：他们来啦，老大爷！〔往屋中喷香水〕

王利发：好，他们来，我躲开！〔捡起纸钱，往后边走〕

小心眼：老大爷，干吗撒纸钱呢？

王利发：谁知道！〔下〕

小刘麻子进来。

小刘麻子：来啦！一边一个站好！

丁宝、小心眼分左右在门内立好。

门外有汽车停住声，先进来两个宪兵。沈处长进来，穿军便服；高靴，带马刺；手执小鞭。后面跟着二宪兵。

沈处长：〔检阅似的，看丁宝、小心眼，看完一个说一声〕好〔蒿〕！

丁宝摆上一把椅子，请沈处长坐。

小刘麻子：报告处长，老裕泰开了六十多年，九城闻名，地点也好，借着这个老字号，做我们的一个据点，一定成功！我打算照旧卖茶，派〔指〕小丁宝和小心眼做招待。有我在这儿监视着三教九流，各色人等，一定能够得到大量的情报，捉拿共产党！

沈处长：好〔蒿〕！

丁宝由宪兵手里接过骆驼牌烟，上前献烟；小心眼接过打火机，点烟。

小刘麻子：后面原来是仓库，货物已由处长都处理了，现在空着。我打算修理一下，中间做小舞厅，两旁布置几间卧室，都带卫生设备。处长清闲的时候，可以来跳跳舞，玩

---

① 旧时代北京富人出殡，要用三十二人、四十八人或者六十四人抬棺材，也叫抬杠。另有四位杠夫拿着拨旗，在四角跟随。杠夫换班须注意拨旗，以便进退有序；一班也叫一拨儿。起杠时和路祭时，领杠者须喊"加钱"——本家或者姑奶奶赏给杠夫酒钱。加钱数目须夸大地喊出。在喊加钱时，有人撒起纸钱来。

玩牌,喝喝咖啡。天晚了,高兴住下,您就住下。这就算是处长个人的小俱乐部,由我管理,一定要比公馆里更洒脱一点,方便一点,热闹一点!

沈处长:好〔蒿〕!

丁宝:处长,我可以请示一下吗?

沈处长:好〔蒿〕!

丁宝:这儿的老掌柜怪可怜的。好不好给他做一身制服,叫他看看门,招呼贵宾们上下汽车?他在这儿几十年了,谁都认识他,简直可以算是老头儿商标!

沈处长:好〔蒿〕!传!

小刘麻子:是!〔往后跑〕王掌柜!老掌柜!我爸爸的老朋友,老大爷!〔入。过一会儿又跑回来〕报告处长,他也不是怎么上了吊,吊死啦!

沈处长:好〔蒿〕!好〔蒿〕!

——幕落·全剧终

思考与练习

一、全剧最后"祭奠自己"的三个悲剧人物分别是谁?他们为何要祭奠自己?
二、简析《茶馆》的语言特色。
三、简析常四爷的人物形象。

延伸阅读

一、背景介绍

本文节选自茶馆第三幕。《茶馆》是现代文学家老舍于1956年创作的话剧,1957年7月初载于巴金任编辑的《收获》杂志创刊号。1958年6月由中国戏剧出版社出版单行本。剧作展示了戊戌变法、军阀混战和中华人民共和国成立前夕三个时代近半个世纪的社会风云变化。通过一家叫裕泰的茶馆揭示了近半个世纪中国社会的黑暗腐败、光怪陆离,以及在这个社会中的芸芸众生。《茶馆》剧本中出场的人物近50人,除茶馆老板之外,有吃皇粮的旗人、办实业的资本家、清宫里的太监、信奉洋教的教士、穷困潦倒的农民,以及特务、打手、警察、流氓、相士等,人物众多但性格鲜明,能够"闻其声知其人","三言两语就勾出一个人物形象的轮廓来"。作品通过茶馆老板王利发对祖传"裕泰茶馆"的惨淡经营,描写他虽然精明圆滑、呕心沥血,但终挡不住衰败的结局,从侧面反映了中国社会的走向。剧作在国内外多次演出,赢得了较高的评价,是中国当代戏剧创作的经典作品。

老舍对民族传统文化的反思、批判,继承了从鲁迅开始的关于"国民性"的思考,并在此基础上进行了新的开拓和创新,把中国国民性的解剖放进了世界民族这个大手术室中,具有宏阔的视野,也从独特的角度对中国传统文化进行了崭新的透视。

二、拓展资料

我和老舍先生都是经过灾难与痛苦的人。他比我年纪大，是我的前辈。我们都属"狗"，他比我大一轮，比我早生十二年。

他出身贫寒，当过教师，也当过教授。在我从南开中学毕业后，我才知道他也在那个中学教过书。因此，从过去老人的眼光看，老舍虽未亲身教过我，但我也应该认他为"老师"的。

我认识老舍是在抗战中的重庆。国民党不抗战，却偏偏有一个"中华全国文艺界抗敌协会"。记得我们便是在那个"协会"认识的。他很穷，居无定处，有时在张家花园的那个"协会"住一阵，有时便在《新蜀报》报馆中的一间简陋房间住下。无论酷暑寒冬，他总是在那个不大能见到阳光的小房间里，一天一天埋头著作。

夏天的重庆是个大火炉，热得人无处藏身。没有风，没有树，到了夜间，屋内的床席、桌椅似乎都烫手。但老舍先生，除了偶尔会客、开会外，就在这样的环境中，日夜地写，写，……用他的心血写出各种体裁的作品。

他是一位有很深的正义感的人，疾恶如仇。对那些倒行逆施、横征暴敛、不抗日、专吸人民膏血的国民党反动派，他决不相容。但他对一贫如洗、剥削者视为卑下的苦艺人，却待若宾友。我记得一位艺名"山药蛋"、唱滑稽大鼓的老艺人，老舍先生虽是两袖清风，却总在这位老艺人最困苦的时候，拿出自己的稿费周济他；并且经常为这位受苦受难的艺人写大鼓词，甚至为他的家事排难解纷。当他受国民党特务欺凌时，老舍便挺身而出，仗义执言，敢说敢当。

老舍慷慨好客。即在那毫无出路的重庆山城中，如若来了一位远方的友人，他必盛宴款待。那餐宴的费用是他典当或变卖自己的衣物得来的。他好喝几杯黄酒，酒量不大。但酒酣之后，便引吭高歌，声动四壁。

……

他不但写得多，而且各种各样的体裁都写。新旧体诗歌、小说、戏剧、曲艺、相声，以至为人写新内容的春联。每次政治运动，他都积极响应，用他生动的笔，写出许多有益于人民、有益于革命的好文章。

他工旧体裁的诗，精书法。一般来说，有求必应。因此他的诗与书法到处流传。北海的"仿膳饭庄"的"仿膳"二字，便是他的手笔。

他爱收集美好的水墨与扇面。我有时访他（多半在下午，上午他是不会客的），他总是从他的小书房里欣然走出来，给我一杯浓郁的花茶，谈得高兴时，便拿出几幅他引为得意的字画给我欣赏。我虽然不懂字画，但也因为他那样欣喜，感到愉快。

他好花，尤其爱养菊花。到了秋天，他的小庭院里便摆满了斑斓夺目的菊花。这是他和他的夫人胡絜青同志共同培育的。宋朝有个周敦颐，写了一篇短短的散文说："菊，花之隐逸者也。"而老舍先生从来不是"隐士"，他是喜欢和朋友们同乐的。因此，当他的菊花成群成山、亭亭玉立、欣欣怒放的时候，他必然请许多朋友来家中赏菊。有时还在家中便餐饮酒，那时，我也喜欢喝上两杯。几杯黄酒到了肚里，竟颓然醉倒在桌下，四座笑声朗朗，朋友们是那样欢悦。

老舍先生很豪放,但也谦逊。他经常赞扬郭老学问的渊博,也称赞赵树理的文章写得纯朴、扎实,没有废话。对其他人的一些优点,也从不吝惜他的誉美之词。

他平易近人,常有各样的客人到他的家中拜访。他为了写作,也常常深入人民中间去,不怕吃苦、不怕艰难。他自奉俭朴、步行街巷,从来以一个普通劳动者自居,没有那种拒人于千里之外的"名人"架子。解放后,他的第一个作品话剧《龙须沟》,洋溢着他对党、对人民热烈的情感,他淋漓尽致地写出了新、旧社会两重天,写出旧社会的黑暗与新社会的温暖。他把这个剧本交与北京人民艺术剧院上演。由焦菊隐同志导演,许多北京人艺的话剧艺术家,于是之、叶子、郑榕、杨宝琮……都参加了演出。周总理几次看过这个戏,并请毛主席看了,主席也称赞这个戏。北京市人民政府颁给了老舍"人民艺术家"的称号,这是作家在新中国空前的荣誉。

有这样一句话:"著作等身",那就是说一个作家的著作摞起来,有他的身量那样高。老舍先生是二十年代的老作家,自从他执笔以来,所写的文章,约有数千万言,不只是"著作等身"了。但他从不自满,总在精益求精,一部一部的作品从他的笔下涌出。必须说,老舍是一位非常勤奋,从未停笔的老作家,他的这种精神是值得我们永远学习的。

老舍先生喜欢儿童。我记得一九六二年,我带我六岁的女儿和老舍同车从广州向北沿海滨驶行,他偶尔看到我的小女儿作的一首儿歌,他非常欣赏。一路上便向孩子大讲他即兴编出的许多童话,我的女儿听得入了迷,又是拍手,又是大笑。临别时,孩子简直不愿离开这位有趣的老人。

他谈起话来娓娓动听,一段一段的小故事,如山中的泉水,流着,涓涓不绝,令人兴奋,令人神往……

我一想起老舍先生这些可仰慕的性格,我便止不住怀念这位可敬可爱的老人。

他将永远在人民的心里被纪念着。

(选自《老舍和朋友们》,本篇作者曹禺,三联书店出版社1991年版,有改动)

罗密欧与朱丽叶(节选)①

莎士比亚

威廉·莎士比亚(William Shakespeare,1564—1616),英国文艺复兴时期伟大的戏剧家和诗人。莎士比亚生于沃里克郡斯特拉特福镇的商人家庭,幼年在家乡的文法学校学习历史、哲学和诗歌等。1586年前后至伦敦谋生,先后任剧院杂差、演员、编剧、专职剧作家和剧团股东,晚年回到家乡。莎士比亚一生创作了大量作品,留存的有剧本37部(包括历史剧、喜剧、悲剧和传奇剧4类),叙事长诗2首,十四行诗154首。这些作品塑造了众多个性鲜明的人物形象,广泛而深刻地反映了英国封建制度衰落和资本原始积累时期的社会现实,表现了新兴资产阶级的理想。情节生动丰富,语言精练活泼,具有极强的感染力。其中剧本的影响更为深远,他因而获"英国戏剧之父"的美誉。代表作有早期的"四大喜剧"《威尼斯商人》《无事生非》《皆大欢喜》《第十二夜》和著名悲剧《罗密欧与朱丽叶》,创作高峰期的"四大悲剧"《哈姆雷特》《奥赛罗》《李尔王》和《麦克白》。辑有《莎士比亚全集》。

第二场 同前。凯普莱特家花园

〔罗密欧上。〕

罗密欧:没有受过伤的人才会讥笑别人身上的创痕。(朱丽叶自上方出现。她立在窗前)轻声!那边窗子里亮起来的是什么光?那就是东方,朱丽叶就是太阳!起来吧,美丽的太阳!赶走那妒忌的月亮,她因为她的女弟子比她美得多,已经气得面色发白了。既然她这样妒忌着你,你不要皈依她吧;脱下她给你的这一身惨绿色的贞女的道服,它是只配给愚人穿着的。那是我的意中人。啊!那是我的爱。唉,但愿她知道我在爱着她!她欲言又止,可是她的眼睛已经道出了她的心事。待我去回答她吧;不,我不要太鲁莽,她不是对我说话。天上两颗最灿烂的星,因为有事离去,请求她的眼睛替代它们在空中闪耀。要是她的眼睛变成了天上的星,天上的星变成了她的眼睛,那便怎样呢?她脸上的光辉会掩盖了星星的明亮,正像灯光在朝阳下黯然失色一样;在天上的她的眼睛,会在太空中大放光明,使鸟儿误认为黑夜已经过去而唱出它们的歌声。瞧!她用纤手托住了脸庞,那姿态是多么美妙!啊,但愿我是那一只手上的手套,好让我亲一亲她脸上的香泽!

---

① 选自莎士比亚《罗密欧与朱丽叶》,马爱新、朱生豪译,译林出版社2018年版。

朱丽叶：嗳！

罗密欧：她说话了。啊！再说下去吧，光明的天使！因为我在这夜色之中仰视着你，就像一个尘世的凡人，张大了出神的眼睛，瞻望着一个生着翅膀的天使，驾着白云缓缓驶过天空一样。

朱丽叶：罗密欧啊，罗密欧！为什么你偏偏是罗密欧呢？否认你的父亲，抛弃你的姓名吧；也许你不愿意这样做，那么只要你宣誓做我的爱人，我也不愿再姓凯普莱特了。

罗密欧（旁白）：我是继续听下去呢，还是现在就对她说话？

朱丽叶：只有你的姓名才是我的仇敌；你即使不姓蒙太古，仍然是这样的一个你。姓不姓蒙太古又有什么关系呢？它又不是手，又不是脚，又不是手臂，又不是脸，又不是身体上任何其他的部分。啊！换一个姓名吧！姓名本来是没有意义的；我们叫作玫瑰的这一种花，要是换了个名字，它的香味还是同样的芬芳；罗密欧要是换了别的名字，他的可爱的完美也决不会有丝毫改变。罗密欧，抛弃了你的名字吧；我愿意把我整个的心魂，赔偿你这一个身外的空名。

罗密欧：那么我就听你的话，你只要把我叫作爱，我就有了一个新的名字；从今以后，永远不再叫罗密欧了。

朱丽叶：你是什么人，在黑夜里躲躲闪闪地偷听人家的说话？

罗密欧：我没法告诉你我叫什么名字。敬爱的神明，我痛恨我自己的名字，因为它是你的仇敌；要是把它写在纸上，我一定把这几个字撕得粉碎。

朱丽叶：我的耳朵里还没有灌进从你嘴里吐出来的一百个字，可是我认识你的声音；你不是罗密欧——蒙太古家里的人吗？

罗密欧：不是，美人，要是你不喜欢这两个名字。

朱丽叶：告诉我，你怎么会到这儿来，为什么到这儿来？花园的墙这么高，不是容易爬得上的；要是我家里的人瞧见你在这儿，他们一定不让你活命。

罗密欧：我借着爱的轻翼飞过围墙，因为砖石的墙垣是不能把爱情阻隔的；爱情的力量所能够做到的事，它都会冒险尝试，所以我不怕你家里人的干涉。

朱丽叶：要是他们瞧见了你，一定会把你杀死的。

罗密欧：唉！你的眼睛比他们二十柄刀剑还厉害；只要你用温柔的眼光看着我，他们就不能伤害我的身体。

朱丽叶：我怎么也不愿让他们瞧见你在这儿。

罗密欧：朦胧的夜色可以替我遮过他们的眼睛。只要你爱我，就让他们瞧见我吧；与其因为得不到你的爱情而在这世上挨命，还不如在仇人的刀剑下丧生。

朱丽叶：谁叫你找到这儿来的？

罗密欧：爱情怂恿我探听出这一个地方；他替我出主意，我借给他眼睛。我不会操舟驾舵，可是倘使你在辽远辽远的海滨，我也会冒着风波把你寻访。

朱丽叶：幸亏黑夜替我罩上了一重面幕，否则为了我刚才被你听去的话，你一定可以看见我脸上羞愧的红晕。我真想遵守礼法，否认已经说过的言语，可是这些虚文俗礼，现在只好一切置之不顾了！你爱我吗？我知道你一定会说"是的"，我也一定会相信你的话；可是也许你起的誓只是一个谎，人家说，对于恋人们的愆盟背信，上苍是一笑置之的。温柔的罗密欧啊！你要是真的爱我，就请你诚意告诉我；你要是嫌我太容易降心相从，我也会堆起怒容，装出倔强的神气，拒绝你的好意，好让你向我婉转求情，否则我是无论如何不会拒绝你的。俊秀的蒙太古啊，我真的太痴心了，所以也许你会觉得我的举动有点轻浮；可是相信我，朋友，总有一天你会知道我的忠心远胜过那些善于矜持作态的人。我必须承认，倘不是你趁我不备的时候偷听去了我的真情表白，我一定会更加矜持一点的；所以原谅我吧，是黑夜泄露了我心底的秘密，不要把我的允诺看作了轻狂。

罗密欧：姑娘，凭着这一轮皎洁的月亮，它的银光涂染着这些果树的梢端，我发誓——

朱丽叶：啊！不要指着月亮起誓，它是变化无常的，每个月都有盈亏圆缺；你要是指着它起誓，也许你的爱情也会像它一样无常。

罗密欧：那么我指着什么起誓呢？

朱丽叶：不用起誓吧；或者要是你愿意的话，就凭着你优美的自身起誓，那是我所崇拜的偶像，我一定会相信你的。

罗密欧：要是我出自深心的爱情——

朱丽叶：好，别起誓啦。我虽然喜欢你，却不喜欢今天晚上的密约；它是太仓促、太轻率、太让人意外了，正像一闪电光，等不及人家开一声口，已经消隐了下去。好人，再会吧！这一朵爱的蓓蕾，靠着夏天的暖风的吹拂，也许会在我们下次相见的时候，开出鲜艳的花来。晚安，晚安！但愿恬静的安息同样降临到你我两人的心头！

罗密欧：啊！你就这样离我而去，不给我一点满足吗？

朱丽叶：你今夜还要什么满足呢？

罗密欧：你还没有把你的爱情的忠实的盟誓跟我交换。

朱丽叶：在你没有要求以前，我已经把我的爱给了你了；可是我很愿意再把它重新收回转来。

罗密欧：你要把它收回去吗？为什么呢，爱人？

朱丽叶：为了表示我的慷慨，我要把它重新给你。可是这样等于希望得到自己拥有的东西；我的慷慨像海一样浩渺，我的爱情也像海一样深沉；我给你的越多，我自己也越是富有，因为这两者都是没有穷尽的。（乳媪在内呼唤）我听见里面有人在叫；亲爱的，再会吧！——就来了，好奶妈！——亲爱的蒙太古，愿你不要负心。再等一会儿，我就会来的。（自上方下）

罗密欧：幸福的，幸福的夜啊！我怕我只是在晚上做了一个梦。这样美满的事不会是真实的。

〔朱丽叶自上方重上。〕

朱丽叶：亲爱的罗密欧，再说三句话，我们真的要再会了。要是你的爱情的确是光明正大，你的目的是在于婚姻，那么明天我会叫一个人到你的地方来，请你叫他带一个信给我，告诉我你愿意在什么地方、什么时候举行婚礼；我就会把我的整个命运交托给你，把你当作我的主人，跟随你到世界的尽头。

乳媪：（在内）小姐！

朱丽叶：就来——可是你要是没有诚意，那么我请求你——

乳媪：（在内）小姐！

朱丽叶：等一等，我来了。——停止你的求爱，让我一个人独自伤心吧。明天我就叫人来看你。

罗密欧：凭着我的灵魂——

朱丽叶：一千次的晚安！（自上方下）

罗密欧：晚上没有你的光，我只有一千次的心伤！恋爱的人去赴他情人的约会，像一个放学归来的儿童；可是当他和情人分别的时候，却像上学去一般满脸懊丧。（退后）

〔朱丽叶自上方重上。〕

朱丽叶：嘘！罗密欧！嘘！唉！我希望我会发出呼鹰的声音，召这只鹰儿回来。我不能高声说话，否则我要夺取厄科的洞穴，让她的无形的喉咙因为反复叫喊着我的罗密欧的名字而变成嘶哑。罗密欧！

罗密欧：那是我的灵魂在叫喊着我的名字。恋人的声音在晚间多么清婉，听上去就像最柔和的音乐！

朱丽叶：罗密欧！

罗密欧：我的小鸟！

朱丽叶：明天我应该在什么时候叫人来看你？

罗密欧：就在九点钟吧。

朱丽叶：我一定不失信；挨到那个时候，该有二十年那么长久！我记不起为什么要叫你回来。

罗密欧：让我站在这儿，等你记起来告诉我。

朱丽叶：你这样站在我的面前，我一心想着多么爱跟你在一块儿，一定永远记不起来了。

罗密欧：那么我就永远等在这儿，让你永远记不起来，忘记除了这里以外还有什么家。

朱丽叶：天快要亮了，我希望你快去；可是我就好比一个被惯坏的女孩子，像放松一个囚犯似的让她心爱的鸟儿暂时跳出她的掌心，又用一根丝线把它拉了回来。爱的私心使她不愿意给它自由。

罗密欧：我但愿我是你的鸟儿。

朱丽叶：好人，我也但愿这样；可是我怕你会死在我过分的爱抚里。晚安！晚安！离别是这样甜蜜的凄清，我真要向你道晚安直到天明！（自上方下）

罗密欧：但愿睡眠合上你的眼睛！
　　　　但愿平和安息我的心灵！
　　　　我如今要去向神父求教，
　　　　把今宵的艳遇诉他知晓。（下）

 **思考与练习**

一、据你的阅读和了解,谈一谈《罗密欧与朱丽叶》一剧的主要矛盾冲突是什么?
二、简述你所理解的莎士比亚的人文主义思想。
三、通过剧中人物对话,分析主人公的形象特点。

 延伸阅读

《罗密欧与朱丽叶》是莎士比亚早期的主要作品之一。这是部有着鲜明人文主义特色和强烈艺术魅力的不朽作品。剧本以罗密欧与朱丽叶这对恋人因争取婚姻自由而与封建势力进行斗争为中心线索来展开戏剧冲突。全剧共五幕二十四场。故事发生在意大利名城维洛那。这里住着两家富有的贵族凯普莱特家和蒙太古家,这两个封建家族有世仇。但两家的子女罗密欧与朱丽叶在偶然的机遇下相爱了,他们的爱情遭到两家共同的反对,致使两人双双殉情。全剧情节发展可分为三个阶段。第一、二幕为第一阶段,即情节的开端。罗、朱定情,秘密结婚。这一阶段洋溢着初恋、新婚的欢乐,但又笼罩着"世仇"的阴影。第三、四幕为第二阶段,即情节的发展。在情节的发展中又出现了两个小高潮。第一个是罗密欧杀人被逐,新婚夫妇生离死别;第二个是凯普莱特逼婚,朱丽叶逃婚假死而被送入墓穴。这阶段气氛紧张,凶吉未卜,祸福难分,造成强烈的悬念,为高潮的到来作好了铺垫。第五幕为第三阶段,即全剧的高潮,罗密欧与朱丽叶殉情。

《罗密欧与朱丽叶》虽是一出悲剧,但这两个青年男、女主人公的爱情本身却不可悲。他们是怀有文艺复兴时代逐渐兴起的资产阶级的人文主义生活理想,且为了追求个人幸福生活,敢于挣脱封建伦理束缚的新青年。死亡虽是生命的终结,男女主人公却在道德上取得了胜利,终于使两个敌对的家族言归于好。许多学者和评论家从这个意义上称这出戏是乐观主义的悲剧,也就是人们常说的悲喜剧。

文艺复兴:欧洲文化和思想发展的一个时期(14世纪—16世纪),主要思潮是人文主义。

人文主义:人文主义运动从14世纪下半叶在意大利兴起,15、16世纪发展到欧洲各国。人文主义反对中世纪的禁欲主义、封建包办婚姻和宗教观,提倡个性解放、恋爱自由和世俗的幸福,主张摆脱教会对人们思想的束缚,打倒以神学和经院哲学(主张理性服从信仰、哲学是"神学的婢女",维护教会和封建主统治)为基础的一切权威和传统教条。

参 考 文 献

[1] 章培恒,骆玉明.中国文学史新著[M].2版.上海:复旦大学出版社,2011.
[2] 袁世硕.中国古代文学作品选[M].北京:人民文学出版社,2002.
[3] 游国恩,王起,萧泽非,等.中国文学史[M].修订本.北京:人民文学出版社,2007.
[4] 夏志清.中国现代小说史[M].上海:上海人民出版社,2022.
[5] 袁行霈.中国文学史[M].3版.北京:高等教育出版社,2014.
[6] 刘大杰.中国文学发展史[M].北京:商务印书馆,2017.
[7] 朱栋霖,吴义勤,朱晓进.中国现代文学史(1915—2022)[M].4版.北京:北京大学出版社,2023.

![高等教育出版社] **教学资源服务指南**

感谢您使用本书。为方便教学,我社为教师提供资源下载、样书申请等服务,如贵校已选用本书,您只要关注微信公众号"高职素质教育教学研究",或加入下列教师交流QQ群即可免费获得相关服务。

"高职素质教育教学研究"公众号

最新目录
样书申请
资源下载
写作试卷
线上购书

师资培训　　教学服务　　教材样章

资源下载:点击"**教学服务**"—"**资源下载**",或直接在浏览器中输入网址(http://101.35.126.6/),注册登录后可搜索下载相关资源。(建议用电脑浏览器操作)
样书申请:点击"**教学服务**"—"**样书申请**",填写相关信息即可申请样书。
样章下载:点击"**教材样章**",可下载在供教材的前言、目录和样章。
师资培训:点击"**师资培训**",获取最新直播信息、直播回放和往期师资培训视频。

联系方式

高职人文素质教师交流QQ群:167361230
联系电话:(021)56961310　　电子邮箱:3076198581@qq.com

郑重声明

高等教育出版社依法对本书享有专有出版权。任何未经许可的复制、销售行为均违反《中华人民共和国著作权法》，其行为人将承担相应的民事责任和行政责任；构成犯罪的，将被依法追究刑事责任。为了维护市场秩序，保护读者的合法权益，避免读者误用盗版书造成不良后果，我社将配合行政执法部门和司法机关对违法犯罪的单位和个人进行严厉打击。社会各界人士如发现上述侵权行为，希望及时举报，我社将奖励举报有功人员。

反盗版举报电话 （010）58581999　58582371

反盗版举报邮箱 dd@hep.com.cn

通信地址 北京市西城区德外大街 4 号　高等教育出版社知识产权与法律事务部

邮政编码 100120